国家社科基金一般项目“纪法协同强化党内监督的体制机制研究”（17BDJ035）的研究成果

光明社科文库
GUANGMING DAILY PRESS:
A SOCIAL SCIENCE SERIES

·政治与哲学书系·

纪法协同强化党内监督的体制机制研究

陈志宏 | 著

光明日报出版社

图书在版编目（CIP）数据

纪法协同强化党内监督的体制机制研究 / 陈志宏著
. --北京：光明日报出版社，2023. 12
ISBN 978-7-5194-7705-9

Ⅰ. ①纪… Ⅱ. ①陈… Ⅲ. ①中国共产党—监察—制度—研究 Ⅳ. ①D262. 6

中国国家版本馆 CIP 数据核字（2023）第 250271 号

纪法协同强化党内监督的体制机制研究

JIFA XIETONG QIANGHUA DANGNEI JIANDU DE TIZHI JIZHI YANJIU

著　　者：陈志宏

责任编辑：杨　茹　　责任校对：杨　娜　乔宇佳

封面设计：中联华文　　责任印制：曹　诤

出版发行：光明日报出版社

地　　址：北京市西城区永安路 106 号，100050

电　　话：010-63169890（咨询），010-63131930（邮购）

传　　真：010-63131930

网　　址：http://book.gmw.cn

E - mail：gmrbcbs@gmw.cn

法律顾问：北京市兰台律师事务所龚柳方律师

印　　刷：三河市华东印刷有限公司

装　　订：三河市华东印刷有限公司

本书如有破损、缺页、装订错误，请与本社联系调换，电话：010-63131930

开　　本：170mm×240mm

字　　数：217 千字　　印　　张：17. 5

版　　次：2024 年 4 月第 1 版　　印　　次：2024 年 4 月第 1 次印刷

书　　号：ISBN 978-7-5194-7705-9

定　　价：95. 00 元

序　言

本专著是陈志宏教授主持的国家社科基金项目（17BDJ035）的最终研究成果。纪法协同强化党内监督是在探索中国特色权力监督体系建设过程中形成的符合中国国情、展现独特优势的权力监督新模式。该课题研究团队聚焦学术前沿，结合反腐败具体实践，形成了许多富有前沿性、创新性的研究成果。这些成果既对党的十八大以来的中国式反腐败理论和实践进行了细致的归纳和总结，也从纪法协同的视角对中国反腐败前景做出了有价值的前瞻。

本书紧紧围绕“纪法协同强化党内监督的体制机制如何构建”这个研究命题，首先从法理分析、历史分析等角度探求纪法协同强化党内监督的理论基础，其次从顶层设计、运行机制等层面探究纪法协同强化党内监督体制机制的构造原理，最后从现实境遇、实践路径等方面探寻纪法协同强化党内监督体制机制的可行方向。综观全书的主体内容和重要贡献，应当说是新时期中国反腐败和执政党建设领域的重要理论成果，将在丰富中国反腐败理论和党建理论方面产生重要的影响。概言之，本书有三个突出特点。

第一，从纪法协同视角系统梳理了党内监督的理论和实践。本书梳理了马克思、恩格斯和列宁等经典作家关于党内监督的重要思想，回顾了中国共产党人在革命和建设时期结合中国国情推进反腐倡廉建设的伟大实践。中国共产党自诞生起就始终注重管党治党、从严治党，重视党内监督，将人民监督与党员干部监督结合起来，形成监督合力。改革开放以来，面对新形势、新问题，党内监督的重要性被提到新的高度，不但成为党和国家监督体系的重中之重，也被明确为整个党建工作的重要保障。值得指出的是，监督并非只是体制机制建设，而是始终与思想道德建设密切结合在一起。正是在此意义上，习近平总书记强调，要把监督的制度优势充分释放出来，着力抓好党内监督的制度法规建设，增强纪法协同的能力，实现制度法规执行对发挥党内监督的规范化、常态化和长效化作用。党的十八大以来，党内监督的制度法规建设取得长足进展，制度法规内容不断丰富。制度“笼子”对公权力的制约和监督作用凸显，纪法协同体系建设不断健全，《中国共产党纪律处分条例》《中国共产党问责条例》《中国共产党党内监督条例》等系列党内法规的出台，使得对执政党权力的制度约束更加具体化、精细化。纪法协同同向发力的模式更为清晰，纪法关系更为明确，相互协作优势互补的态势更为明显，必要的纪法协同规范不断确立，党内监督制度法规执行力得到不断增强。“稻草人现象”“破窗效应”不断得到破解，各种党内法规的颁布和完善使得全面从严治党有规可循、有据可依。党内政治生活准则和党内监督条例、廉洁自律准则、党纪处分条例、巡视工作条例、问责条例等党内法规从纵向和横向两个层面不断实现贯通。

第二，全面梳理了纪法协同的要义与内涵。可以说，纪法协同这一理念极具中国特色，而该理念又需要在实践中不断得到践行和完善。“纪”和“法”之间既有统一性，也存在显见的差异性。从当前的制度设计来看，监委的监督对象是所有公职人员，对应的是“法”的范畴，纪委的监督对象则是全体党员，对应的是“纪”的范畴。同时，纪法协同有别于传统的“管党”“治党”的单一视角，是从监察职能效能化和依法从严治党的复合视角来展现法治反腐的新型纪法关系。据此，本书界定了“纪法协同”中“纪”和“法”的内涵。书中指出，党内法规体系与国家法律体系在形式上已经非常接近，党的纪律构成党内法规的一部分，党内法规的外延已经包含了党的纪律。从社会法和软法的角度来区分，党的纪律可定义为对党员尤其是党员领导干部以及党组织的履职行为进行规范和制约的社会法或软法。党纪属于上述软法或社会法的范畴，其规范性并非来自国家强制力，而是来自党内纪律处分的强制力。不过，纪、法关系的复杂性在于，对“法”的多元解读未必能准确理解二者的规范性问题。相反，党纪虽然很大程度上遵循法治原则，但其本身是独立的规范体系，拥有自己的完整运行逻辑和适用对象。基于此，本书从“纪”“法”关系的历史变迁角度解读二者之规范性差异。进而指出，“纪法不分”尽管是特定历史时期的特定产物，但其后果则是把纪律的底线等同于法的底线，必然会降低对党员的要求，削弱党的号召力和影响力。强调“党纪严于国法”的“纪法分离”理念既是从逻辑上的正本清源，也是从历史中吸取的经验教训。然而，从“不分”到“分离”，这一过程本身是辩证式的发展，新形势下，这种发展的最新表现形式即“纪法协同”。因此，我们看到，在“纪法协同”理念下，部分党纪规定可能在特定背景下转化为法律。也就是说，一些尚未成为法律但有必要加以引导的道德原则或规范可以在党员中率先实行，使党员起到模范带头作用，产生示范效应。待该道德规范得到较大的社会认同后，再通过立法机关将其法律化并加以推广。在党员领导干部发生腐败行为涉嫌违法犯罪时，先在党内根据党纪做出处分决定，再移送国家机关进行法律惩处。以这种先党纪后国法的方式，使党的纪律惩戒与国家法律惩治得以相互衔接，使得党内反腐机制得以运行。

第三，深入分析了纪法协同强化党内监督应遵循的基本路径。纪法协同强化党内监督既是党内监督历史发展的逻辑必然，也是未来纪检监察实践深化的总体方向。本书基于新形势下中国共产党作为执政党面临的执政环境和执政条件，提出相关愿景和前景。首先，作者提出建立各级党委全面监督的全景协同理念，指出坚持党的规章制度和法律双向衔接，既要严格执纪，又要程序合法。既要保持执法执纪主题的统一性，又要尊重执法执纪主题的独立性。这里的“全景”，涵盖了形式和内容两个层面。既包含强化全面监督的职责范围，也包括完善全面监督的体制机制。其次，建立党内监督长效机制，必须树立“常长协同”的基本理念。纪法之协同的最终目的是实现监督的长期化、常态化战略要求，进而一体推进国家治理体系的现代化。再次，作者指出纪法协同管党治党的关键，在于广大党员特别是党员干部对党纪国法的敬畏。十八大以来的实践证明，巡视监督是权力监督的一把利剑，加强党内巡视是养成敬畏纪法的有效路径，应当保持党内巡视工作常态化，既赋予党内巡视工作相应的法制保障，以党纪国法作为准绳来约束被巡视对象，也要求巡视工作人员做到遵纪守法，在巡视过程中不僭越职权。同时，制度的生命力在于执行，纪法协同强化党内监督首先依赖于纪与法执行过程中的权威性，使其具备应有的震慑作用。党的十八大以来，党中央以零容忍的态度强化党内监督，让纪律成为“带电的高压线”，以法律作为管党治党的坚强保障，建立起纪法协同、惩防并举的体制机制。

总之，在深化党的纪律检查体制和国家监察体制改革的大背景下，本书以复合视角展现纪法协同的新型关系，对纪法协同加强党内监督体制机制的理论渊源、构造原理、实践方向进行了初步的探索性研究。无论是在反腐败领域还是在党建领域，尽管很多问题的研究依然具有挑战性和复杂性，但本书在研究上的诸多创新尝试，将会激励学界同行、实务工作者进行更多的研究尝试，这是极其有益的。鉴于相关问题研究的复杂性和困难性，特别是一些开创性的研究，通常都难以一下子形成定论，因此，本书中的一些基本概念和实践理路，仍有待在未来的研究中继续予以清晰化和严谨化，一些概念框架结构模型在概念的严谨性以及框架的逻辑性上也都有待进一步打磨和完善，一些相关理论构建所带来的衍生性问题也有待进一步解决，比如，加强纪法协同提升监督效能的同时如何在赋予强大职权与防止权力滥用之间取得平衡、追求治理效率实现实体正义与注重保障权利贯彻程序正义之间如何得以兼顾等，都必须以更为成熟全面的思考、更为仔细谨慎的态度来不断深化理论构建。

中国管理现代化研究会廉政分会理事长
北京航空航天大学公共管理学院教授
任建明

目 录

CONTENTS

第一章

绪论

中国共产党一大党纲就提出了党内监督的任务，党的五大则设立了中央监察委员会。党的十一届三中全会以后，党内监督机制得以重建与发展，有关党内监督的理论研究开始受到广泛关注。党的十八大以来，以习近平同志为核心的党中央逐步布局全面从严治党，党的十八届六中全会修订通过了《中国共产党党内监督条例》，关于党内监督问题的研究更是受到理论界的重视。党的十九大以来，关于党内监督的理论研究与实践发展得到了巨大发展。中国共产党是领导中国特色社会主义事业的核心力量，党内监督既是党自我净化、自我完善的根本途径，又是我国政治监督体系的枢纽，党内监督体制机制的作用和效力直接影响和制约党的执政能力和国家治理水平，纪法协同强化党内监督体制机制是我国今后一个时期党的建设和国家治理的重要主题。

第一节　研究背景

“纪法协同强化党内监督体制机制”的提出，不仅体现了新时代中国共产党人对马克思主义经典理论资源总结、积累管党治国经验的智慧洞察，还反映了当前和今后一个时期党的建设和国家治理的现实要求。

一、新时代的智慧洞察

马克思、恩格斯提出以民主选举制度和党内自由批评加强党内监督，列宁提出建立专门监督机构强化党内监督。1921 年中共一大党纲就提出了成立执委会加强党内监督，1927 年中共五大则设立了中央监察委员会来加强党内监督。党的十一届三中全会以后，党内监督机制得以重建与发展，中国共产党人管党治国智慧得到新的总结。2003 年 12 月颁布的《中国共产党党内监督条例（试行）》，明确了党内监督的目标、指导思想、方针、监督对象与重点内容、监督职责、监督制度、监督保障等，推进了对党内监督理论的研究和洞察。

党的十八大以来，党中央聚焦“增强党在长期执政条件下自我净化、自我完善、自我革新、自我提高能力”①，全面从严治党强化党内监督。2016 年十八届六中全会修订通过了《中国共产党党内监督条例》（以下简称《条例》）强调“党内监督必须贯彻民主集中制，依规依纪进行”②，总则第五条中关于党内监督的主要内容提到“模范遵守宪法法律”“严明党的纪律特别是政治纪律和政治规矩”③，总则第七条指出：“党内监督必须把纪律挺在前面”④。新修订的《条例》不仅强调党内监督要遵守宪法法律，更加旗帜鲜明地凸显了党内监督必须把纪律挺在前面的高标准严要求，将纪法协同强化党内监督体制机制建设推进到新阶段，体现了中国共产党人对管党治国的新时代智慧洞察。党的十九届四中全会《中共中央关于坚持和完善中国特色社会主义制度推进国家治理体系和治理能力现代化若干重大问题的决定》（以下简称《决

---

① 中国共产党党内监督条例（全文）[N]．光明日报，2016-11-03（6）．
② 中国共产党党内监督条例（全文）[N]．光明日报，2016-11-03（6）．
③ 中国共产党党内监督条例（全文）[N]．光明日报，2016-11-03（6）．
④ 中国共产党党内监督条例（全文）[N]．光明日报，2016-11-03（6）．

定》）强调“以党内监督为主导，推动各类监督有机贯通、相互协调”①；党的二十大报告也指出：“健全党统一领导、全面覆盖、权威高效的监督体系，完善权力监督制约机制，以党内监督为主导，促进各类监督贯通协调，让权力在阳光下运行。”② 由此更加凸显了中国共产党人对党内监督的新时代智慧洞察。

总之，中国共产党人对马克思主义经典理论资源和中国特色社会主义事业中管党治国的经验的总结，集中反映了中国共产党对新时代的智慧洞察，为“纪法协同强化党内监督体制机制”的提出提供了纵向理论时空，是新时代推进全面从严治党新的内在要求。

二、新征程的现实要求

从新时期党的建设和国家治理的现实来看，党领导人民治国理政正处在“两个一百年”奋斗目标的关键期，党面对的国际国内环境和自身任务使命都发生了重大变化。从国际看，新时期世界正经历百年未有之大变局，国际环境日趋复杂，全球治理逐渐失灵，意识形态领域的斗争愈加激烈，世界正在进入新的动荡变革期；从国内看，中华民族正处在伟大复兴的关键时期，正经历着中国历史上最广泛而深刻的社会变革，人民日益增长的美好生活需要和不平衡不充分的发展之间的矛盾已经成为我国社会的主要矛盾，发展不平衡不充分的问题亟待解决。从党的自身任务使命看，中国共产党面临“四大风险”“四大考验”等重大挑战、重大风险所带来的新形势和新考验；新时期我们党要带领中国人

---

① 《中共中央关于坚持和完善中国特色社会主义制度、推进国家治理体系和治理能力现代化若干重大问题的决定》辅导读本［M］．北京：人民出版社，2019：41.

② 习近平．高举中国特色社会主义伟大旗帜为全面建设社会主义现代化国家而团结奋斗：在中国共产党第二十次全国代表大会上的报告［N］．人民日报，2022-10-26（1）．

民将中国特色社会主义推向新高度，迈上全面建设社会主义现代化国家新征程，使得人的全面发展、全体人民共同富裕取得更为明显的实质性进展，积极倡导和构建人类命运共同体，为世界的和平与发展贡献中国智慧和中国力量。因此，强化党内监督体制机制，增强党在长期执政条件下自我净化、自我完善的能力，形塑充满生机活力的当代马克思主义政党，推进建设廉洁高效的中国特色社会主义现代化国家，这些无疑是新时期党的建设和国家治理的现实要求。

2016 年 11 月修订的《中国共产党党内监督条例》强调党内监督“依规依纪进行”“模范遵守宪法法律”“党内监督必须把纪律挺在前面”。① 同时，监察体制改革 2016 年 11 月起在北京、山西等地试点实行。2018 年 3 月审议通过了《中华人民共和国宪法修正案》和《中华人民共和国监察法》（以下简称《监察法》），国家监察委员会正式成立；同年新修订的《中国共产党纪律处分条例》公布实施，2021 年 8 月通过《中华人民共和国监察官法》。至此，“执纪和执法贯通起来，监督执纪和监察执法一体推进”，② 在推进反腐败斗争和强化党内监督方面，党纪与国法的衔接和协同作用就有了制度依托。新时期反腐败斗争和党内监督需要我们进一步深化纪法衔接和协同，所以，纪法协同强化党内监督的体制机制在我们党的建设和国家治理中有着重要的地位和作用。

纪法协同的党内监督体制机制如何有效运行，如何更好地适应新时期世情、国情、党情的现实发展，需要我们在当前和今后一个时期里不断探索和实践，这也是新征程推进党的自我革命的应有之义。

---

① 中国共产党党内监督条例（全文）[N]. 光明日报，2016-11-03（6）.

② 中共中央政治局召开会议审议《中国共产党农村基层组织工作条例》和《中国共产党纪律检查机关监督执纪工作规则》[J]. 中国纪检监察，2018（23）：6-7.

第二节 概念界定

纪法协同强化党内监督体制机制，就是党的纪律和国家法律相互衔接并协同作用，执纪和执法贯通起来，监督执纪和监察执法一体推进，充分运作党的中央、党组、纪检、基层各级组织和党员监督一体的制度体系，必须理顺系统内部各要素之间关系、对运行模式进行适时调整与持续优化、保持运行机制结构形态的平衡有序，从而推动纪法协同监督运行机制的整体化运转。而对这一研究对象的明确，在于对“纪法协同”与“党内监督体制机制”两个核心概念的界定。

一、纪法协同

徐玉生、王方方从管党治党的过程和能力视角对“纪法协同”做了释义：“纪法协同就是指党的纪律和国家法律相互衔接并协同管党治党的过程或能力。”① 而且对党纪、国法做了深入考察，并指出：广义“纪律”既包含成文的各项规章制度和条例，也包括一些未明文列入纪律的规矩（但不包括广义规矩中的“法律”），还包括党章这个总规矩；广义“法律”包括对社会成员具有法律效力的所有行为规范。蒋凌申更强调纪法协同内涵的复杂“远超‘法法衔接’之子系统内的制度衔接与疏通”，“属于跨子系统的职能协作，包括目标、观念、规范以及运行的协同。”②

---

① 徐玉生，王方方．纪法协同：全面从严治党背景下管党治党的机制创新［J］．贵州社会科学，2016（4）：17-23.

② 蒋凌申．论监察体制改革中的纪法协同［J］．南京大学学报（哲学·人文科学·社会科学），2020（3）：105-120.

综合以上释义，我们提出所谓“纪法协同”是指党纪国法相互衔接、协同发力，执纪和执法相互贯通，监督执纪和监察执法一体推进，违法必违纪，违纪必追究。这不仅体现在管党治党的运行目标和观念、运行规范和手段、运行路径上，还贯穿在管党治党运行过程、运行体制和运行机制中。党纪主要针对党员而言，包含党章这个全党的总规矩、各级党组织成文的各项纪律以及党在长期实践中形成的未明文列入纪律的习俗、惯例；国法针对全体公民而言，是指中国特色的社会主义法律体系和对全体社会成员具有普遍约束力的行为规范。纪法协同要以差异为前提实现党纪与国法的相互协作、优势互补。党纪和国法各司其职使得两者协同合作得以可能。党纪国法的功能衔接，包括把纪律放在法律的前面，法律是党纪的底线和坚强保证；党纪国法方向一致，执纪主体和执法主体在党的领导下同心协力，作用力方向保持高度一致；党纪国法统一领导，建构全面从严治党综合领导机构，消弭党纪与国法之间可能存在的衔接断层，使得纪法协同成为必要和现实。

纪法协同，就是把适用纪律和适用法律结合起来，健全统一决策、一体运行的执纪执法工作机制，促进执纪执法贯通，深化党的纪律检查体制和国家监察体制改革，设立必要的纪法协同规范。既要发挥《监察法》对纪法协同的指引作用，推进党纪规范合法化，也要在党纪中提高尊重法治的条文比例，推进党纪法治化，促进纪法协同的成果转换。从人才队伍上来看，纪法协同、合署办公意味着纪检监察的工作人员既要具备法治素养又要具有监察资格，在人才结构的纪法协同上，要满足依法从严治党和履行监察职责的核心条件，提升人才队伍的协同素养。

二、党内监督体制机制

对于党内监督体制，韩强简要将其界定为“以党的各级纪律机关为主体组成的党的工作与纪律监督体系。"① 林崇建、刘静萍认为"实施党内监督的物质形态，由机构、人员、制度等要素构成"②。对党内监督机制的概念界定，既有对《〈中国共产党党内监督条例（试行）〉解读》的狭义解读："党内监督系统中各要素间相互关联、相互作用进而实现系统整体功能的方式。"③ 也有李宗楼对此广义的界定："党内监督过程中由相互联系、相互作用的各要素及各个环节等构成的统一体。"④（这个意义上的党内监督机制是涵盖了党内监督体制的。）林崇建、刘静萍还认为由要素构成的党内监督体制属于"硬件"范畴，而作为贯穿于党内监督过程中的本质要求的监督机制属于"软件"范畴。⑤ 杜楠则从制度、体制、机制三者关系的角度界定：制度是设立的正式形式和强制性规范体系，体制是制度形之于外的具体表现和实施形式，机制是制度或体制内部系统要素以一定的方式相互作用实现特定功能。⑥ 他指出了党内监督体制是"党内监督主体和监督客体互动中形成的监督活动运行的整体框架和制度安排"，"是在党的监督制度框架内，党对监督权的配置和使其有效运行的组织及机制安排"⑦。显然，在杜楠的概念解释中，党内监督体制内蕴着监督机制，但没有在监督体制之上再分析监督机制。

综合以上分析，我们一方面从制度、机构等要素体系界定党内监督

---

① 韩强．论党内监督体制的改革与完善［J］．理论学刊，2000（6）：23-26.
② 林崇建，刘静萍．权力制约机制与党内监督体制改革［J］．理论与现代化，2001（2）：68-71.
③《中国共产党党内监督条例（试行）》解读［M］．北京：新华出版社，2004：133.
④ 李宗楼．马克思主义民主与监督理论若干问题研究［M］．武汉：华中师范大学出版社，2009：250.
⑤ 林崇建，刘静萍．权力制约机制与党内监督体制改革［J］．理论与现代化，2001（2）：68-71.
⑥ 杜楠．新时代中国共产党党内监督体制研究［D］．北京：中共中央党校，2018.
⑦ 杜楠．新时代中国共产党党内监督体制研究［D］．北京：中共中央党校，2018.

体制，以要素间相互关联实现系统整体功能的方式界定党内监督机制；另一方面，将体制机制关联一体，由此提出党内监督体制机制。所谓党内监督体制机制是指实施党内监督中由机构、人员、制度等要素系统及其内部要素间以一定的方式相互作用实现特定功能。具体地说就是由党的中央、党组、纪检、基层各级组织上下纵横有机结合的包括机构、人员、制度等的体系，并由这些内部要素相互作用实现党内监督的驱动功能、支撑功能、评估功能、制约功能。

党内监督体制机制，一方面的问题是权力的分配，党内监督问题的核心是党内监督权力的分配，以权力监督对象权力的行使和监督主体责任的履行，围绕“权力、责任、担当”设计制度，确立了一系列制度规训，为全党强化制度意识，尊崇、执行和维护制度提供现实抓手。另一方面是监督运行机制，党内监督机制涉及党内监督各要素之间的结构关系和运行方式。理顺系统内部各要素之间关系、对运行模式进行适时调整与持续优化、保持运行机制结构形态的平衡有序，以推动纪法协同监督运行机制的整体化运转。

第三节　国内外研究现状述评

改革开放前学术界关于党内监督的研究成果不多，但在二十世纪九十年代以后党内监督不断受到关注，特别是 2003 年通过了《中国共产党党内监督条例（试行）》，党内监督作为党的建设的热点问题，在法学、党建、政治学、社会学等学科中得到高度重视，党的十八大以来尤其是党的十八届六中全会修订通过的《中国共产党党内监督条例》，更是将党内监督研究推进到新阶段，但从纪法协同视角研究党内监督的成果寥寥无几①。

一、国内研究现状述评

国内学者从以下几个方面对党内监督做了深入探讨。第一，基于不同理论范式的监督探讨。田湘波基于理性选择制度主义理论框架，分析了监察委员会的设立和实践优势及其局限性，进而提出适应中国国情，全面加强制度监督，健全多元化监督机制。② 宋伟借用博弈论对集体腐败要素做了单阶和多阶模型分析，寻找腐败形成过程中的关键临界点，构建科学的权力制约和监督体系。③ 王尘子采用“结构-过程”的分析框架，分析出系统性腐败是权力结构和权力过程的“系统误差”，进而提出应对策略：明确公权力职能、规范权力运行程序、健全监督与制约体系。④ 马庆钰等从文化伦理学路径，从价值观和行为模式层面分析腐败，主张通过制度建设、思想教育改进权力制约和监督。⑤ 第二，党内监督机制研究。张穹、张智辉围绕当代中国如何建立健全权力监督机制，系统研究了我国由古至今的权力监督思想、制度和实践，提出了制度设计方案；阎德民阐明了构建中国特色权力制约和监督机制的目标模式、原则、基本思路⑥。李永忠系统梳理了自党的十一届三中全会以来的纪检监督体制改革进程，提出从方法、空间、时间、点面、战法、战

---

① 注：从现有搜索文献看，迄今为止没有“纪法协同强化党内监督”的专著，论文也为数不多。

② 田湘波．监察委员会进一步制度化建设研究：基于理性选择制度主义的理论视角［J］．湖湘论坛，2019（6）：64-70.

③ 宋伟．集体腐败的破解路径：基于博弈论的模型分析［J］．广州大学学报（社会科学版），2020（6）：100-104.

④ 王尘子．“结构-过程”视角下的系统性腐败生成机理研究［J］．中共福建省委党校（福建行政学院）学报，2021（3）：87-96.

⑤ 马庆钰．告别西西弗斯：中国政治文化分析与展望［M］．北京：中国社会科学出版社，2002.

⑥ 闫德民．中国特色权力制约和监督机制构建研究［M］．北京：人民出版社，2011.

役、战略七个方面改革纪检监督体制。① 周淑真从上位监督与下位监督互动结合的巡视制度出发，透过中国共产党巡视工作的历史沿革及现实成就，分析党内监督制度创新的价值。第三，党内监督存在的问题与矛盾研究。丁俊萍和廖义军、田立军等对党的领导集体的党内监督的理论发展和实践探索进行了研究。② 李景田等对党内监督的重点和难点问题进行了研究，认为对主要领导干部特别是“一把手”的监督乏力，难以落实。③ 丁清晔、文洪朝对党内监督主体、客体和党内监督制度及运作模式存在的问题进行了研究④；陈东辉对党内监督中监督权责、监督内容、监督体制存在的突出问题进行了研究⑤。第四，强化党内监督的对策与路径优化研究。周淑真等认为，巡视制度是党内监督和权力监督制度的创新，并以德国经验为例，分析了国家法律与党纪党规关系之协调⑥；李忠杰提出要进一步发挥问责制度的作用，健全国家监察组织架构，形成全面覆盖国家机关及公务员的国家监察体系，强化巡视监督，推进全面从严治党⑦。高波探讨了在巡察工作中落实五大发展理念的路径，提出努力构建横向广覆盖、纵向大延伸的一体化、网络化巡视巡察工作格局⑧；过勇等强调从严治党离不开制度化问责，党内监督是全面

---

① 李永忠．监督的关口如何有效前移：三十多年纪检体制改革的思考［J］．同舟共进，2014（2）：27-30.

② 丁俊萍，廖义军．中国共产党党内监督机构的发展历程及其启示［J］．同济大学学报（社会科学版），2008（6）：62-68.

③ 李景田，许成庚．新时期中国共产党党内监督机制问题研究［M］．北京：中国方正出版社，2004.

④ 丁清晔，文洪朝．试论把权力关进制度的笼子：党内监督机制有效运转的路径选择［J］．济南大学学报（社会科学版），2015（1）：1-5.

⑤ 陈东辉．党政“一把手”监督的难点问题及其破解［J］．中州学刊，2017（11）：19-24.

⑥ 周淑真，袁野．论国家法律与党纪党规关系之协调：以当代德国为例［J］．中共中央党校学报，2015（3）：24-29.

⑦ 李忠杰．加强党内监督 推进全面从严治党［J］．中国纪检监察，2016（3）：8-10.

⑧ 高波．从严治党离不开制度化问责［N］．人民日报，2016-07-01（5）.

从严治党的抓手①；任建明强调运用好监督执纪“四种形态”离不开纪法衔接，强调严明党的纪律和规矩，推进党内监督制度的不断创新②。马怀德、庄德水、李成言等提出将党内监察与法律监督、内部监督与外部监督等问题进行综合考量。③

国内关于党内监督的研究成果非常丰富，为我们的研究提供了厚实的研究基础和思想源泉。但我们必须看到：第一，党内监督研究所采用的理论范式和视角多种多样，各有不同；第二，已有研究更多从权力运行制约或监督模式出发，从而缺乏从纪法协同整体角度强化党内监督的研究；第三，对西方国家权力运行制约与监督的理论研究较多，在实质层面上解决纪法协同全面加强党内监督问题的研究较少；第四，党内监督体制机制作为系统的内在整体优化研究不足，尤其是以纪法协同整体优化党内监督体制机制的问题研究欠缺。这些不足恰恰证明无论在理论层面还是在实践层面，本研究都具有极有价值的研究空间。

二、国外研究现状述评

国外在权力制约监督理论范式和中国监督体系（含党内监督）存在问题及应对策略等方面做了深入探讨。从权力监督的理论范式角度看，戈登·图洛克（Gordon Tullock）、贾格迪什·巴格瓦蒂（Jagdish Bhagwati）等从经济学角度研究腐败与反腐败，提出腐败就是寻租。④

---

① 过勇，杨小葵．基于大数据的领导干部廉政监督机制研究［J］．国家行政学院学报，2016（6）：22-27.

② 任建明．党内监督制度的创新与突破至关重要［J］．人民论坛，2016（S2）：53.

③ 马怀德，庄德水，李成言，等．聚焦国家监察体制改革［J］．浙江人大，2016（12）：48-49.

④ TULLOCK G. The Welfare Costs of Tariffs, Monopolies, and Theft［J］. Western Economic Journal, 1967（3）：224-232; BHAGWATI J. Directly Unproductive, Profit-Seeking（DUP）Activities［J］. Journal of Political Economy, 1982（5）：988-1002.

詹姆斯·布坎南（James Buchanan）认为寻租是一种“追求私利的个人价值最大化的行为造成社会浪费的而不是社会剩余”制度背景中的经济行为。① J. S. 奈（J. S. Nye）认为腐败是由于考虑私人的金钱或地位利益而偏离作为一个公共角色所具有的正式职责的行为，或者是违反那些旨在反对谋求私利的规则的行为。② 就关于党内监督存在的问题的研究而言，郭学志（Guo Xuezhi）指出党的纪律检查委员会缺乏监督独立性保障，必须加快消除监督独立性在体制机制上的障碍，有效预防腐败。③ 彼得·霍华德·科恩（Peter Howard Corne）认为新闻媒体难以独立地开展新闻报道，新闻舆论难以对中国共产党形成有效监督。④ 郑永年提出了中国反腐败体制或者机制是内部多元过度，内部权力过于分散和机构过多，产生了诸多弊端，如反腐败责任不明确，机构众多会给腐败提供很多机会。⑤ 从强化党内监督的对策与路径优化角度，本杰明·利布曼（Benjamin Liebman）认为中国共产党越来越重视党的监督，“竞争监督”已经成为加强问责制度的有效工具，试图寻找横向问责制以强化政党权威的法治化。⑥ 余京扬（Yu Kungyeo）指出党的十八大以来创立各级巡视组对各级党政机关进行监督和巡视，有效遏制了腐败，党内监督制度建设有利于完善现有监督体制，有利于提升党和国家的治

---

① BUCHANAN J. Rent - Seeking and Profit - Secking in Buchanan & Tullock, Toward a Theory of the Rent-Seeking Society [M] . State of Texas: Teas A&M University Press, 1980: 3-15.

② NYE J S. Corruption and Political Development: A Cost-Benefit Analysis [J] . American Political Science Review, 1967 (2): 417-427.

③ GUO X Z. Controlling Corruption in the Party: Chinas Central Discipline Inspection Commission [J] . The China Quarterly, 2014 (6): 597-624.

④ CORNE P H. “Legal Supervision.” Foreign Investment in China: The Administrative Legal System [M] . Hong Kong: Hong Kong University Press, 1997: 243-282.

⑤ 郑永年. 中国怎样反腐败才会有效? [J] . 中国经济周刊, 2014 (26): 85-86.

⑥ LIEBMAN B. The Media and the Courts: Towards Competitive Supervision? [J]. The China Quarterly, 2011 (208): 833-850.

理能力。[①] 郑永年则针对反腐败机构过于多元化、互相争执推诿反而给腐败很多机会，提出建立反腐败大部制，把反腐败视作一项综合政治工程，认为要遏制腐败，一整套可以导致清廉行为的制度是根本。[②]

综观国外研究成果，一是以权力寻租的理论为我们提供了监督制约新的理论范式，增添了理论可供选择和反思的视角；二是从监督机构的非独立性和内部多元过度带来的责任不明、成效有限、腐败机会增多等方面，分析党内监督存在的问题；三是突出监督制度的建设，以及监督体制机制在党内监督中的重要地位，并指出党内监督的整体性协调配合可使监督体制机制内在整体优化。这些成果无疑给我们新的研究以方向性启示。

第四节 主要内容和研究方法

本研究围绕建立健全党内监督的体制机制，立足于新时期全面从严治党的新形势、新任务、新要求，深入梳理党纪国法协同强化党内监督的体制机制的思想资源、理论逻辑、历史变迁和制度体系、运行机理，探究以纪法协同强化党内监督体制机制要实现的目标体系及主要任务，阐明在纪法协同视域下强化党内监督体制机制的路径。研究方法上综合采用文献研究法、实证调研法、多学科综合法和整体研究法等。

---

① YU K Y. Complementing the Local Discipline Inspection Commissions of the CCP: Empowerment of the Central Inspection Groups [J]. Journal of Contemporary China, 2016 (97): 59-75.

② 郑永年. 中国怎样反腐败才会有效? [J]. 中国经济周刊, 2014 (26): 85-86.

一、主要内容

研究的主要内容从以下九个章节具体开展：

第一章：绪论。首先，简要介绍“纪法协同强化党内监督体制机制”这一研究问题提出的背景——新时代的智慧洞察和新时期现实要求；其次，从“纪法协同”与“党内监督体制机制”两个核心概念界定、明确本研究的具体对象；再次，综观国内外研究成果，从现有的理论洞见、方向启示及其不足，揭示本研究努力的方向和目标；最后，简要概述本研究的主要内容和研究方法。

第二章：中国共产党党内监督思想的理论基础。一方面指出了马克思主义经典作家关于党内监督的思想：马克思、恩格斯提出以民主选举制度和党内自由批评加强党内监督，列宁从建立专门监督机构和法律制度来保障强化党内监督。另一方面重点梳理了中国共产党人关于党内监督思想的丰富与发展：总体揭示了中国共产党的历届主要领导人的党内监督思想既一脉相承，又根据革命、建设和改革的不同历史时期的具体背景与时俱进、开拓创新，不断丰富和发展党内监督思想理论。本章展现了党内监督体制机制建设丰富而深邃的思想资源。

第三章：中国共产党成立以来党内监督实践的考察分析。分四个历史阶段考察，一是萌芽与初创、撤销与恢复的新民主主义革命阶段党内监督的有益探索；二是执政党党内监督的初步确立、党内监督的曲折发展与全面破坏的社会主义革命和建设时期党内监督的曲折向前；三是党内监督的重设与强化、党内监督的发展与成熟的改革开放新时期党内监督的恢复发展；四是党的十八大以来党内监督在理念、制度与实践等方面进行弥补、整改和提升的中国特色社会主义新时代党内监督的战略提升。本章呈现了党内监督在建党以来的历史变迁。

第四章：党内纪法协同监督的理论分析。首先，对“纪法协同”

中纪、法、纪法关系和纪法协同深入做了内涵阐释；其次，从法律与纪律调整范围的局限性、党内监督的特殊性，对纪法协同强化党内监督做必要性分析；再次，从法律作为社会的基本准则与党纪的底线、党纪与法律的重合性，对纪法协同强化党内监督做现实性分析；最后，强调纪法协同强化党内监督应遵循的基本理论：纪法协同应始终兼顾效率与公平、纪法协同要保障人权、纪法协同要明确党纪与国法的权责边界。本章明确了纪法协同强化党内监督的理论逻辑。

第五章：党内纪法协同监督的现实境遇。首先，从纪法重叠到纪法分离使纪法协同更加科学、党纪与法律的同构化是纪法衔接的制度保障、监察法的出台是纪法协同的突出体现，呈现纪法协同强化党内监督的当下演变；其次，党纪法治化是确保党纪发挥功效的制度保障、党纪的处分以法律判罚结果为依据、对涉案人的查处可促成纪法协同的深化、将违纪作为定罪量刑的情节是纪法协同的突出体现，凸显纪法协同共同确保党内监督功效的发挥；最后，依据现行监察法中存在不合理规定、纪法在制度层面存在不协同现象、纪法在实践层面存在不协同现象，指出纪法协同强化党内监督存在的不足。本章具体考察了纪法协同强化党内监督的当下境遇。

第六章：纪法协同强化党内监督的体制。从强化党中央全面领导党内监督、中央政治局及其常委会监督、中央政治局委员监督，剖析强化党的中央组织监督；从强化巡视监督、干部考察考核监督、领导干部个人有关事项监督，剖解强化党委（党组）监督；从强化对同级党委及其领导的党组织和干部的监督、纪律检查工作双重领导体制下的监督、纪律检查机关对自身的监督，分析强化党的纪律检查机关监督；从强化党基层组织的日常监督、强化党员的民主监督，分析强化党的基层组织和党员监督。本章深入剖解了纪法协同强化党内监督的体制。

第七章：纪法协同强化党内监督的机制。首先，从纪律执行机构与法律执行机构的协调配合、促进机制协调运作的协同指挥、党纪与国法在运作功效方面的协同效应，剖析监督机制运行的内在机理；其次，重点明确机制构建的先在条件、明晰运行系统的组成要素、确认机制设置的目的指向、确保正常运转的保障措施；最后，由驱动机制、支撑机制、评估机制、制约机制考察了纪法协同强化党内监督的运行机制的构成，以及从历史发展的经验总结、机构协作的现实需要、制度溯源的根基分析，确证了纪法协同强化党内监督机制运行的实践依据。本章系统性阐释了纪法协同强化党内监督的运行机制。

第八章：纪法协同强化党内监督的路径。有针对性地提出四大路径：其一，全景协同，建立各级党委全面监督机制。完善全景协同、全面监督的各个环节，全方位扫清监督死角，保证执纪与执法相互配合、相互衔接。其二，常长协同，建立党内监督长效机制。推进党内监督日常化，建立常态化纪法教育机制，建立以人民为中心的监督常态长效机制。其三，敬畏协同，保持党内巡视常态化。赋予党内巡视工作相应的法制保障，落实和执行具体巡视工作机制，完善党内巡视程序与监督体系，推进巡视巡察方式的创新。其四，惩防协同，保证问责追责零容忍。明确追责问责的主体和对象，不断完善追责问责的运行程序，“问责一个，警醒一片”，纪法协同惩防并举，从制度的执行强化党内监督的体制机制，以零容忍的态度强化党内监督。

第九章：结语，纪法协同强化党内监督推进全面从严治党。结合新时代从严治党走向纵深的时代特点，从本研究所提出的纪法协同强化党内监督的体制机制和路径出发，指出新时代进一步通过纪法协同强化党内监督，更好地发挥其在坚定政治方向、坚守政治理想、涵养政治生态、严明政治纪律、完善监督体系、提升治理效能，以及深入反腐倡廉实现自我革命等方面的引领保障作用，推进全面从严治党向纵深发展。

二、研究方法

本研究主要采用文献研究法、实证调研法、多学科综合法和整体研究法等研究方法。

1. 文献研究法。文献研究是纪法协同强化党内监督体制机制研究的基础。在梳理和阐释党内监督体制机制建设的思想资源、理论逻辑、建党以来党内监督的历史考察和纪法协同强化党内监督体系时，对大量党的基本文献和史料、学术著作、电子和网络资料等文献进行梳理，为深入研究奠定了坚实基础。

2. 实证调研法。通过组织座谈会、实地调研和进行电话访谈等方式进行实证调查。如会对纪法协同强化党内监督的现实境遇和纪法协同强化党内监督的实践路径进行详细的实践调查，或直接实地走访或借助相关组织，获取第一手资料，增强对相关现实问题把握和理解的准确性。

3. 多学科综合研究。本研究涉及马克思主义理论、党史党建、政治学、心理学、社会学、教育学、管理学等学科。通过多学科综合研究，可以更好地对纪法协同、党内监督体制机制等的理论做深入阐释，突破单一理论和学科范式可能带来的偏狭，达到学科互涉、视域交融，使本研究更具统合性，从而总结提炼出纪法协同建构党内全面监督体制机制的原则和方法。

4. 整体研究法。本研究是对纪法协同强化党内监督体制机制的整体性研究，不仅是对党内监督体制和机制系统化一体化的研究；而且是理论和实践一体的研究，深入梳理了党纪国法协同管党治党的思想资源、理论逻辑、历史变迁和制度体系、运行机理以及强化党内监督体制机制的路径。

第二章

中国共产党党内监督思想的理论基础

治国必先治党，治党务必从严。党内监督不仅是党的建设的重要内容和全面从严治党的重要保障，更是关乎党和国家前途和命运的一项政治任务。中国共产党作为一个长期执政的马克思主义革命政党，在百年历史征程中始终高度重视党内监督，强调纪法协同一体推动监督体系建设，在不同历史发展阶段都把强化党内监督放在突出位置，并取得了显著成效。中国共产党党内监督建设有着深刻的理论资源，这些理论资源根源于马克思主义经典作家的党内监督思想，在中国共产党百年征程的不同历史时期得到不断的继承和发展，积累了丰富的党内监督经验。

第一节　马克思主义经典作家关于党内监督思想分析

马克思主义关于党建的理论是对党内监督的理论论述与实践延展，它强调在马克思主义政党建设过程中发挥党内监督的重要作用，为无产阶级政党开展党内监督提供了科学行动指南，是中国共产党通过纪法协同推动党内监督建设的重要理论根源。

一、马克思、恩格斯关于党内监督的思想

马克思、恩格斯在长期领导工人运动的实践中已经深刻认识到了无产阶级政党自我监督的重要性，对无产阶级政党如何推进党内监督进行

了深入的探索。

（一）确立民主选举制度

马克思、恩格斯认为民主选举是无产阶级政党建设的重要实践形式，指出党的各级领导机构要通过民主选举的方式产生。如《共产主义者同盟章程》中就强调党的代表大会是立法机关和党内最高权力机构，各级组织机构的主要人员通过选举的方式产生。在坚持民主选举的基础上，马克思、恩格斯还对各级组织机构主要人员的任职期限做出了严格规定，各级组织机构主要人员在任职期内要接受监督和考察，对于工作不称职或者存在违纪行为的领导人可以随时撤换，做到选举权和罢免权相结合，有利于进一步加强无产阶级政党的党内监督。正如恩格斯强调的："各委员会由选举产生并随时可以罢免，仅这一点就已堵塞了任何要求独裁的密谋狂的道路。"① 在这一过程中，每一个党员都有直接参与选举和被选举的权利，候选人当选后如若不称职可以随时被罢免，这对领导人员形成了长久有效的监督和制约，从而有效防止了权力的滥用。

（二）通过党内自由批评强化党内监督

实现无产阶级政党的党内监督要充分发挥民主的作用，在党内经常展开批评与自我批评交流，能够有效防止广大党员干部蜕化。恩格斯认为权利和义务是相辅相成的。党员在党内没有特殊性可言，他们在拥有一定权利的同时，也有时刻接受外界监督的义务，因此每一个党员都有在党内自由发表意见、展开相互批评的权利。针对党内出现的各种错误矛盾以及不同的意见观点，马克思、恩格斯高度重视党内自由批评交流的重要性。由此可见，党员批评与自我批评交流既是党内民主实现形

① 中共中央马克思恩格斯列宁斯大林著作编译局．马克思恩格斯全集：第 28 卷［M］．北京：人民出版社，2018：278.

式，也是强化党内监督的应然要求。在思想交锋中的争论甚至是小小的争吵对党的发展都是有益的，集思广益才能制订出解决党内问题的最佳方案，也能及时发现党内的各种错误倾向，同各种不良风气做斗争，为无产阶级政党的发展壮大提供动力。

二、列宁的党内监督思想

列宁在继承马克思、恩格斯党内监督思想的基础上，结合苏俄的实践，具体阐述了无产阶级政党的党内监督思想体系，这为我国建设纪法衔接推动党内监督体系建设提供了重要参考和借鉴。

（一）党内监督是监督体系的关键

1917 年十月革命后，俄国在列宁的领导下走上了社会主义道路，俄国布尔什维克党也从原先的革命党变成了执政党。在国际国内严峻形势影响下，苏联共产党逐步加强了对全国的领导。随着权力的高度集中，党内也出现了贪污腐败、官僚主义、脱离人民群众等新问题。随着这些问题的恶化，列宁认为必须要强化对党内权力的监督，通过对各级党组织和广大党员干部的有效监督同这些歪风邪气做斗争，巩固党的执政地位。列宁把民主集中制确立为建党原则，用“铁一般的纪律”加强党内建设，使全体党员能够严格遵守党的规定、服从和执行党的各项决议，并通过民主的方式平等地参与到党内事务中。在落实纪法协同推动党内监督的具体机制方面，列宁强调民主与公开相结合，要通过党务公开、扩大监督主体范围来实现对党的领导的有效监督。同时，列宁还认识到要把党内主要领导人确立为党内监督的重点对象。此外，列宁还十分注重人民群众的监督，以人民群众的外部监督加强党内监督，赋予了人民群众广泛而真实的监督权。列宁提出构建“多种多样的自下而上的监督形式和方法，以便消除苏维埃政权的一切可能发生的弊病，反复地不倦地铲除官僚主义的莠草。”① 从而防止了党员的徇私舞弊，避免人民公仆成为人民的主人。

（二）建立专门的监督机构

建立专门的监督机构是列宁党内监督思想的一个重要部分，在列宁看来，如若没有专门的监督机构作为保障，必然难以形成对公共权力的有效监督，关于党内监督的各种理论设想都将无法得到真正的贯彻落实。因此在十月革命胜利后，列宁就展开了建立监督机构的探索和实践，把建立完善党的监督制度作为党内监督的重要途径。1918 年俄国设立了由工人农民组成的工农检察院，并不断加强工农检察院的监督权。1920 年 9 月，在列宁提议下俄国建立了同中央委员会平行的监察委员会，提高了党内监督权力机构的地位。1921 年，监察委员会正式成立，并规定了其相关职权。为了保障权力监督的效果，切实发挥监督机构的监督作用，列宁还十分重视监察委员会在实际运行中的独立性和权威性，确保监察委员会在履行职能时不受外界干扰。列宁指出不同级别的监察委员会分别由本级党的代表大会选举产生，监察委员会的监督工作不受中央委员会约束，党委必须要贯彻执行本级监察委员会的决议，极大提高了检查委员会的权力和地位。列宁还高度重视监督机构人员队伍建设，指出必须要提高监察机构人员的素质能力。监察机构人员应当由政治立场坚定、思想觉悟高、业务能力强的高素质人才构成。提高监督机构人员的整体素质，可以使监督机关真正有能力担负起党所赋予的神圣使命。

（三）制定法律提供制度保障

法律的制定为党内监督思想的落实和效果提升提供了制度保障。列

---

① 中共中央马克思恩格斯列宁斯大林著作编译局．列宁全集：第 34 卷［M］．北京：人民出版社，2017：186.

宁承诺要让每一个群众代表和公民都具备参加国家法律的讨论、执行和选举自己的代表的权利，他认为苏维埃法律可以“使每一个人都有可能同官僚主义和拖拉作风做斗争”①，而“群众应当有权为自己选举负责的领导者。群众应当有权撤换他们”②。因此，在列宁的倡议下俄国不但颁布了诸如《关于惩办受贿的法令》《关于贿赂行为》《关于消灭拖拉现象》《工人监督条例》等法律法规，而且在惩罚上，对共产党员要加倍严惩。列宁还亲自编写宣传法律和政策的工农普及读物，督促司法人民委员编发《执行苏维埃共和国法律》的小册子，以培养群众监督意识，同时鼓励每个苏维埃机关积极地欢迎群众来访，着重调动群众监督的积极性，鼓励群众参与监督，依靠群众提高监督效果。

第二节　中国共产党党内监督思想的守正创新

自 1921 年中国共产党成立以来，中国共产党在继承发展马克思主义党内监督思想的基础上，形成了极具中国特色的党内监督思想。中国共产党的历届主要领导人的党内监督思想既一脉相承，又根据革命、建设和改革的不同历史时期的具体背景与时俱进、开拓创新，不断丰富和发展党内监督思想理论。系统梳理中国共产党的百年奋斗历程，探究中国共产党纪法协同强化党内监督思想发展的基本脉络和理论体系，对于深刻认识中国共产党政党建设理论与推动中国共产党政党治理具有重要理论价值与实践意义。

---

① 中共中央马克思恩格斯列宁斯大林著作编译局．列宁全集：第 42 卷［M］．北京：人民出版社，2017：207.

② 中共中央马克思恩格斯列宁斯大林著作编译局．列宁全集：第 34 卷［M］．北京：人民出版社，2017：143-144.

一、社会主义革命和建设初期中国共产党党内监督思想的形成

毛泽东同志在领导中国革命和社会主义建设的伟大实践中，坚持马克思主义基本理论与中国文化深入融合，结合社会主义革命和建设的伟大实践，形成了富有中国特色的党内监督思想。

（一）注重从严治党，重视党内监督

在社会主义革命和建设过程中，毛泽东高度重视党的建设，特别强调建章立制，健全制度推进党内监督。1921 年中共一大制定的《中国共产党纲领》就已经提出了党内监督，通过党的纪律来约束党员的行为，地方委员会应受中央执行委员会的监督，实行自上而下的监督。1927 年 4 月，在国民大革命局部失败的背景下，中共五大选举出了中央监察委员会，这是中国共产党历史上第一个正式的党内监督机构。1929 年 12 月，毛泽东针对当时党组织建设问题指出："党员的质量之差和组织之松懈，影响到红军的领导与政策之执行非常之大。"① 在毛泽东看来，党内监督不到位、纪律不严格造成了党员质量下降，这对中国革命产生了极为不利的影响。因此必须要解决党的组织松懈问题，重视党内监督在党的建设中的作用。全面抗战时期，毛泽东提出了要进一步加强党的统一领导，"严肃党的纪律，坚决遵守民主集中制的组织原则"②。在解放战争时期，毛泽东提出了要建立报告制度，健全党委制，保证集体领导，确保党内民主。在中国革命即将取得全国性胜利时，毛泽东又提出了"两个务必"的重要指示，坚持批评和自我批评，继续保持优良作风。进入社会主义建设时期，毛泽东一以贯之地强调党内纪

① 中共中央文献研究室．建党以来重要文献选编：1921—1949：第 6 册［M］．北京：中央文献出版社，2011：735.

② 中共中央文献研究室．建党以来重要文献选编：1921—1949：第 14 册［M］．北京：中央文献出版社，2011：657.

律和党内监督的重要性，强调党员同志间互相监督是“促使党和国家事业迅速进步的好办法”①，将党内监督看成增强党内团结和实施民主集中制的重要形式。1956 年党的八大进一步强调，在党内的任何党员都要接受监督。在党中央的领导与支持下，关于党的建设的组织机构和制度不断完善，特别是各级纪律检查委员会机制的健全为强化党内监督提供了坚强组织保障。

（二）注重人民监督，增强党员干部监督合力

在重视党内监督的同时，毛泽东同志还强调党内监督与党外监督相结合。1945 年，针对黄炎培提出的历史周期律问题，毛泽东指出让人民来监督政府，才能跳出这个历史周期律。中华人民共和国成立后，毛泽东清醒地认识到作为共产党员如若缺乏必要的监督，也容易腐化堕落，强调共产党员“应该受人民的监督”②，否则就会走向人民的对立面。面对当时部分党员干部出现的骄傲自满、贪图享乐等问题，毛泽东提出全体党员干部必须无条件接受党内与党外的监督，并通过整风、整党和在党政干部中开展“三反”运动来强化党内监督。同时毛泽东认为必须要重视人民群众的意见，及时关注人民群众的呼声，着重突出要通过宪法和法律赋予和保障人民群众的监督权，并给出恰当的处理，保持党员干部与人民群众的血肉联系，发挥人民群众行使民主监督的作用。

二、党的十一届三中全会以来中国共产党党内监督思想的发展

邓小平同志在继承毛泽东同志关于党内监督思想的基础上，结合社

---

① 中共中央文献研究室．毛泽东文集：第 6 卷［M］．北京：人民出版社，1999：406.

② 中共中央文献研究室．建党以来重要文献选编：1921—1949：第 18 册［M］．北京：中央文献出版社，2011：679.

会主义现代化建设和党的建设实际情况，丰富和发展了中国共产党党内监督的思想。系统分析研究邓小平的党内监督思想，对于当前全面深化改革背景下如何深入开展党建工作有着重大意义。

（一）强调党内监督是监督体系的重中之重

随着改革开放进程的不断深入，国家经济逐渐好转，但也造成了部分党员干部在不正之风侵蚀下腐化堕落，经济腐败案件频发易发的局面。面对这些情势，以邓小平为核心的党中央领导集体，在总结“文革”教训的基础上，认识到了有效党内监督的重要性，决定把党内监督建设重新放在重要位置，着力改变党内出现的不良风气。邓小平对党内监督的构思由来已久，在不同的时期都提出过这方面的论断。针对改革开放后随着国家经济的逐步好转而出现的经济犯罪活动，邓小平强调指出对这股歪风要高度重视，予以坚决打击，强调要加强各级党员干部的管理和教育，整顿党的作风和党的组织，党员要严格遵守党的纪律，对于犯下严重错误的党员要给予相应的惩处。在“文革”时期被撤销的党的中央纪律检查委员会也得以重建，地方各级党组织也确立了党的纪律检查组织，并恢复了巡视制度，提高了巡视小组的监督权。中央纪委颁布了《关于对党员干部加强党内纪律监督的若干规定（试行）》，对各级党员干部的行为做出了明确的规定，净化了党内风气。

（二）强化对党的领导干部监督

强化对党的领导干部监督，把领导干部确立为重点监督群体也是党的十一届三中全会以来党内监督的一大特色。邓小平把党员干部问题看成是管党治党的最关键问题。针对部分党员干部搞特殊化的现象，邓小平进行了深刻批评，认为党员干部的这种行为不仅体现在他们自己身上，还会把身边的亲属子女带坏，这必然会使官僚主义等不良风气蔓延，会使党员干部脱离人民群众，也会败坏党的形象，并且越是对党的高级干部缺乏必要的监督，所产生的危害就越严重，造成的影响也越恶劣。邓小平强调充分发挥领导干部的带头示范作用，恢复党的艰苦朴素、密切联系群众的优良传统作风，党员干部要响应党的号召，遵守党的各项规定，在全国全党上下起到良好的表率作用。此外，在制度体系安排上，实施《关于高级干部生活待遇的若干规定》，从党内法规制度层面健全对党员领导干部的监督，有利于加强党内监督。对待一些典型案件，邓小平强调要果断处理，对相关人员予以严惩，起到震慑警示作用。同时，强调要从长远角度出发狠抓作风建设，抓出成效，把党内监督当成一项长期性工作来坚持。

三、党的十四大以来中国共产党党内监督思想的丰富

以江泽民同志为核心的党中央带领全国各族人民继续坚持和发展中国特色社会主义道路，不断地丰富党内监督思想，从而实现中国共产党党内监督思想的创新与发展。

（一）阐明党内监督是党建工作的重要保障

江泽民同志把党内监督提升到党的建设工作的重要高度，强调党内监督的重要性，把党内监督看成党的生命，进一步丰富和发展了党内监督思想。江泽民同志认为二十世纪九十年代以来所发生的社会主义国家多国执政党下台衰亡，以及古今中外政权兴衰的事例都深刻表明了政权内部出现的问题才是关键。针对这些历史经验教训，江泽民提出中国的各项事业关键在党，必须要不断加强党的自身建设，不断改善党的领导方式，把从严治党贯穿到党的建设各个方面，切实落实到对全党教育、管理、监督等各个环节，以此来巩固党的执政地位，提高中国共产党的执政水平和拒腐防变的能力，实现党和国家的长治久安。在落实从严治党具体实践上，要进一步坚持和完善民主集中制，做到“把党内监督、

法律监督、群众监督结合起来，发挥舆论监督的作用"①，形成监督合力，形成完整的监督网络。同时，各级党委部门要切实担起责任，健全责任制，层层带动，一直到基层支部党员。江泽民认为对领导干部的监督是从严治党的关键部分也是薄弱环节，提出对领导干部要严格要求、严格教育，并在党章党规中做出明确的规定，对于领导干部的违纪违法行为要进行严肃的惩处。除了对领导干部本人做出相应规定外，还涉及对与之相关的配偶、子女等的监管。党的十四届四中全会中通过的《中共中央关于加强党的建设几个重大问题的决定》、党的十五届六中全会通过的《关于加强和改进党的作风建设的决定》等党的法规，都明确指出要建立和完善党内监督的相关程序，形成党内监督的长效机制，使党内监督机制制度化、规范化运行，更加持久有效地发挥党内监督在党的建设中的积极作用。

（二）强调以党内监督推动反腐败斗争

在世纪之交新的历史条件下，江泽民把强化党内监督看成推动反腐败斗争、巩固党的执政地位的有力武器和必然要求，反腐败斗争是关系到党和国家的生死存亡的大问题。在反腐败斗争中，江泽民始终把强化党内监督作为重要手段和监督渠道，提出了"坚持标本兼治，教育是基础，法制是保证，监督是关键"②，通过对广大党员干部的监督来确保公共权力的良性运行，防止权力的异化。可见，要推动反腐败斗争，就要把党内监督与其他监督方式有机结合，建立健全对权力制约和规范的有效机制，始终把领导干部当成是监督的重点群体，确实保证党的各级部门能够对党员干部进行有效的管理监督，不断铲除腐败现象滋生蔓延的土壤。

---

① 江泽民．江泽民文选：第2卷［M］．北京：人民出版社，2006：31.
② 江泽民．江泽民文选：第3卷［M］．北京：人民出版社，2006：176.

四、党的十六大以来中国共产党党内监督思想的创新

党的十六大以来，以胡锦涛同志为代表的中国共产党人高度重视政党治理与党内监督思想建设，提出了一系列新观点新论断，创新和发展了中国共产党的党内监督思想。

（一）强调监督是反腐倡廉的关键

在对党内监督重要性和作用的认识上，胡锦涛继承和发展了中国共产党的党内监督思想，提出强化监督是推进反腐倡廉的关键举措。胡锦涛对于腐败对党和国家事业造成的危害有着深刻的认识，他把腐败现象的蔓延看成影响党群关系的最大问题，会割裂党同人民群众的血肉联系，会对社会的和谐稳定造成不利影响。在总结世界政党兴衰经验教训的报告中，胡锦涛提出执政党必须加强自身建设，坚决反对党内各种腐败，才能保持生机和活力。在2012年党的十八大报告中，胡锦涛又进一步强调了反腐倡廉的重要性，从亡党亡国危险的高度反复强调了反腐倡廉的重要性。胡锦涛认为，不受监督的权力往往容易产生腐败，腐败现象在一些领域屡禁不止，甚至出现了蔓延的状况，一个重要原因是监督存在死角，监督机制的不完善不到位使得一些党员干部脱离了党组织和群众的有效监督。公共权力在监督缺位或流于形式的情况下，往往会被滥用，从而产生腐败。针对腐败行为，胡锦涛强调要“落实党内监督条例，加强民主监督，发挥好舆论监督作用”①。可见，胡锦涛同志认为，在坚持严惩腐败的同时，要把党内监督当作构建惩治和预防腐败的制度的重要环节，将制度建设作为反腐败的治本之策。在党内要通过严格的监督和严明的党章党规完善党内民主监督，加强对党员干部的监督，从而调动党内一切积极因素，不断提高党的拒腐防变能力，保持党

① 胡锦涛．胡锦涛文选：第2卷［M］．北京：人民出版社，2016：638.

的先进性和纯洁性。

（二）重视党内监督思想道德建设

以胡锦涛同志为核心的党中央在开展党内监督制度体系建设的同时，也十分注重广大党员干部的思想道德建设。胡锦涛把思想政治素质看成是党政领导干部最重要的素质，认为任用干部必须要坚持德才兼备原则，要更加关注道德品质的考察，把好选人用人关。2002 年在西柏坡考察讲话中胡锦涛号召全党要继续坚持做到“两个务必”，始终发扬艰苦奋斗的优良传统，自觉抵制各种腐朽思想和不正之风的侵蚀。在他看来领导干部的生活作风和生活情趣绝不是小事，一些领导干部的腐化堕落往往就是从这些看似小事的地方出了问题，因此要着重加强领导干部的党性修养和思想道德修养，“不断夯实党员干部廉洁从政思想道德基础，筑牢拒腐防变思想道德防线”①，保持共产党人应有的高尚品格。胡锦涛还强调要加强对领导干部的监督。他认为领导干部身居要职，掌握着一定的权力，极易成为被侵蚀的对象，“一些干部之所以走上违纪违法的道路，一个重要原因就是脱离了党组织和群众监督。”② 因此各级领导干部都应当树立被监督的意识，积极展开批判与自我批评，让自己主动接受党组织的教育管理和监督。领导干部在部门中更要以身作则，树立起良好的榜样，自觉带头遵守党纪国法，始终保持自身的先进性和纯洁性。

五、党的十八大以来中国共产党党内监督思想的集成创新

习近平总书记关于党内监督的重要论述内涵丰富，深刻回答了新时代党内监督的功能价值、体制机制、制度规训、价值导向和主体自觉等

---

① 胡锦涛 . 胡锦涛文选：第 3 卷［M］. 北京：人民出版社，2016：299.

② 胡锦涛 . 胡锦涛文选：第 3 卷［M］. 北京：人民出版社，2016：54.

基本问题，形成了丰富的党内监督思想体系。

（一）牢记党内监督的功能价值

党内监督是马克思主义政党坚持自我革命的重要手段之一。以习近平同志为核心的党中央对党内监督进行了积极的理论探索与实践发展，进一步明晰了党内监督的重要地位、基本方式和运行机制，牢记并落实这些功能价值是正确发挥党内监督作用的前提和基础。

一是对党内监督的重要地位再强调。马克思主义政党对于党内监督的重视一脉相承，生生不息。要在新的历史时期赢得主动，必须坚持全面从严治党，统一全党对于党内监督的重要地位的思想认识，凝聚思想力量。针对构建系统和完善的权力监督体系，习近平总书记强调党内监督的优先性和根本性，“党内监督在党和国家各种监督形式中是最根本的、第一位的。”① 对党内监督地位的正确、完整的思想认识，是加强党内监督，实现对权力制约的第一步。

二是党内监督的基本方式。党内监督效果离不开党员主体性、积极性的发挥。2016 年习近平同志在中共十八届六中全会强调指出，党内最基本的监督方式是党员民主监督，各级党组织要有主动监督党的领导干部的意识，督促他们履行相关义务，及时反映违纪情况。同时健全监督程序，保障好党员的知情权和监督权，做好举报保密工作，鼓励和支持党员有根据地展开批评，负责任地举报违纪违法情况，以便形成风清气正的政治生态和民主氛围。

三是强化党内监督的核心。民主集中制是马克思主义政党区别于其他政党的重要标志。坚持民主集中制是强化党内监督的核心和加强党内监督的根本原则。党内监督的有序进行必须贯彻落实民主集中制，确保上级和下级双向监督的民主监督协同一体推进。

---

① 习近平．习近平谈治国理政：第 2 卷［M］．北京：外文出版社，2017：187.

（二）健全党内监督的体制机制

党内监督体制机制是围绕监督权如何分配、如何运行而展开的，这直接关系到党内监督主体的积极性、能动性和制度发挥的效果。

一是坚持党的全面领导。“办好中国的事情，关键在党。”① 习近平同志强调要不断加强党内监督纪法协同体系建设，健全党和国家监督体系，强化对“关键少数”的领导干部的监督，发挥巡视、派驻、监察制度的硬性约束作用，畅通监督渠道，推进纪检监察合署办公，以严格的党内监督措施配合全面从严治党战略推进。

二是围绕权力责任设计制度。体制问题的核心是权力的分配，党内监督问题的核心是党内监督权力的分配。党内监督坚持“权责统一”的原则，以权力监督对象权力的行使和监督主体责任的履行，形成了党中央统一领导，党委（党组）全面监督，纪律检查机关专责监督，党的工作部门职能监督，党的基层组织日常监督，党员民主监督的党内监督体系，从纪律和法治角度极大地强化了党内监督体制机制建设。

三是健全纪法协同推进党内监督运行机制。党内监督机制涉及中国共产党党内监督系统各要素之间的结构关系和权力运行方式。从“不敢腐”“不能腐”“不想腐”的系统性推进维度入手，健全纪法协同机制，“不断增强党自我净化、自我完善、自我革新、自我提高的能力。”② 首先是执行惩戒机制。党内监督要把党的纪律挺在最前面。纪委、监委作为党和国家监督的主责主业，一方面要发挥纪律检查部门监督执纪“四种形态”作用，使“咬耳朵”“扯袖子”“出出汗”“红红

---

① 习近平．在庆祝中国共产党成立 100 周年大会上的讲话［N］．人民日报，2021-07-02（2）．

② 中共中央党史和文献研究院．十九大以来重要文献选编：上［M］．北京：中央文献出版社，2019：191.

脸”现象常态化，另一方面要推进纪检监察合署办公，坚持党的集中统一领导，推进党的纪律和国家法律的衔接，坚持纪在法前、纪严于法，同时做好信息沟通、线索移交、成果共享机制，健全统一决策、一体运行的执纪执法工作机制，增强工作有效性，提高纪检监察系统履职质量。其次是防范机制。党内监督属于自我监督，在党和国家监督体系中处于最根本的、第一位的地位。坚持以党内监督为主导，推动人大监督、行政监督、司法监督、审计监督、群众监督、舆论监督、互联网监督、统计监督等监督的协调融合，合理配置资源，发挥“1+1>2”的优势来增强党内监督的效果。此外，源头治理也是增强党内监督效果的重中之重。通过理想信念教育、法治教育、党性教育等，从思想源头来防范权力变质。通过树立坚定的理想信念，保持思想纯净，旗帜鲜明地将诱惑抵于门外，把违法乱纪的想法扼杀于萌芽。最后是健全保障机制。完善的保障机制是党内监督健康、良序运行的保护伞，党内监督归根到底是人对人的监督，离不开各个环节人的主动性和积极性的发挥。要健全德法兼备、纪法协调、纪在法前、纪严于法的机制。通过保护和调动监督主体积极性，紧紧握住“人心”这一关键要素，确保党内监督落到实处。

（三）重视党内监督的制度法规

习近平总书记强调要把“监督的制度优势充分释放出来”①。着力抓好党内监督的制度法规建设、增强纪法协同的能力、落实好制度法规的执行对党内监督作用发挥的规范化、常态化、长效化具有十分重要的现实意义。

一是制度法规内容的丰富。制度的“笼子”对公权力运行的制约

---

① 中共中央文献研究室．习近平关于全面从严治党论述摘编［M］．北京：中央文献出版社，2016：213.

和监督起到根本性保障作用，新时代党内监督必须坚持有法可依的原则不动摇，坚持制度上的与时俱进、不断发展，在党内监督遇到新风险和新挑战时，要持续性发挥和保持制度的优势。一方面，习近平总书记强调，要及时更新和调整党内各项法规制度，发挥制度治党和全面从严治党的作用。另一方面，以习近平同志为核心的党中央不断健全纪法协同，强化党内监督的纪法协同体系，出台了《中国共产党纪律处分条例》《中国共产党问责条例》《中国共产党党内监督条例》《中华人民共和国监察法》等系列法律法规和纪律条例，进一步强化了党内监督体制机制。总之，党内法规制度是党实践经验的集中凝练，新时代党内制度体系建设要紧紧围绕党章这一根本依据，以具体化、精细化为目标，以更严格的要求、更具体的规定、更贴合的内容来织密约束公权力的制度之网，彰显制度、纪律的细致和优势。

二是坚持纪法协同的同向发力。党内法规与国家法律都是制度规范，党内法规规范党组织、党员关系，国家法律调整一定的社会关系。纪法协同是新时代提高党内监督有效性和科学性的重要指导原则。纪法协同是以差异为前提实现党纪国法的相互协作、优势互补。新时代深化党的纪律检查体制和国家监察体制改革，推进纪检监察委合署办公，纪检机关从独立于法律程序之外转变为监察机关的协助机关，协同能力的培养成为重中之重。在具体内容上，设立必要的纪法协同规范。既要发挥《监察法》对纪法协同的指引作用，推进党纪规范合法化，也要在党纪中提高尊重法治的条文比例，推进党纪法治化，促进纪法协同的成果转换。在人才队伍上，纪法协同、合署办公意味着纪检监察的工作人员既要具备法治素养又要具有监察资格，在人才结构的纪法协同上，要满足依法从严治党和履行监察职责的核心条件，提升人才队伍的协同素养。

三是强化党内监督制度法规执行力。制度的生命力在于执行。制度法规的制定和丰富很重要，但更重要的是落实。习近平总书记强调不要让制度体系“形同虚设，成为‘稻草人’，形成‘破窗效应’。”① 国家法律实施依靠国家强制力，适用主体是国家机关；而党内法规适用主体是党组织，以党的纪律作为实施保障。可见，党内法规严于国家法律。党的十八大以来，党中央制定和修订了一批党内法规。《中国共产党巡视工作条例》《中国共产党问责条例》《中国共产党廉洁自律准则》《中国共产党纪律处分条例》等党内法规的颁布施行，使全面从严治党有规可循、有据可依。制度法规执行要扣紧责任，坚持纪法协同，用层层落实使党纪发力，以严格执行来维护制度法规的严肃性和权威性，强化纪法衔接的党内监督体系建设，发挥党内监督的根本性作用。要把贯彻党内政治生活准则和党内监督条例，同执行廉洁自律准则、党纪处分条例、巡视工作条件、问责条例等党内法规贯通起来，依法依规从严推进管党治党。

（四）贯彻党内监督的价值导向

中国共产党坚持自我革命的根本出发点和落脚点在于为人民群众的根本利益而奋斗，人民群众的根本利益是党内监督的重要价值导向。

一是权力来自人民。人民立场是中国共产党的根本政治立场。习近平总书记强调，“强化党内监督是为了保证党立党为公、执政为民。”② 民主监督不是口号，不是摆设和装饰品，而是人民群众实实在在的权利，要以民主监督来约束和制约公权力。二是为人民谋幸福是中国共产党的初心。历史实践已经充分证明，办好中国的事情，关键在党。中国共产党是领导中国人民前进的坚强力量，人心向背事关政权前途命运。

---

① 中共中央纪律检查委员会，中共中央文献研究室．习近平关于严明党的纪律和规矩论述摘编［M］．北京：中央文献出版社，2016：81.

② 习近平．在第十八届中央纪律检查委员会第六次全体会议上的讲话［N］．人民日报，2016-05-03（2）.

加强党内监督是为了在新的历史条件下保持党的先进性和纯洁性不受侵害，以便更好地为人民谋利益和幸福。党员干部必须以人民的利益为标准，重视人民群众的主体地位和积极作用，良好监督环境的构建，离不开人民群众的参与和支持，因此在坚持以各级党委纪委为主导的前提下，要充分调动广大人民群众参与监督的积极性，以形成党内监督与人民群众监督的合力。三是重视人民群众对党员干部的监督作用。加强党内监督，必须重视发挥群众监督的作用，让权力在阳光下运行，给党员干部划出“红线”、标出“雷区”、架起“高压线”，强化党员干部的制度意识、规矩意识、底线意识，明确什么事情能做、什么事情不能做、什么事情必须做，不断扎紧党内监督体系的制度笼子。

（五）提升党内监督的主体自觉

在党内监督方面，中央具体规定了中央统一领导、党委（党组）全面监督、纪律检查机关专责监督、党的工作部门职能监督、党的基层组织日常监督和党员民主监督等各方面，构建起了一套完整的党内监督体系。党内监督需要多方配合，共同努力，要充分发挥党委（组）的全面监督、纪委监委的专门监督、领导干部主动监督和监督自律、党员同志民主监督作用，将党内监督的责任转化为实际的行为。

第一，党委（党组）全面监督能力直接关系到党内监督工作氛围的形成。党委会委员（党组成员）和党委委员在职责范围内履行监督职责。要夯实党内民主监督基础，充分发挥纪检监察监督与民主监督的双重合力；准确运用监督执纪“四种形态”，将其与党内其他监督制度统合，健全党内防范机制。落实党委监督职责，抓好督促检查，严格执行干部考察考核制度，选优配强纪检监察干部队伍。各级党委要把主体责任、监督责任落实到位，真正地做到敢抓具体、敢管细节、敢于监督，把从严治党责任承担好、落实好，以责任传递压力，提高实效，与全党同志相互监督，共同进步。

第二，加强纪检监察委的专门监督。纪检监察委首先要加强自身的政治建设。作为党内监督的专门机关，必须坚持党的领导，把维护党的政治纪律和政治规矩放在首位，正确处理自身工作与党的全面领导的关系，保证自身相对的独立性和权威性。其次要坚决履行监督职责。发挥巡视利剑作用和派驻监督“探头”作用，“深化政治巡视，坚持发现问题、形成震慑不动摇，建立巡视巡察上下联动的监督网”①。在监督过程中发挥纪委监委合署办公优势，利用好统一决策、一体运行的工作机制，正确规范行使国家监察权力，坚持纪挺法前，纪严于法，以法治思维调控党纪运用，推动执纪、司法、执法的贯通与衔接，提高纪法协同程度。准确运用监督执纪“四种形态”，充分发挥监督预防与监督执纪的双重合力，建立巡视巡察上下联动的监督网，强化对权力的制约监督。对于一般违纪问题，及时核实、提醒、约谈，发现问题及时上报被监督单位党组织，对于重大违纪问题应当点名道姓通报曝光，重视信访举报制度和派驻、巡视制度，对于出现的问题要分析原因，及时总结规律，对症下药。最后加强纪检监察队伍建设，谨防“灯下黑”，落实“打铁还需自身硬”的要求。纪检监察工作人员身处正风肃纪反腐败的一线，必须牢记打铁还得自身硬的政治要求，克己慎行，守住底线，强化自我约束和自我监督，接受党内外监督。纪检监察工作人员要正确行使权力，敢于亮剑、勇于斗争，坚决杜绝以权谋私，滥用职权，坚决杜绝选择性监督对象、形式化监督过程、随意化执纪调查、任性化问责处置，努力建设忠诚干净担当的纪检监察“铁军”。

第三，领导干部主动监督和监督自律。习近平总书记强调指出新时期好干部的标准，要求“信念坚定、为民服务、勤政务实、敢于担当、清正廉洁”。领导干部作为“关键少数”是党内监督的重点，是最易受

---

① 习近平．在中国共产党第十九次全国代表大会上的报告［N］．人民日报，2017-10-28（1）．

“围猎”的对象，因此各级领导干部要以身作则，主动接受来自党内和党外、纪律和法律等多方面的监督。各级领导干部在日常工作和学习中要加强党性修养，陶冶道德情操，保持共产党人政治本色，以严格的自律响应全面从严治党战略的推进，同时也要坚持信任不能代替监督，不能以任何理由放松、拒绝监督。榜样是最好的老师，各级领导干部要以身作则，做好表率，以党章党规严格要求自己，严守党的政治纪律和政治规矩，营造出风清气正的监督氛围，为党内同志做好榜样。

第四，党员民主监督。党员是党内监督的基本主体，更易察觉到违纪、违法情况，更方便实施直接的监督。一是全党落实党内成员人人平等的理念。党员主体平等是进行党内监督的基础。党组织和党员要加强对党的领导干部的监督，督促其正常参加组织生活、履行党员义务。要尊重和保障党员在党内的主体地位，创造风清气正的党内氛围，履行政治责任，在坚持不懈、持之以恒中推进党内民主监督常态化。二是增强领导干部的廉洁自觉。党章规定的基本权利和义务是党员开展党内民主监督的依据，正确发挥作用需要多方努力和配合，进而推进民主监督的有序进行。要加强党员领导干部正确的权力观、利益观教育，不断提升他们的理论修养、政治修养、道德修养、纪律修养、作风修养；正确处理政商、公私、情法的关系，使他们树立正确的利益观和政绩观。三是完善制度保障。制度是确保党员民主监督有序进行的关键。要充分落实党代会制度、党内选举制度、民主集中制、批评与自我批评制度、党内情况反映制度、信息保护制度等，保证制度执行不变性、不变质，以民主监督制度来保护党员监督主体积极性。在制度建设的同时，要加强思想教育，通过党的理想信念教育、马克思主义理论教育、纪律教育和党性教育等，构建完善不想腐的思想与理论信念基石，最终实现“不敢腐”到“不能腐”再到“不愿腐”的逐步跃升，实现纪法协同强化党内监督标本兼治的长期性制度化效果。

第三章

中国共产党成立以来党内监督实践的考察分析

中国共产党自建党以来，历经风雨、饱受磨难，非但未被摧垮，反而愈挫愈强。强调党内监督，是我们党不断取得事业成功的法宝和秘籍。认真回顾、总结与反思建党以来党内监督的曲折历史，对党内监督体制机制的进一步强化具有历史镜鉴意义。以下将建党以来党内监督的变迁史分为四个阶段，并分别论述各阶段党内监督体制机制的内容与特征。

第一节　新民主主义革命阶段党内监督的有益探索

一、萌芽与初创：1921—1927 年

建党之初，我们党人数较少，组织和影响力较弱，且一直处在艰苦卓绝的斗争环境中，时刻面临被绞杀的危险。这些主客观因素都要求党组织自身必须加强自我约束和自我监督。

中国共产党自 1921 年成立至 1927 年的 6 年间，并未成立专门的纪律检察机关，也没有成系统的制度设计，而是由中央和党的各级组织直接行使纪律检察权和监督权，这在党的历次全国代表大会所通过的重要决议文件中有所体现。如党的一大讨论颁行的《中国共产党第一个纲领》第十条提到，工厂、学校等单位机构中的党员数量达到一定水平后，可到他处执行任务，但必须接受党的地方执委会的密切监督。第十

二条提到，地方党组织的行政、财政与具体行动，应处于党中央的监督之下①。党的二大讨论通过的《中国共产党章程》亦涉及党纪党风和党内监督，例如“纪律”部分提道：全国代表大会是最权威机构，全代会闭幕期内，由中央执委会为最高权威机构。全党同志务必无条件遵行全代会和中执会的意志②。另外，党的二大讨论颁行的《关于议会行动的决议案》中提到省市县三级议会议员必须无条件遵行中执会特派员和区以及地方执委会的意志，并受其监督。③ 此处提及的“特派员”实际上就是后来的“巡视员”，肩负着党内监督的使命。总而言之，此时对党内纪律和监督的规定仅体现在上级对下级、组织对个人遵守党规党章的统一约束上，还显得比较单一和粗糙。

在大革命高潮时期，为适应革命形势发展的需要，党的中央执行委员会扩大会议决定大力发展党组织。为满足这一需要，党员人数急剧增多，1923 年全党只有四百多人，至 1925 年这一数字扩充了七十多倍，增幅惊人。在这一过程中，部分利欲熏心的投机者趁机混入了革命队伍，他们贪污腐败、侵占公款，严重败坏了党内风气和党的形象。为了刹住这一风气，1926 年 8 月，党中央颁布了《中央扩大会议通告——坚决清洗贪污腐化分子》（以下简称《通告》），指出对查实无误的涉嫌贪腐的党内蠹虫，必须毫不留情地予以清除，不能让其继续留在党内，腐蚀党的肌体、败坏党的形象。各级党组织收到通告后，即刻行动起来，并向中央报告情况，此事十分重要。④ 根据《通告》，党内监督

---

① 魏宏运．中国现代史资料选编［M］．哈尔滨：黑龙江人民出版社，1981：311.

② 中共二大史料编纂委员会．中国共产党第二次全国代表大会［M］．北京：中共党史出版社，2006：18.

③ 中共中央党史研究室，中央档案馆．中国共产党第二次全国代表大会档案文献选编［M］．北京：中共党史出版社，2014：18.

④ 中共中央文献研究室，中央档案馆．建党以来重要文献选编：1921—1949：第 3 册［M］．北京：中央文献出版社，2011：348-349.

不再囿于上级对下级、组织对个人的党内规章遵守情况的考察，还延展至对清正廉洁的约束要求，这就拓宽了党内监督的范畴。

为了进一步推进反腐败斗争，亦出于对陈独秀错误领导所造成党的事业严重挫折的反思，党的五大选出了第一个党内纪律执行机构和监察机构——中央监察委员会，王荷波担任主席，杨匏安担任副主席。党的五大颁发了《中国共产党第三次修正章程决案》，对中央监察委员会的权责进行规定，例如第六十四条指出，党中央和各省党委，不得驳回同级监委的决议，但中央和各省监委的决议，一定要征得同级党委的许可，才能生效。如果中央和各省监委与同级党委的意见发生分歧，则转至对应各级监委党委联席会议议决，如联席会议也未能解决分歧，则再转至对应各级党的代表大会或高一级监委议决。① 这一规定，初步确立了党的各级委员会与各级监察委员会互相制约、平起平坐的基本架构，保证了监察权的相对独立地位。党的五大所颁《议案》为日后完全意义上的党内监督体系的构建奠定了至关重要的理论基础。

二、撤销与恢复：1927—1949 年

需要指出的是，党的五大对党内监督的探索，基本停留在理论层面。1927 年“四一二”“七一五”反革命政变掀起的血雨腥风，导致 6 位中央监察委员和候补委员牺牲。由于人员损失十分严重，党的活动被迫转入地下。中央监察委员会的工作没有切实开展起来，大多地方监察委员会未真正成立，其实施效果更无从谈起。在这种严峻局势下，八七会议通过《党的组织问题决议案》（以下简称《决议案》），决定设置党的审查委员会。《决议案》提出：各级党部均须和上下级党部保持机密往来。处于地下状态下的我党必须建立严密的工作纪律，严格保守党

① 中共中央党史研究室，中央档案馆．中国共产党第五次全国代表大会档案文献选编［M］．北京：中共党史出版社，2015：33.

的机密。即使轻微触犯这一纪律，也应受到严格处罚，严重者清除出党。所有党员，不论职务高低、地位高下，都应无条件服从党组织的委派、决议，凡拒不执行、违抗党的意志的，均应受到停职查办、开除党籍等严厉惩处。各级党委以下设置审查委员会，负责审查和清除党内的动摇分子、可疑分子，但这种审查不能等同于“清党”。①。1927 年 12 月，中共中央发布第 26 号通告，指出：党的五大后，因为国民党在各地背叛革命，我党被迫开展地下工作，监委工作开展十分不便，一些监委重要成员或被捕牺牲，或被党内问责，监委会设置的必要性大大降低。经临时中央政治局讨论决定，监委之是否继续设置，留待党的六大讨论决定。在六大召开之前，各级党组织要继续遵照章程设置监委履行职责，中央监委由各位在任委员继续行使职权。② 党的六大决定不再设立中央监委，转而设立中央审查委员会，以孙津川等为正式委员，叶开寅等为候补委员。

1930 年 9 月，党的六届三中全会补选宁迪卿、康生为正式委员，具体职责是“监督各级党部之财政、会计及各机关之工作”③。可见该委员会主要监督审查财政经济，不涉及其他方面，“由于监督权力不够独立等原因，该机构并未发挥出党内监督应有功效”④，不能与被撤销的监察委员会的作用相比拟。

中央苏区时期，我们党较为重视自我监督，构建了一套颇有效果的监督机制。在苏区行政机构和群团组织担任要职的，大多为中共党员，

---

① 中共中央党史研究室，中央档案馆．中国共产党第六次全国代表大会档案文献选编：上［M］．北京：中共党史出版社，2015：3-4.

② 中共中央组织部，中共中央党史研究室，中央档案馆．中国共产党组织史资料：第 8 卷：文献选编：上［M］．北京：中共党史出版社，2000：158.

③ 中共中央党史研究室，中央档案馆．中国共产党第六次全国代表大会档案文献选编：下［M］．北京：中共党史出版社，2015：909.

④ 李景平，曹阳．党内监督的演变史及其现实启示：以建设社会主义现代化国家的探索为视角［J］．江西社会科学，2021（4）：17-27.

因此必须加强党内监督，严明党的纪律。苏区党的一大指出，把党的纪律落实到位、坚决恪守，是加强党的力量、牢固党的组织、确保党的形象不褪色的必要之举。如今各级党政军机构及群众组织中，党员肩负着最为关键的职责，为了让这些党员干部真正做群众的先锋模范，抵制贪污腐败风气的侵蚀，我党务必执行铁的纪律。下级党组织及成员必须严格执行上级党组织的决议。任何反对苏维埃革命、对苏维埃革命造成损失的党员，必须接受比一般工农群众更严厉的纪律惩戒，在军队及地方武装中尤其应当注意这一点。党组织应抓紧制定抵制腐败现象的宣传口号，加强政治宣传工作，以防范腐败潜滋暗长。① 为加强对各级政权的监督，苏维埃政权颁发施行了《工农检查部的组织条例》等章程条文。

上述法规颁布后，地方各级政府的监察组织系统也随之建立起来。

1931 年 11 月，中央监察机关——工农检查人民委员会成立，随之在省、县、区建立了地方监察机关——工农检查部，分别隶属于同级苏维埃政府。其主要职责是监督国家政权机构、企事业单位、包含国家资本的合作社能否捍卫工农群众的利益，能否切实推进落实党和苏维埃政府的意志、决议。它具有建议、检举、检查及调查权。工农群众可通过以下方式对政府机构及其领导进行监督：（1）口头或书面检举，向工农检查部、控告局检举控告领导干部侵犯群众利益、腐化堕落、消极怠工等行为；（2）组织“轻骑队”和“突击队”进行监督。1932 年实施的《工农检查部的组织条例》指出，工农检查部可以建议各级执委会惩处、清退不称职的政府机构及国家企业职员，如有贪污腐败、行贿受贿等违法情形发生，则可以报告法院，由法院对其实施制裁。此外，工农检察机构在必要时可设立群众法庭，对相关违法公职人员进行审理，

---

① 中共中央文献研究室，中央档案馆．建党以来重要文献选编：1921—1949：第 10 册［M］．北京：中央文献出版社，2011：439.

做出开除公职、登报揭露等处理决定。①

1933 年 9 月，党中央在中央苏区设置党的监察机关，颁行《中共中央关于成立中央党务委员会及中央苏区省县监察委员会的决议》（以下简称《决议》），指出中央党务委员会和各级省县监察委员会的任务是：以革命的精神确保党规党纪的严肃性并予以正确执行，密切关注党章和党的决议落实情况，对官僚主义、贪污腐败等与中央精神不一致的行为绝不姑息、斗争到底。《决议》指出，在中央监察委员会设置以前，应成立中央党务委员会，各省县也要尽快成立相应各级监察委员会，以防止出现违背党章、目无党纪和贪污腐败等情形。中央党务委员会对党组织及个人的惩罚决定，应提交中央同意后予以落实；省县各级监察委员会对党组织及个人的惩罚权“属于同级委员会”。②

与党的六大成立的中央审查委员会相比，中央党务委员会更有话语权，但较之于党的五大成立的中央监察委员会，其权力来源不是各级党代会，而是党委以下的一个部门，在党委会的领导下运转。以《决议》为依据，自 1933 年年底起，中央苏区各省、县党委选举成立监察委员会，并开展一系列具体工作。中央党务委员会虽未冠以“监察”名头，却是实际上的党内负责纪律检查的机构。

延安时期，我们党延续了苏区时期的党内监督的优良传统，并在此基础上进行再创造。1938 年 11 月党的六届六中全会议决的《关于各级党委暂行组织机构的决定》（以下简称《决定》）指出，要在区党委之下成立监察委员会，其职责如下：（1）监督各级党组织、干部队伍及普通党员是否能准确、彻底地贯彻党章决议；（2）审核党的各级机构之财务状况；（3）审核裁决是否给予触犯党规党纪之党员处罚；（4）审核

① 王杰，刘振华．较量：中国反贪历程［M］．南昌：江西教育出版社，2002：346.

② 中央档案馆，中共中央文献研究室．中共中央文件选集：第 9 册［M］．北京：人民出版社，2013：340-341.

裁决是否恢复开除出党者或因故脱党者之党籍；（5）审查党员违背革命道德之举动。《决定》还指出：区党委下设之监委会委员应具备至少3年之党龄，可兼职担任；监委会的决议，原则上由当地党委审核后生效，上级监委会可否定或修订下级监委会之决议。①

需要注意的是，这一时期我们党还创造性地将“整风运动”作为党内监督的重要形式加以认识和运用。1941年7月，党中央讨论颁布《关于增强党性的决定》，决定于全党范围内普遍强化集中统一、绝对服从的关键性意义，要对所有决议案的落实情况进行审查，反对阳奉阴违、表里不一的两面派行为。应强化党规党纪灌输，促使党员通过自我批评和学习领悟，积极改造自身，使其能够更好地完成党交代的革命任务。② 1942年开始的延安整风运动，以反对主观主义、宗派主义和“党八股”为主要内容，形成了“团结—批评—团结”的公式，在统一全党思想、加强党的纪律、增强党的凝聚力和战斗力的同时，也开创了党内监督新模式。毛泽东对这个公式做了深入浅出的阐释：细致点儿说，即通过批评斗争让矛盾得以化解，以斗争促团结，最终落脚点是团结。根据我党既有经验，此乃处理人民内部矛盾的极好办法。1942年，我党借助该办法处理党组织内部的分歧，实为本本主义与广大党员的分歧、与马克思主义真理的分歧。③

1945年6月党的七大对党内监督的过往进行总结回顾，形成“惩前毖后，治病救人”的党内监督根本指针，为新中国成立后党内监督的开展奠定了重要基础，是中国共产党党内监督史上具有里程碑意义的

① 中央档案馆．中共中央文件选集：1936—1938：第11册［M］．北京：中共中央党校出版社，1991：772.

② 中共中央党史和文献研究院，中共重庆市委．中国共产党关于抗战大后方工作文献选编：一［M］．重庆：重庆出版社，2019：595-596.

③ 全国人大常委会办公厅，中共中央文献研究室．人民代表大会制度重要文献选编：一［M］．北京：中国民主法制出版社、中央文献出版社，2015：344.

关键性突破。党的七大通过的《中国共产党党章》提出不再设置审查委员会，转而设立“党的监察机关”。第五十六条指出，党中央根据实际情况决定是否设置从中央到地方的各级监察委员会。第五十七条指出，该委员会经从中央到地方的各级党委全体会议议决成立。地方党委的议决结果须经上一级党委同意后生效。第五十八条指出，各级监察委员会的职责是给予或撤销对党员的处理意见，并审议党员的举报揭发。第五十九条指出，各级监委会应在同级党委领导下运转。① 这些条款明确了党内监察机关的选举产生、职责范围、隶属关系等重要方面，特别提到了各级监委会应在同级党委领导下运转，对监委与党委的关系做了清晰界定，这样就使得党的七大以前就已经存在的党委会借助专门监督机关行使党内监督职能的制度最终得以确立。与党的五大相比，党的七大对党内监督的制度规定有两大明显变化：一是监察委员会由常设机构变为非常设机构。七大党章指出，各级监委会是否成立，由中央根据实际情况来决定，体现了随机性。二是监委地位略低、职能缩小。按照七大党章的规定，监委应受同级党委的领导，其独立性不如党的五大时期，且仅负责“决定或取消对党员的处分”，只是党委领导下的党纪执行部门。

第二节　社会主义革命和建设时期党内监督的曲折向前

一、执政党党内监督的初步确立

1949 年 11 月，中央做出《关于成立中央及各级党的纪律检查委员

---

① 中共中央党史研究室，中央档案馆．中国共产党第七次全国代表大会档案文献选编［M］．北京：中共党史出版社，2015：625.

会的决定》（以下简称《决定》），决定组建由朱德负责的中央纪律检查委员会。关于这一委员会的职责，《决定》指出：（1）纠察中央各部门及地方各机构、党员干部的违法乱纪行径；（2）审议、裁决是否给予或撤销中央各部门及地方各机构、党员干部的违法乱纪行径之惩处；（3）强化遵章守纪的党内教育氛围，让广大党员干部不敢逾越党章党纪红线，坚决执行党和政府的意志，确保全党的意见和力量达成高度一致。这就表明了各级纪委的权责范围：对党组织、党的干部及普通党员实施审查、惩处及宣传教育、维护党纪等重要事项。对从中央到地方各级纪委的隶属关系及领导机制，《决定》第四条指出，从中央到地方各级纪委委员名单，由上级党委拟定，由上上级党委允许后正式制定；纪委成立后，应在同级党委领导下运转。上级纪委可以修改或否定下级纪委做出的决议。① 根据这一决定可以看出，中纪委直属中央政治局领导，但地方各级纪委则同时受到同级党委和上级纪委的领导。至此，从中央到地方的各级纪委陆续组建，并履行职责。

1954 年，中央颁布了《关于处理党的组织及党员的批准权限和手续的规定》和《中共中央纪律检查委员会关于处理控告、申诉案件的若干规定》，这是建党以来首次对党的纪律的执行与维护所做出的全面规定，有助于纪检工作的具体实施。② 1955 年 2 月，中央颁发《关于中央纪律检查委员会的组织机构和业务范围的规定》，重申了中纪委的职权范围和所处位置。文件规定，中纪委是党中央监督执纪的重要帮手，是检举、惩办破坏党规、违背党纪的组织、人员的工作机构，其常规任务是：一、关注党员和党组织在监督执纪和进行相关普及教育时有无违背党纪等情形发生；二、受理揭发控告材料，处理相关违纪案件；三、

---

① 中央纪委纪检监察研究所．中国共产党反腐倡廉文献选编［M］．北京：中央文献出版社，2002：15-16.

② 新中国六十年党的建设成就［M］．北京：党建读物出版社，2010：373.

验收和审查地方各级纪委监督执纪和宣传党规党纪的工作；四、着重与下级纪委一道实施纪律检查、办理重大违纪案件；五、归纳分享纪检工作的经验教训、培养纪检专职人员。这些内容，落实了党的各级纪委的权责、地位及机构性质，它的职责是就党的各级组织、干部、党员遵守党纪的问题进行检查，拥有对党的各级组织、干部、党员在纪律方面的检查权、处分权和教育权。①

中央及各级纪律检查委员会的“双头领导”体制则发生了较大变化。1952年2月，中央发布《中共中央关于加强纪律检查工作的指示》，指出各级党组织要特别注重对纪检工作的引领，党委会议要定期交流纪检工作，应根据纪检部门的工作汇报予以指导。党委在审查案件过程中，要为纪检办事人员提供必要辅助，同时对部分办事人员处理违纪案件的敷衍塞责行为提出批评、予以修正。故而，党的纪律监察委员会的领导机制是一元制，在新中国成立初期党纪政纪关系尚未全部理顺的背景下，这种制度安排对确保党的各级纪律检查委员会的威望与影响力、清理党内蠹虫、净化党内风气、维护党风党纪有重要意义。1955年3月，中央颁发《中国共产党全国代表会议关于成立党的中央和地方监察委员会的决议》，对纪检委的工作成效提出赞扬：从中央到地方的各级纪检委设置至今，在各级党委的指引下，审理了一大批违反党章党纪的案件，开除了一部分罪大恶极人员的党籍，处罚了一批有各种严重错误情节的党员。经过以上纪检委的一番努力，党内的不良思想和不正之风得到清除，党纪党规的重要性得以凸显，廉洁纪律教育得以加强，党的决议得到很好的落实和执行。②

---

① 中南财经政法大学中共党史研究所．“三个自信”的启示与思考：2013年湖北省中共党史学科年会论文集［C］．湘潭：湘潭大学出版社，2014：381.

② 中共中央文献研究室．建国以来重要文献选编：第6册［M］．北京：中央文献出版社，2011：115.

但是，第一个五年计划和三大改造期间，党内不正之风又开始回潮，其中的标志性事件就是“高饶事件”，中央据此认为仅仅依靠各级纪律检查委员会已经不能完成阶级斗争新时期巩固和强化党内监督的任务，中国共产党监察委员会由此诞生了。

1955 年 3 月通过的《中国共产党全国代表会议关于成立党的中央和地方监察委员会的决议》（以下简称《决议》）决定成立各级监察委员会，取代党的中央和地方各级纪检委。《决议》对监察委员会的授权方式、职责任务、工作机制等做出了明确规定。有关授权方式，《决议》第三条指出，党的中央监察委员会经全国党代会选出，经中央委员会全体会议同意。党的地方监委会经党的会议选出，并经上级党委同意。各级监委会应在同级党委引领下运作。有关责任范围，《决议》第四条指出，从中央到地方各级监委会的职责是办理党员触犯党纪国法的案件。党员触犯国法，除了要经人民法院评断惩办，其违反党的纪律之部分，应经监委会出面，依照党内法规办理。从中央到地方各级监委会可以办理所有党员违背党章触犯国法之案件。各级党委成员如触犯党纪国法，同级党委有权处理，同时上级监委会亦可视情况进行管辖、加以惩办。关于工作机制，首次提出党的监察机关应与国家监察机关和各级政府监察机关协同开展工作。《决议》第七条指出，从中央到地方各级监委会应该与国家监察机构和各级政府下设之监察机构协调办事，如此方能使党和国家监督体系密切配合，共同发挥作用。从中央到地方各级监委会要与各级工会、青年团等社会团体保持必要往来，依托它们与群众保持密切关联并推进事业进行。① 这意味着党的监察委员会已开始注意协调和整合不同监察机构职能的合力，并注意发动人民群众参与监督。

---

① 中共中央文献研究室．建国以来重要文献选编：第 6 册［M］．北京：中央文献出版社，2011：115-116.

二、党内监督的曲折发展与全面破坏

1956年“三大改造”基本完成，社会主义基本制度得以确立。为了完成全面建设社会主义的重大使命，党更加重视加强党风廉政建设。在党的八大上，刘少奇所做的政治报告提出：自我党成为执政党以来，党内以权谋私、行贿受贿、贪图享乐等一系列不正之风有所蔓延，决不能任由这一倾向继续蔓延下去。往日我党动员广大群众力量开展“三反”“五反”斗争，继而挫败了以高岗、饶漱石为首的阴谋夺取党和国家最高领导权的反革命同盟。此后，我党还应该常态化展开反贪污、反堕落的严肃斗争，坚决将无可挽回的糜烂分子从党组织中剔除。① 邓小平在发言中也号召全党坚持不懈开展反主观主义、官僚主义和宗派主义的斗争，时刻保持与人民群众的血肉联系。为达成这一目标，除了要强化全体党员的思想教育外，还应更加重视党的领导地位的强化，从党和国家的体制机制上有所筹划和优化，才能对党的组织及普通党员进行严密监督。② 八大党章确认了《中国共产党全国代表会议关于成立党的中央和地方监察委员会的决议》列举的诸多重要原则，如县级以上机构须成立监委会等。与此同时也做了部分改动，如各级监委会的职责是日常检举和惩处背离党章党纪党规、共产主义道德以及国家法律意志的案件；给予和撤销党员相应惩处；接受党员干部的检举揭发。③ 较之于以前的版本，增添了有关“共产主义道德”的内容，显见监察范围进一步扩大了。

---

① 中共中央党史和文献研究院，中央档案馆．建国以来刘少奇文稿：第8册［M］．北京：中央文献出版社，2018：269-270.

② 中国共产党历次党章汇编：1921—2017［M］．北京：中国方正出版社，2019：257.

③ 中共中央党史和文献研究院，中央档案馆．建国以来刘少奇文稿：第8册［M］．北京：中央文献出版社，2018：99.

党的八大召开后，从中央到地方的党内监察体系逐步建立起来。1959年4月，二届全国人大一次会议决定不再设置监察部。监察部撤销后，行政监察权由中央监察委员会行使。地方各级行政监察机关也被撤销或与党的监察机构合并。针对这些新变动，1962年9月27日党的八届十中全会通过的《中国共产党第八届中央委员会第十次全体会议关于加强党的监察机关的决定》在领导制度上进行了调整，主要包括：（1）列席同级党委会制度。各级党委要重视对同级监委会的引领，按期开会研究党的监察事务。中央监察委员会委员、候补委员应参与中央委员会全体会议，地方各级监委会亦应如此。（2）派驻制度。各级监委会要强化对同级国家机构党员同志的监督，其路径是：中央监委会可派出工作组进驻国务院下属机构长期监察，地方各级监委会如有工作需要，亦应派出工作组或专员前往各级地方机构部门开展监察。（3）越级上报制度。地方各级监委会可以越过同级党委，直接向上级党委、上级监委会乃至中央汇报、揭发党员的胡作非为、贪污腐败行径。① 列席制度提高了监委和候补监委在同级党委中的地位；派驻领导是一种垂直领导，确保派出的监察小组和监察人员保持对被监察机关的独立性；越级检举制度有助于地方监察委员会在工作中排除地方同级党委的干涉。这三项制度提高了监委会相对于同级党委的地位，加强了监委会的纵向领导关系，“是我们党对党内监督思想和体制的新探索和新尝试”②。不过，由于“左”倾错误思潮逐渐占据主导地位，监察委员会被迫撤销，到1978年12月十一届三中全会之后方得以重建。

1968年4月，在军代表、中央组织部业务组的指挥下，中央监察

① 中央档案馆，中共中央文献研究室．中共中央文件选集：第41册［M］．北京：人民出版社，2013：53.

② 孙功．党内监督制度的历史考察及其建设路径［J］．安徽理工大学学报（社会科学版），2011（2）：1-5.

委员会进行了所谓“清理阶级队伍运动”，中央监委152人中，被贴上“政治问题”标签的多达80人，占52.6%；中央监委委员、候补委员60人中，因各种“罪名”被扣上各色“帽子”的有49人，占81.7%。①1969年1月，中共中央组织部业务组提交的《关于撤销中央监察委员会机关的报告》，竟然将中央监委定性为资产阶级复辟的窝点和工具。1969年4月4日，党的九大通过的《中国共产党章程》取消了有关党的监察机关的条款，将数十年来逐步形成的党内监督制度与实践全部废止，这是我们党党内监督形成与发展过程中的大挫折、大损失、大倒退和大混乱。

沉痛的历史教训警醒我们，如果党削弱、放弃对自身的监督，轻视、忽略纪检监察工作，必然导致党内风气的败坏，党内民主和人民民主将无法得到保障，党规党纪和社会主义法制将遭到破坏，不但在国家层面上严重影响社会主义现代化建设的步伐与成效，而且可能给野心家、阴谋家们提供操弄权柄的机会，便于他们搞攫取最高权力的反革命阴谋活动，给党和国家各项事业带来深重灾难。

第三节　改革开放新时期党内监督的恢复发展

一、党内监督的重设与强化：1977—1992年

“文化大革命”期间，党的纪检机关饱受冲击和摧残，遭到严重破坏，重设党内监督机制已刻不容缓。1977年8月党的十一大通过的党章修正报告中指出：从中央到地方乃至军队的各级党组织都要成立纪检

① 李雪勤．中国共产党纪律检查工作60年［M］．北京：中国方正出版社，2009：60.

委。各级纪检委经同级党委会开会选出，并接受同级党委会的工作指导，主抓党员的遵章守纪教育、遵章守纪情形，并与各类违纪违章行为做坚决斗争。① 报告还规定了纪检委的选举程序、隶属关系和职责范围等重要方面。因时间和条件所限，党的十一大没有选举出中央纪委，但相关原则性规定为各级纪检机构的重设奠定了基调。

根据党的十一大精神，1978 年 12 月召开的党的十一届三中全会选举产生了中央纪检委，随后地方上也着手成立纪检委。到 1980 年 1 月，全国县以上各级党委中的大部分都已设置或正在筹设纪律检查委员会，这意味着被“文化大革命”耽搁和破坏的党内监督体系得以重建，党内监督工作得以重回正轨。1980 年 2 月召开的十一届五中全会颁布《关于党内政治生活的若干准则》（以下简称《准则》），针对各级纪检委的党内监督工作做出了较详细的规定。《准则》第十一条指出，为维持党组织和老百姓的紧密血肉关系，不让党员干部堕落成为高高在上的官老爷和剥削者，一定要上下联动、内外结合，共同推进党内成员和普通百姓对党组织的监督。监督内容包括党员是否老老实实地学习和落实党的决议和意志，是否奉行党纪国法，是否继续保有党的良好作风和优秀传统，是否以权谋私，是否在生产生活、政治学习与革命斗争等过程中发挥引领作用，是否与老百姓保持紧密关联，是否全心全意为人民服务。②

中纪委成立后，一面努力开展各项工作，一面开始党内监督领导机制的新探索。1980 年 2 月，中央同意中纪委转来的《关于改变省、市、自治区及以下各级党委纪委领导关系的请示报告》，把各级纪检委受同级党委领导改为受同级党委和上级纪委同时领导，并以前者为主导。国

① 中共中央党校党章研究课题组．中国共产党章程编介：从一大到十八大［M］．北京：党建读物出版社，2016：277.

② 纪律审查常用法规分类手册［M］．北京：中国方正出版社，2019：54.

务院各部委厅局纪检组、纪检委的领导架构也同样遵循上述领导原则。[1] 这是党的最高级别公文中第一次出现“双重领导”提法。

1982 年的党的十二大，不仅重申了双重领导原则，且做了继续深化：一是将过往各级纪委经同级党委讨论选出，改为经各级党代会直接选举产生。这从党内监督机关的产生机制层面为“双重领导”的实现创造了条件，纪委地位也得到一定程度上的提高。二是取消“双重领导体制”中“以同级党委领导为主”的规定，仅提“双重领导”。十二大强调各级纪委要对同级党组织及其党员实施监督，监督范围以党章所载为限，还制定了党应在宪法法律的约束下开展工作的原则。党的十二大对党内监督事业的重大推进是归纳提炼了十一届三中全会以来党内监督尝试积累的宝贵经验，再次确立了党的监督机关经同级党代会直接选举产生的原则，还对党的纪检机关领导方式——“双重领导”体制做了正式认定，成为新时期推进纪检监督事业的标志性突破。

1986 年 9 月颁发的《中共中央关于社会主义精神文明建设指导方针的决议》提到，形成良好的党内风气，不仅要靠政治思想宣传，也要靠体制机制建设。务必认真改进我党的组织架构和事务推进机制，彻底执行党的纪律，完善党内监督及群众监督机制，让领导干部们能够接受全方位监督。[2] 这是中央文件中第一次出现“党内监督”提法。1987 年 7 月，中纪委颁布《关于对党员干部加强党内纪律监督的若干规定（试行）》（以下简称《规定》），这是我党制定的第一部党内监督单行章程。《规定》提到，党内监督的宗旨为确保党的组织及成员特别是党的领导者遵照党的章程及相关准则履行责任，警惕党内恶劣风气的形成，打击任何触碰党纪国法高压线、有损党的形象的行径，将党的优良

① 高屹．邓小平时代的中国［M］．北京：光明日报出版社，1996：277.

② 中共中央文献研究室．新时期党的建设文献选编［M］．北京：人民出版社，1991：323-324.

传统永远传承下去。党内监督具体涵盖对党组织、普通党员的监督及党员间的监督、特设机构的监督。重点监督对象是党的负责同志，尤其是主要负责同志。所有党章党规及宪法民法等均为党内监督的法律来源。党内监督的重点在于：一、各级党组织贯彻落实党的十一届三中全会决策决议的情形；二、审查各级党委负责人是否搞“一言堂”，是否落实民主集中制；三、审查各级党委负责人是否有官僚主义倾向，是否以人民为中心，做人民群众的公仆，大公无私、廉洁奉公；四、监督各级党的机构不断加强党的自身建设，不断加强政治宣教工作；五、监督人才选拔任用程序是否遵从“四化”和德才兼备原则。①

1987 年 10 月，党的十三大党章对党内监督做出了更为细致的规定。首先，继续完善党内民主，施行差额选举和做出关键性决策，亦可通过差额选举进行初筛形成候选名单，再实施最终投票。所有关键性决断，都必须经过投票表决环节。其次，更加重视基层党组织的功用，各基层机关单位、军队基层连队，只要有 3 名以上正式党员，一律设置基层党组织，以此加强对基层普通党员的监督。再次，党建不等同于政治斗争，应通过体制内的修复、协调和优化来消除弊端，不能搞残酷斗争、无情打击的一套东西。最后，党的纪检委不负责办理法纪政纪案件，而是要将精力聚焦于党纪，为党端正好党风党纪，中纪委分步骤收回了设置于国家各部委的监察组，相关事务交给这一段时间恢复重建的国家监察部处理。②

1990 年 3 月，党的十三届六中全会颁布的《中共中央关于加强党同人民群众联系的决定》（以下简称《决定》），对党内监督进行了进

① 中央纪委纪检监察研究所．中国共产党反腐倡廉文献选编［M］．北京：中央文献出版社，2002：228.

② 赵绪生，王士龙．健全党和国家监督体系：新时代党内监督九讲［M］．北京：中国方正出版社，2018：43.

一步的细化和规范。《决定》建议中纪委应与中组部一道讨论制定党内监督条例。这是中央全会首次提出制定党内监督条例。

总之，1977 年至 1992 年是党内监督的重设与强化期，党在摸索恢复和加强党内监督的过程中取得了一系列成果，尤其是初步构建了一套监察权较为完整、独立和权威的党内监督双重领导体制，推进了党内监督的制度化、规范化发展。

二、党内监督的发展与成熟：1992—2012 年

1992 年 10 月，党的十四大明确提出中国经济体制的改革目标是建立社会主义市场经济体制。在从计划经济体制转向市场经济体制的过程中，由于旧制未除、新制未立，相关法律规制还很不到位，监管缺漏还很多，这就给违法乱纪者提供了大量机会。该如何在市场经济环境下强化党内监督？这一重大理论与现实问题亟待提出解决方案。党的十四大报告指出，党风廉政建设不仅需要思想教育，更呼唤法制建设。应扎实推进各级党组织和纪检机构的党内监督工作，强化老百姓、民主党派和无党派人士对我党的监督，构建内外结合、由上至下和由下至上三者兼具的立体化监督体系。尤其应针对执法者、执法部门及手握人事权、财政权的岗位，构建消除徇私枉法、官僚主义、贪图享受等歪风邪气的实施机制。经查实确实贪腐的坏分子，无论地位多高、官有多大，都应对其严格处理，绝不姑息。① 这些表述展现出了第三代领导集体以党内监督促党建事业发展的坚定决心与意志。

1993 年 2 月，党中央同意并实施的《〈关于中央纪委、监察部机关合署办公和机构设置有关问题的请示〉的通知》，要求中纪委与监察部合并。合并后的中纪委职责在于党纪监督和政府政务监督，归属党中央

① 中共中央文献研究室．毛泽东、邓小平、江泽民论党的建设［M］．北京：中共中央党校出版社、中央文献出版社，1998：584.

领导；根据宪法规定，监察部归口行政序列，由国务院领导。地方各级监察机构与纪委合并后，由对应政府机构及上级纪检委双头领导，并遵照《中华人民共和国行政监察条例》所赋予的职权范围、办事流程实施监督有序运转。合并办事有助于聚拢多方面力量办好党的反腐败事业，充分激发党政监督机构的聚合效应，免除事业推进过程中的交叉重叠，减少不必要的人员机构开支，整体提升办事成效。①

1994年9月，党的十四届四中全会颁布的《关于加强党的建设几个重大问题的决定》，认为党内监督的本质是党以人民为中心，根据党要管党、从严治党的原则开展自我约束与革新，具体包括监督党的集体与个人能否准确践行党的意志和决策，能否恰如其分地使用手中的权力，能否贯彻党内民主、实行民主集中。党的高层干部这一"关键少数"是监督的重点所在。在市场经济大潮之下，尤其应该提防党员干部被不良风气带偏，受到侵蚀。不管党员是干什么的，处于什么样的位置，都要严格遵守党的纪律，自觉接受党组织和群众的监督，坚持在纪律面前人人平等，对违纪党员要严肃查处。② 值得注意的是，这次全会再次提到要制定党内监督条例。

1996年1月，中纪委十四届六次会议讨论后达成一致，中纪委按照工作实际，遴选部级领导到各级地方政府部门视察，恢复巡视机制。为了让这一机制更好地发挥作用，1996年3月中纪委会议议决《中共中央纪委关于建立巡视制度的试行办法》，较具体地规定了巡视人员遴选程序、具体权责、巡视规则、工作管理等各方面。③ 此后，为继续加

① 李雪勤．中国共产党纪律检查工作60年［M］．北京：中国方正出版社，2009：375.

② 中共中央文献研究室．改革开放三十年重要文献选编：上［M］．北京：中央文献出版社，2008：785.

③ 中纪委驻财政部纪检组，监察部驻财政部监察局．财政纪检监察工作文件资料选编：第8辑［M］．大连：东北财经大学出版社，1997：231-232.

强党的巡视监督，推进纪检委对党的各级干部尤其是省部级高级干部的监督，中办发布了重建党内监督“五种办法”的推进细则，厘清了巡视组的人员构成、职责任务、提拔任用、工作程序与权限等方面，① 这对于将巡视工作落到实处大有裨益。中央重提巡视制度并对其展开积极探索，有力促进了党内监督体制机制建设。

2001 年 9 月，党的十五届六中全会颁布的《关于加强和改进党的作风建设的决定》，决定进一步构筑与细化党内监督的机制与流程，完善定期汇报工作及清廉奉公情形的机制。从中央到地方的各级党委应渐次规范化落实巡视机制，将下级机关主要负责领导同志的廉洁奉公情形作为党内监督的重点对象。还应进一步改进纪检工作的实施机制，如强化纪检机构的自我监督、加强外派机关的一体化管理、尽快编纂出党内监督条例。②

2002 年 11 月，党的十六大提出应构建框架适当、配置合理、运行有序、卓有成效的权力运转体系，持续改进党内监督机制。应特别强化对领导高层尤其是“一把手”的监督，政治局委员和地方党委常委应受到党的代表大会的监督。各级党组织应依照中央文件要求，根据地方需要，经过反复探求逐步构建起巡视、民主生活会、述职报告会、述廉报告会等诸多加强党内监督的有效办法。

从党的十三届六中全会首次提出制定党内监督条例开始，经过 13 年的艰辛探索和积淀，我们党已拥有较为系统、全面的党内监督经验，修订党内监督条例的时机已然成熟。中纪委联合中组部成立起草小组，经反复论证、多次修改，于 2003 年 12 月 31 日正式颁发《中国共产党

① 国家税务总局巡视工作办公室．税务系统巡视工作文件汇编［M］．北京：中国税务出版社，2007：365-369.

② 中共中央文献研究室．改革开放三十年重要文献选编：下［M］．北京：中央文献出版社，2008：1199.

党内监督条例（试行）》（以下简称《条例》）。该文件共分为五章四十七条，第一章从宏观层面上揭示了文件的制定目标、核心思想、作用对象、主要内容和基本原则等。第二章规定了构成党内监督的各责任主体如党委、纪委、纪检委、党代会及普通党员等在党内监督过程中所扮演的角色、所拥有的权利、所发挥的作用。第三章涉及党内监督的10个主要机制，如民主生活会、述职大会、述廉大会、党内巡视等。第四章列出了党内监督的保障机制和措施，如违背党内监督基本原则、履责不彻底、不正确履行责任的，将根据情节轻重程度，给予严厉处分；各部门、各级党委要将党风廉政建设作为重要职责，做好党风廉政教育，完善工作体系，致力于防止各类违法乱纪情形出现；党委如接到各种违背该条例的控诉，且有必要彻底查清予以究责的，应根据权责范围，尽快展开调查处置。① 该文件的制定出台，是马列主义政党演进史上的一件破天荒的大事，是我党常态化加强党风廉政建设的重大举措，是党内监督法制化进程中的里程碑式事件，是党内监督理论建设与实践探索的标志性成就，是党内民主建设的一件盛事，其意义深远、影响巨大。②针对其价值，《条例》开头评价道，该文件将有效推进我党从严治党进程，对于加强党的凝聚力向心力，将我党锻造成为全心全意为人民服务、廉洁奉公、执政为民的马克思主义执政党，将发挥重要功用。③

2004年9月，党的十六届四中全会颁布《中共中央关于加强党的执政能力建设的决定》，决定落实好党内监督条例文件，不断提升党内监督实效。为达成这一目标，应做好：一、优化和构建巡视机制，强化

---

① 吴德慧．反腐倡廉重要论述及相关法律法规汇编［M］．北京：光明日报出版社，2013：229-240.

② 党章·党规·党纪：党内重要法规学习导读［M］．北京：中国方正出版社，2015：177.

③ 吴德慧．反腐倡廉重要论述及相关法律法规汇编［M］．北京：光明日报出版社，2013：227.

对关键少数尤其是党政一把手的监督。二、完善领导人重要事件汇报机制、述职述廉等制度，彻底推行对外派监督机构的一体化管理等。① 以上表明我党明确了贯彻落实条例精神，将党内监督体系化、法制化，持续加强党内监督，以此推动执政党自身先进性建设，确保执政党长期执政的大方向。

2005 年初，中央发布的《建立健全教育、制度、监督并重的惩治和预防腐败体系实施纲要》，对过往党内监督的有益经验做了较全面系统的总结回顾，确定了反腐倡廉机制的指导方针、关键目的、实施原则，其中涉及在 2010 年构建形成预防惩治腐败机制的大框架，接下来要继续奋斗，构建起廉政教育的常态化机制、廉洁奉公的引导机制、权力运转的监控机制，形成体系完备的预防和反腐败制度体系。② 这是党内监督不断向纵深推进的标志，意味着中国反腐败斗争进入体系反腐新阶段，是对改革开放二十多年来党内监督机制变革的回顾与前瞻。

2005 年 12 月，为推进党员干部的常态化廉洁从政教育和权力运行监管，中纪委和中组部制定颁行了《关于对党员领导干部进行诫勉谈话和函询的暂行办法》，其中指出，遵照党组织的指示，纪检委及组织部有权根据相关组织人事条例，对领导干部、关键少数进行诫勉问话及信函询问。对下级领导机构，可考虑依照实际情形，委派党委一把手对党委主要成员进行诫勉问话。该文件还具体限定了诫勉问话及信函询问的适用范围、实施方式方法及基本流程。③

与此同时，两部委还联合颁发了《关于党员领导干部述职述廉的

---

① 中共中央文献研究室．十六大以来重要文献选编：中［M］．北京：中央文献出版社，2006：544.

② 中共中央文献研究室．十六大以来重要文献选编：中［M］．北京：中央文献出版社，2006：601.

③ 全面从严治党常用文件选编：根据党的十九大精神修订［M］．北京：党建读物出版社，2018：378-380.

暂行规定》，其中第三条指出，各级党组织应督导辖区内各位党员干部述职述廉的正确展开。第四条指出，述职述廉的要点包括领会落实党的指导思想和大政方针的情形，党内民主建设的成效，完成职位任务和反腐倡廉情形，存在短板的检讨及修正路径，等等。这份文件的亮点在于明确规定了述职述廉的主要程序与要求。①

2007 年 10 月，党的十七大认为应尽快建设完备的惩治与预防腐败机制，以从常态化的角度进行廉洁建设。此次会议对十六届四中全会以来党内监督的理论与实践探索经验表示赞同，进一步指出中央政治局应向中央委员会全会汇报进展，受其监督，且地方各级党委常委会定期向全体委员会议汇报进展，受其监督。通过这一改革，实现了党内权力有序化承延，确定了党内监督的主体与对象的关系，对党内监督的工作开展大有裨益。这次大会修订的新党章提出应在从中央到地方的各级党委会推行巡视机制,② 这是党章中首次提及施行党内巡视。之后，各地巡视机制渐次推进，实现普及。新党章还决定各级党组织施行党务公开，让党的内部事务透明化公开化，以便普通党员投身于党务、关心党务。

为了进一步贯彻党内巡视之要求，2009 年 7 月，中央制定的《中国共产党巡视工作条例（试行）》，提到各级党的机关推行巡视制度，要特别设立巡视机构对下级党委和普通党员实施巡视监督。在监督过程中，要坚持党的政治引领、逐级压实责任、公正公平公开、广泛发动群众等原则。文件还详细规划了巡视工作的负责机关、基本程序、工作纪律、职责范围等。以上对巡视制度的大规模铺开，对加强廉洁奉公建设和反腐惩贪发挥了至关重要的作用。

---

① 全面从严治党常用文件选编：根据党的十九大精神修订［M］．北京：党建读物出版社，2018：344-345.

② 中国共产党历次党章汇编：1921—2017［M］．北京：中国方正出版社，2019：503.

2009年9月，党的十七届四中全会议决颁布的《关于加强和改进新形势下党的建设若干重大问题的决定》，要求改善和优化党内巡视、进一步完备党内巡视的引领机制、认真遴选负责人员、改进巡视流程和方法以增强巡视效果。完善纪检监察机构派出机关的一体化管理，严格落实对派驻部门主要领导等的监督机制。加强对党政主要负责人和国有企业掌舵者的财务审计清算，强化对巨额投资的账目审查。加强党内党外监督、体系内监督与老百姓监督共同发力，重视舆论监督的功用，多点发力形成监督合力。①

总之，1992年至2012年是党内监督的发展与成熟期，党内监督体系不断完善，并在运转实践中显示出较大成效。不过细究起来，党内监督体系与党的决策、执行机关之间的关系还未理顺，党内监督的独立地位仍未确立，党内监督的内部领导机制还有待调整，这一切都有待日后进一步改进和完善。

第四节　中国特色社会主义新时代党内监督的战略提升

党的建设新的伟大工程是党的十九大提出的“四个伟大”的关键方面，而党内监督又是全面从严治党的重要有机组成部分。就此前存在的缺憾与不足，党的十八大以来，党内监督在理念、制度与实践等方面进行了弥补、整改和提升，有效加强和提高了党内监督的力度和效果。

一、新时代加强党内监督的重要意义

党要管党、从严治党，管党、治党都涉及党的建设，加强党内监督

① 学习贯彻中共中央政治局八项规定资料文件汇编［M］．北京：中国方正出版社，2013：148.

均是其重要内容。新时代要加强党的建设，应立下高标准、严要求，秉持始终如一的态度，采用彻底有效的措施，以强化党内监督为抓手，以达成党的组织自我净化、改革、优化、提升为奋斗宗旨，将我党锻造为有力量、有斗志、有组织的强大政党；使我党永葆青春活力，永远得到人民拥护和支持；永久稳固党的执政基础和执政地位，坚定不移地把党的建设新的伟大工程继续向前推进。

重视、强化党内监督，是从我党加强自身建设的百余年历史中得来的有益经验。一个政党尤其是执政党要想长期平稳执政，就必须健全内控机制、筑牢监督堤防，强化监督、管住权力，严防权力滥用和以权谋私。这已为世界政党兴衰史所反复昭示。苏联亡党亡国的一个重要原因便是权力过于集中，这使得党内监督存在大量盲区，官僚特权阶层遮天蔽日，腐败等违法违纪事件频发，最终导致苏联共产党失去民意支持而轰然倒塌。习近平总书记指出，就我党而论，外部监督必不可少，不过更为关键和根本的，还是内部监督。加强党内监督，是马克思主义政党区别于其他政党的一个重要特征，是我们党应有的政治品格和胸怀，是巩固党的执政地位、完成党的执政使命的必然要求。2012 年党的十八大至今，以习近平总书记为领导核心的党中央下了管党治党的决心，以最彻底的措施、最坚决的态度，将全面从严治党上升到空前的高度。党的十八届六中全会将全面从严治党作为核心议题，讨论颁布了最新版的党内监督条例，为新时代强化党内监督、推进从严治党提供了根本遵循和操作指南。这体现了我党对新形势新环境下党的建设的精准把握，以及将其落实、深入推进的急迫态度。

重视党内监督是确保党永葆青春活力的必要之举。党的十八大至今，习近平总书记带领全党成功破解了党内监督难规划、难实施、难落地这一世界政党普遍面临的难题，倡导要站在自我革命的高度上看待、筹划与落实自我监督，创造性地提出了一条长期执政条件下自我调适、自我改进、自我净化、自我成长的新路径。与国外政党大多依赖外部监督不同，我们党更重视自我监督、自我革命。党的指导思想不断创新、党领导的事业不断发展的同时党的自身建设也在不断加强，党内监督机制也在不断完善。党的自我净化、自我完善机制决定了党可以借助自身力量，以自我批评、自我监督、自我革命的方式不断兴利除弊、趋于至善。就我党党内监督的理论与实践探索来看，党内监督的本质即以人民的需要和利益为根本追求，以从严治党的要求限制与规范全党，使权力列车永远行驶在正确的轨道上。要使用好党内监督的观察、评价、修正和改进等手段，针对国家治理的漏洞、缺陷和偏颇发出警告，对越轨权力开展规制，从而在根本上助推改革、增进能力、净化肌体，保证从中央到地方的各级党政机构和领导干部、工作人员恪尽职守、不触红线，全心全意地为老百姓谋福利，助力实现国家治理体系和治理能力现代化这一目标。①

加强党内监督是党的自身建设的重要组成部分。党内监督，是预防惩治腐败的重要途径，是党自行修复、自行更新的重要方法，是党永葆青春的重要法宝。我党已有多个主体、多种形式、多个级别的监督，但唯有党内监督才是最关键的、最持久的。只有将党内监督搞好了，配合其他多种形式监督，才能把全面从严治党落到实处。预防惩治腐败工作搞得越深入越彻底，就越需要党内监督这一有力武器的支持。党的十八大以来，以习近平同志为核心的党中央把党风廉政建设作为全面从严治党的重要内容，坚持惩治腐败力度决不减弱、零容忍态度决不改变，巩固发展反腐败斗争压倒性胜利，有腐必反、有贪必肃，赢得了党心民心。当然，全面从严治党无法速成，只有投入较长的时间和较大的人力物力，经历各种挫折和磨难后，才能收到理想的治理效果。全面从严治

① 董德兵，刘靖北．以有力有效监督推进国家治理现代化［EB/OL］．光明网，2020-07-09.

党永远在路上，正风反腐，既是一场攻坚战，更是一场持久战，这就对新时代加强党内监督提出了新的更高的要求。

二、新时代加强党内监督的主要举措

党的十八大以来，我国的权力监督总体呈现出“制度越来越完善，氛围越来越浓厚，作用越来越明显”的特点。主要举措有以下几个方面：

一是坚持民主集中制和集体领导原则，让党内监督全覆盖，不搞特殊对待，不留死角盲区。民主集中制是马克思主义政党区别于其他政党的重要标志之一。民主集中制将深入推进民主进程与正确实行集中很好地合二为一，既最大可能地让大家都说话，最大可能地调动积极性和能动性，又统一了党的指导思想和大政方针，很好地防止出现“讨论无休止、决议不执行”的低能低效现象。如果没有这一制度加以托底和保障，将无法构建良性循环的党内监督。目前，党内“民主”与“集中”两个方面都存在或多或少的问题。部分党组织尤其是基层党组织弱化、虚化、边缘化；党的活动毫无章法、随心所欲；党的最新指示精神落实不及时、不到位；部分领导喜欢“乾纲独断”，容不得半点正确又“刺耳”的意见，在个人“领地”内如同“土皇帝”一般，完全置身于组织之上，使党内民主常常遭到破坏；领导干部尤其是一把手的权力漫无限制、不受约束。① 党内监督的实现形式一般是上级党组织监督下级党组织，呈现出自上而下的路子，同时也要充分发动老百姓参与的积极性，致力于推动和加强自下而上的监督。党的十八届六中全会颁布的党内监督新条例坚持民主集中制，将权与责等多方面统一起来，层层压实监督责任，以监督主体为单元，各单列一章内容。第一，将党的中央组织机构的监督设置为一章内容，这是对原条例的创新与拓展，表现

① 把强化党内监督摆在重要位置［N］. 人民日报，2016-01-19（2）.

出党中央修身律己、身先示范的用意与决心。第二，明确了党组织在各级监督中所担负的主体责任。其中，党委书记是第一责任人，党委常委和委员务必按照规范要求行使各自的监督责任；另外，首次要求党的各个业务单位强化各自权限范围内的党内监督。党内监督是全体党员的重要职责和任务，党组织负总的责任，党委书记负第一责任，党委常委和委员根据各自职权范围行使监督职责。第三，提出纪委是党内监督的专任机构，行使依法监督、执行纪律的权力。第四，确定基层党组织和基层普通党员的监督责任。如此，将权责范围、制度体系和基本举措统一起来，用好上至下、下至上以及平级监督之功用，实现了中央居中领导调度，各级党组织全面监督，纪检机构专门监督，业务部门职能监督，基层党组织常态化监督，普通党员民主互评的党内监督体系架构。

二是打造党内民主监督氛围，推进党内监督从细微入手，防患于未然。党内监督只依托党组织及专业化机构的监督并不现实，还需要所有党员积极加入予以大力支持。为达成这一效果，首先要经宣传普及，让社会大众普遍明了所有人都应受到监督，丰富党内监督的路径，形成一个积极监督、愿意监督、善于监督的良性监督氛围，并借机优化下至上的群众监督，使普通党员明白参与民主监督不仅仅是作为一名党员的权利，也是作为一名党员义不容辞的责任。针对党内同级监督之间的“软”，通过强化班子内部监督，相互之间开展批评和自我批评，相互告诫、提醒、警示等，充分发挥同级相互监督的作用。其次是通过宣传引导，让普通党员们知晓党内监督的宗旨、对象、内涵、路径等，促使其产生参与党内监督的责任感与使命感，而不是将其作为无足轻重之事或是一种负担，最终形成鼓励监督、支持监督的良好监督环境。在各级党的会议上，党员应敢于对触犯党的纪律规章的行径表达意见，有理有节、有根有据地批评任何组织和个人，充满责任感地向党组织汇报党的任何组织和个人触犯红线之实情。各级党组织应充分确保党员的参与权与表达权，倡导、推动其积极参与监督，对恶意阻挠监督、陷害报复监督的行径应给予严厉惩处。[①] 最后是通过党员领导干部深入到群众中去主动接受监督，关注热点问题，倾听群众呼声，使他们的工作更加贴近群众、贴近实际、富有成效，以充分调动群众监督的积极性，营造人人爱监督的良好氛围。

三是分外重视对党的领导机构和干部的监督，力争做到党内监督惩前毖后、治病救人。党的领导机关和负责人，尤其是手握大权的一线领导者，如果其权力之使用无人监督，发生违法乱纪情形的概率就会很大。“治党先治吏，治吏必从严”，对权力的监督，尤其对“关键少数”和“一把手”权力的监督，既是党内监督的一个重点，也是一个难点，强化党内监督的关键就在于严抓“关键少数”。执纪追责机制作为一种优良的监督制度能够有效地防止权力错位、缺位和失位，让领导干部的权力真正归位，让党内监督回归其本质，形成一种良好风气，只有这样，所有人才会敬畏党内监督，才会恢复对监督应有的责任和态度。眼下的“痛点”在于，一是高层核心圈和“一把手”的权力太多、太大，致使监督可能遇到的阻力大大增强；二是权力运行仍然不够公开、透明，留有死角；三是对主要领导者和“一把手”权力的使用，不能全程进行监控。党的十八大迄今，全面从严治党的关键要害在于抓少数树典型。党的十九大修订的党章指出，要强化对党的领导组织及高级领导干部尤其是一把手的监督，持续优化党内监督机制。党的二十大修订的新党章指出，要加强对党的领导机关和党员领导干部特别是主要领导干部的监督，不断完善党内监督体系。《中国共产党党内监督条例》第六条指出，党内监督的首要对象是党的领导组织及高级领导干部尤其是一把手；第十七条指出，应强化对党的领导核心圈子及一把手等“关键

---

① 张士义．打铁必须自身硬：改革开放四十年党建史［M］．成都：天地出版社，2018：473.

少数”的监督，还列出了重点监督的内涵及方法路径。该文件主要围绕党政一把手圈定重点监督对象，借助监督组织及监督机制的创新，严防一把手们胡作非为、乱用权柄；还多处设置监督“探头”，强调通过巡视、审计、信访、舆情等手段分析问题根源，及时采取有效应对措施，这一擘画是全面从严治党的必然要求，契合时代需要，意义十分重大。应按照该文件之要点，对领导核心圈子及一把手的权力运行展开行之有效的权力问责和跟踪监督。要将权力的列表清单公之于众，主动接受社会监督，给权力划定边界，让民众清楚权力的“家底”。将权力监督的原则性规定条目化、可操作化，让权力监督更易于操作落实。①

四是将党内监督与外部监督融为一体，推动党内监督更好地落地见效。党在国家政治生活中的地位决定了党内监督在各类监督中是处于首位的、最为关键的。党内监督如失去效用，其他监督的效果亦将无从谈起。但是，如果不将党内监督与其他监督融合起来，其监督效果也必然不理想。习近平总书记谈到，党内监督是当前诸多监督形式中最关键最有效的一种，但如不能与群众监督、民主监督、审计监督等多种形式合并使用，就无法产生监督合力。在十九届中纪委二次会议上，习近平总书记系统深刻地总结了党的十八大以来全面从严治党的重要经验，其中之一便是“坚持党内监督和群众监督相统一”。党内监督条例亦指出，要将党内监督与多种其他形式的监督有机结合到一起，在科学化、有序化、体系化的整体设计中使它们紧密联系，形成强大合力。一是要确保同级人民代表大会、政府机关、监察机构、司法机构依法依规对党政部门人员展开监督，政协、审计署等同时开展相应监督；二是要注意与民主党派互通声气，在若干关键问题决断中沟通情况，征求各民主党派的意见，促使其为政协强化监督职能添砖加瓦、贡献力量；三是使用新媒

① 党内政治生活必须牢记的50条准则［M］．北京：中国方正出版社，2017：344.

体新技术手段，采取听证会、座谈会、发布会等多元化方式，扩大老百姓参与监督的途径，及时搜集、整理与分析有关违纪举报的网络舆情，集中平民大众的力量，加强社团、舆情、群众等社会监督主体形式的综合效能。

五是加强对纪检机关自身建设，确保执纪追责机制落到实处，防止“灯下黑”。党的十八大以来，习近平总书记反复强调纪检机构自身建设的重要性，指出打铁还需自身硬，纪检机构应不断修身正己，不断强筋壮骨，抵制不良风气，要有大声喊出“向我看齐”的胆识与底气。党内监督条例第三十四条指出，纪检监察机关首先是政治机关，纪检人员要带头讲政治、守规矩，如发现纪检人员违反纪律，务必严厉处置；各级纪检机构一定要强化自身建设，接受来自各方的监督，严守党纪、远离红线。① 在此背景下，各级纪检机构根据总书记的指示及监督条例之要求，不断强化自身思想政治建设，开展了一系列诸如“讲忠诚、守纪律、做标杆”的活动，取得了较明显的成效。纪委纪检组要认真落实党风廉政建设监督责任，进一步增强做好纪检工作的责任感，切实提高纪检工作的针对性，提升纪检队伍的战斗力，敢于瞪眼黑脸，履行好监督执纪问责的职责；要坚持正人先正己、监督者先受到监督的原则，以坚定的政治信念、钢铁一般的纪律锻造一支大公无私、甘于奉献、干净纯粹的纪检监督工作队伍；要强化责任追究，以强力问责倒逼全面从严治党责任落实，做到有责必问、问责必严，对责任重大、影响恶劣的，应从重问责、终身追究。

党内监督是永葆党的纯洁性的力量源泉，是提高党抗击政治病菌、确保组织健康的重要途径。中国共产党从成立之初的五十来人的小组织发展到今天的世界第一大政党，历经千锤百炼而朝气蓬勃。中国共产党

---

① 杜伟. 全面从严治党的理论与实践［M］. 北京：中国方正出版社，2017：71-72.

由小变大，由弱变强，离不开坚定不移地推进党的建设伟大工程，而加强党内监督则是党的建设伟大工程的关键构成部分，是党的自我革命助力伟大社会变革的重要根基。作为一个致力于推动祖国统一和民族复兴、实现社会主义现代化、维护世界和平与促进共同发展等重大历史任务的伟大执政党，中国共产党必须高度重视党内监督，强化对权力运行的制约和监督，形成科学的防错纠错机制，坚持用铁的纪律维护全党的团结统一，推动全面从严治党迈上新台阶，不断提高应对风险挑战和拒腐防变的能力，有效巩固党的全面领导和长期执政地位，确保中国共产党始终成为全面建设社会主义现代化国家的坚强领导核心。

第四章

党内纪法协同监督的理论分析

党内纪法协同监督不仅有马克思主义和中国特色社会主义的思想资源、建党以来党内监督的历史实践经验，更有着纪法协同的理论根基——纪法协同何以可能、何以必要及其遵循怎样的原则。

第一节　纪法协同的内涵

习近平总书记曾于2015年10月8日《在十八届中央政治局常委会第一百一十九次会议关于审议中国共产党廉政准则、党纪处分条例修订稿时的讲话》中谈到，要不断实现党纪与国法的相互结合，才能加强反腐惩恶力度。其中，“纪法协同”这一理念的提出被认为是党内监督、从严治党这一背景下的重大举措，有利于党内反腐工作的持续推进。紧接着，监察体制改革试点于2016年11月起在北京、山西、浙江等地率先实行，《宪法修正案》与《监察法》于2018年3月获得通过，《监察官法》于2021年8月获得通过，国家监察体制得以正式形成。这意味着对所有公职人员的监督进一步被深化，严密的反腐败体系在法律层面趋于完善。在实践中，作为国家机关的监察委和作为党内机关的纪委合署办公，本质上是“一套人马，两块牌子”，共同致力于反腐败体系的构建。可即便如此，二者仍存在重要区别：监察委的监督对象是所有公职人员，适用的是“法”；纪委的监督对象是公职人员中的党员，适用的是“纪”。“纪”与“法”不仅在规范的实体内容上不同，在程序上也截然不同。因此，纪法协同的重要性愈加不言而喻。它“有别于传统的‘治党’‘管党’单一视角，从监察职能效能化和依法从严治党的复合视角展现法治反腐的新型纪法关系”①。然而，“纪法协同”或“纪法贯通”作为一个新理念，目前对它的研究并不多。具体而言，究竟何谓纪法协同？其内涵发生过怎样的变迁？纪法为何得以协同，以及纪法如何能够协同？这是本节所要回答的问题。

一、“纪法协同”中“纪”的变迁及其内涵

“纪法协同”中的“纪”指的是党纪，即党的纪律。2022 年 10 月，经党的二十大修订后通过的《中国共产党章程（修正案）》第七章第三十九条，明确提出党的各级组织和全体党员必须遵守党的纪律这条根本的行为规则。从党章来看，党纪至少包含三个特征：第一，规则性，明确党的纪律是一种“行为规则”，这同时意味着党纪的反复适用性；第二，内部性，即党纪的规制对象是“党的各级组织和全体党员”，而不是社会组织或普通公民；第三，文本性，党纪均以文字的形式记录并传播。

然而，党纪在中国共产党的发展史中并非一开始就展现出了这些属性。早在中国共产党成立之前，提出建党设想的蔡和森就认为中国革命要成立的“这个党必须有铁的纪律”。只是当时的党纪仍然是对于未来情况的模糊设想，未以任何形式固定下来。而当中国共产党成立时，党的纪律就以书面形式被记录下来。它在本质上是对共产党党员的行为约束，且大多以义务性表述的形式被明确提出。如中共一大制定了《中国共产党第一个纲领》，其中第六条规定，“在党处于秘密状态时，党

---

① 蒋凌申．论监察体制改革中的纪法协同［J］．南京大学学报（哲学·人文科学·社会科学），2020（3）：105-120.

的重要主张和党员身份应保守秘密”；第十四条规定，“党员如果不是由于法律的迫使和没有得到党的特别允许，不能担任政府委员或国会议员”。而到了1922年的中共二大，党的纪律更是首次被写入党章，并重点强调了党纪的重要性，对党纪进行了更为细致的规定。比如对于连续四周不参加党日活动的党员开除党籍的规定，言论和行动有违背党的章程和各执行决议案、无故两次不参加大会、泄露党的机密的党员都必须开除。从当时制定的党纪的具体内容来看，共产党作为一个新生的且遭到国民党打压的在野党，缺乏足够的政治实力，其迫切愿望是在四面楚歌中保全其地位，并小心翼翼地逐步扩展规模，所以党的纪律围绕的中心始终是要求党员绝对忠诚于党。

值得注意的是，在1927年领导南昌起义后，中国共产党开始了独立领导武装斗争并且创建了自己的革命军队。“在人民军队的早期发展中，工农红军的来源主要有两种：一是旧军队中的起义人员，二是农民，因此各种非无产阶级意识和旧军队不良风气在工农红军中影响很深。”① 然而，为了不断壮大革命军的力量，党仍然有必要吸收大量的农民与工人成为新的革命武装力量，其中不少人也在此过程中成了党员。但是对他们的教育与规训程度远远无法匹配党与军队的扩充速度。部分党员、士兵开始目无法纪、仗势欺人，在行军过程中或掉队或离队，长官则随意大骂士兵，进酒楼饭馆吃饭不给钱，甚至抢劫民众财物。此时的军队显然已经部分失序，迫切需要强有力的党纪与军纪进行整顿。因此，1928年4月毛泽东在桂东沙田举行部队纪律教育，公布并详细解释了工农革命军的“三大纪律六项注意”②。可以发现，此时

---

① 马立强．人民军队早期作风纪律建设［N］．中国纪检监察报，2016-08-01（1）．

② 注：“三大纪律”指“行动听指挥，不拿工人农民一点东西，打土豪要归公”；“六项注意”指“上门板，捆铺草，说话和气，买卖公平，借东西要还，损坏东西要赔”。

党的纪律除了以绝对忠诚为底色外，还根据当时的情况特别要求“在实践中强调以服从命令听指挥、维护官兵团结和民众利益为主要内容的纪律建设”①，对人民军队中的士兵与党员加以具体的行为约束。所以，此时的党纪是党的某个领导者根据具体情况，以维护党内忠诚与革命秩序为目标，通过口头形式表述并传播的。其显著特点可以概括为“口号化”：语言表述口语化并趋向于简洁利落，以最少的字数表达党纪内容，以便总结为数字化的口号，使得大部分人能够快速记忆。如“三项纪律”“三大任务”“三位一体”等。考虑到当时有限的信息传播技术，较为艰苦的物质条件，与党、军内部的文盲较多，口语式、口号化的纪律反而比书面形式更易传播。当然，这也导致党纪的具体内容不能确定，可能随着党、军的领导者不同而发生改变，也可能在口口相传中被有意无意地改变了原意。有时，甚至领导者的随口一句话、一个想法也可能成为纪律。另外，许多党纪也因为没有及时用文字记录下来而消失在历史长河中。

1938 年 10 月，毛泽东在《中国共产党在民族战争中的地位》的报告中，将党的纪律概括为：个人服从组织；少数服从多数；下级服从上级；全党服从中央。除了上述四项纪律之外，他认为实现党内关系的正常化，必须在四项纪律的基础上制定一种具体化、常态化的党内法规，以作为各级领导的行为准则。这是党的历史上首次提出“党内法规”的概念，后来的领导人一直沿用至今。值得注意的是，从毛泽东的表述来看，以往党的纪律的最大问题在于不够统一，所以“党内法规”的提出实际上意味着党的纪律等党内规范的制定权限将逐步收归党中央，并以书面化的形式统一展现。当然，这一过程不是一蹴而就的。在二十世纪九十年代开始使用“党的正式文件”这一概念。到现在，这一概

① 马立强．人民军队早期作风纪律建设［N］．中国纪检监察报，2016-08-01（1）．

念已经过几十年的演变逐渐成熟。事实上，由于党内法规的外延明显包含了党纪，且党内法规着力于通过书面化的形式固定党纪的具体要求，使其具备国家法律的规范性、可预测性等性质，所以党内法规逐渐替代了党的纪律，更加频繁地出现在官方话语中。2014 年 10 月，在党的十八届四中全会中，更是明确将党内法规体系纳入中国特色社会主义法治体系之中，党内法规也因此成为学界普遍关注的研究对象。当然，党的纪律仍被认为是党内法规的核心内容之一。并且，由于党纪的内容往往具体表述为党员的某项具体义务，在党员未履行或严重违反某项义务时，党纪还规定了对应的处罚措施，如《中国共产党纪律处分条例》第七条①。可见，党纪以强制力为后盾，带有明显的强制命令、普遍服从等特征，使其明显具有了法律的性质。因此，党内法规以及党纪的属性问题进入了学者们的视野，并被广泛讨论。一开始，基于实证主义的法理论传统，党内法规被排除出“法”这一范畴，仅被认为是党内政策或规范。该观点立基于法律是国家垄断的产物，认为只有代表民意的立法机关才具备制定法律的资格，其他任何团体或个人都无权制定法律。所以有学者提出，党的意志只有上升为“法律”才能成为“法规”，建议用“党的纪律”一词指代党内规章制度。②

然而如上文所述，党的纪律只是党内法规的一部分，党内法规的外延已经包含党的纪律。如今的党内法规体系以“1+4”为基本框架，在党章之下分为党的组织法规、党的领导法规、党的自身建设法规、党的监督保障法规。甚至有学者将党章称为中国的不成文宪法，在理论上赋

① 注：《中国共产党纪律处分条例》第七条第一款：党组织和党员违反党章和其他党内法规，违反国家法律法规，违反党和国家政策，违反社会主义道德，危害党、国家和人民利益的行为，依照规定应当给予纪律处理或者处分的，都必须受到追究。

② 王俊华．对“党内法规”提法的再思考［J］．上海党史与党建，2008（7）：19-20.

予其很高的政治地位。[①] 暂且不论该观点合理与否，不得不承认的是，党内法规体系与国家法律体系在形式上非常接近。实证法学家哈特在《法律的概念》中认为，法律作为初级规则与次级规则的结合体可以较好地概括法律体系的核心，是“法律科学之关键”[②]。而党内法规体系也同样区分了规范具体行为的初级规则与授予权力使其得以创设或改变规则的次级规则，前者如党章、《中国共产党党内法规制定条例》等，后者如《中国共产党统一战线工作条例》《中国共产党农村工作条例》等。正是由于党内法规体系与国家法律体系非常相似，有学者认为传统的实证法学简单地将党内法规排除出法律体系的观点已经缺少足够的说服力。然而随着社会公权力的不断发达、国家的公权力逐渐转移以及公共治理等的兴起，法理论及其对“法”的定义逐渐与如今法的客观真实性有了越来越大的差距。因此，学者提出了社会法与软法的理论，对“法”的概念进行了扩充，突破了传统的国家的控制法范式。具体而言，社会法指社会公权力主体制定的调整其内部关系和相应社会公权力运作所涉及的外部关系，规范社会公权力组织以及相应社会公权力运作所涉及内外部组织、内外部人员行为的规则系统。[③] 而软法指公权力主体制定或认可的规范相应共同体成员行为，调整公权力主体与相应共同体的关系、公权力主体与相对人的关系、公权力主体相互关系的行为准则，不具有国家强制约束力的规则的总称。[④] 显而易见，中国共产党作为我国唯一的执政党，在我们的政治生活中具有非凡的影响。因为在国

① 强世功．中国宪法中的不成文宪法：理解中国宪法的新视角［J］．开放时代，2009（12）：10-39.
② 哈特．法律的概念［M］．许家馨，李冠宜，译．北京：法律出版社，2012：137.
③ 姜明安．论中国共产党党内法规的性质与作用［J］．北京大学学报（哲学社会科学版），2012（3）：109-120.
④ 罗豪才，宋功德．认真对待软法：公域软法的一般理论及其中国实践［J］．中国法学，2006（2）：3-24.

家公权力组织中，大部分工作人员是党员，所以可以认为中国共产党实际掌握着庞大的社会公权力。基于上述理论，党的纪律可被定义为对党员以及党组织的公权力履职行为进行规范与制约的社会法、软法与初级规则。

二、"纪法协同"中"法"的内涵

此处对"法"的内涵的讨论严格建立在"纪法协同"这一前提之下，即"法"与"纪"在"纪法协同"的语境中必然是截然不同的规范。在上文对党纪内涵的界定中已经提到，由于党内法规与国家法律的相似性，传统的"国家法中心主义"被突破，学者引入了社会法、软法等理念。事实上，无论是社会法还是软法，都立基于所谓的"法律多元主义"。该理论认为，国家与社会在法的层面是公、私两个不同的领域。对于国家来说，法没有授权的就是禁止实施的；对于社会来说，法没有禁止的就可以自由实施。而以国家为代表的权力体系不可能完全取代市民社会，因为在市民社会中存在着广阔的自治领域，如哈耶克所说的"自生自发秩序"。因此，在中国富有深厚伦理的社会中，真正管用的不仅是国家规定的法律法规，同时还存在"另一种法"，它似乎更能深入群众生活，更能有效地规范社会和个人的行为。通过国家的立法机关或代议机关所制定的规范被称为"法律"，而国家之外的主体制定的规范则被称为"法"。

在"纪法协同"的概念中，"纪"与"法"在语义上必然是两个不同的事物，否则难以认为二者得以协同。所以，"纪法协同"的"法"不是"法律多元主义"理论框架中的"法"，而是其中的"法律"。另外需要澄清的是，有学者认为在"法律多元主义"的框架下，党的纪律不是软法。其主要理由是软法与其相对的概念"硬法"最大的区别在于它没有强制力，即软法不能通过外在的"硬"的法律程序来加以贯彻，所以党内法规“不属于软法，因为它具有强制力，只不过这种强制力不是国家强制力，而是党内纪律处分的强制力”。然而，这其实是对“软法”强制属性的误读。软法理论从国际法领域被引入公共治理领域时，并未将“没有强制力”作为其显著属性。部分软法的实施也需要一定的强制力，“但其动用的既非直接的国家强制力，也非国家授权产生的间接的国家强制力，而主要是一种社会公权力”①。因此，党内纪律处分所体现的党内强制力虽然不属于国家强制力，但显然属于政党内部自治的“社会公权力”，反而证明了其“软法”的性质。

然而，这并不意味着“法律多元主义”的理论框架就已经完美地解决了“纪”与“法”的概念界分问题。事实上，这一理论甚至有削足适履之嫌。具体而言，将“法”与“法律”二者在形式上进行区分仍然难以回答党纪的属性问题。因为该界分将党内法规排除出了国家法律体系并赋予党内法规“法”的名称，仍然是在强调二者的相似性。这仅说明了党内法规是与法律在性质层面十分类似的一种社会规则，赋予其另外一种新的名称也未尝不可。并且在日常用语中，“法”与“法律”几乎被认为是同义的，这难免让人怀疑该种区分的意义所在。所以学者更进一步将党内法规定义为“社会法”“软法”等，并将其制定主体认为是“社会公权力主体”。但是，无论是社会法还是软法，其外延都是模糊的。并且，社会法与国家法并不是完全隔绝的两类规则，而是可以进行单向转化的。“许多民法和行政法的单行法都规定相应社会关系的调整，除适应相应国家制定法的明确规定外，还要适应社会法确

① 罗豪才，宋功德．认真对待软法：公域软法的一般理论及其中国实践［J］．中国法学，2006（2）：3-24.

定的'公序良俗'规则、公平、诚实信用、信赖保护、比例原则等。"①这一系列的规则、准则经过国家的承认和认可，上升为国家制定的法律法规。那么，所谓的"社会法"与国家法之间的差别似乎变得愈加模糊。然而，进一步检视二者的性质可以发现如下差别：从民主与法的关系来看，社会法仅是一定范围内的组织成员所认可的规范，而国家法则被认为代表了绝大多数人的利益；从二者的制定程序来看，现代国家法体系不仅在制定时经过反复论证，尽量保证其合理性与民主性，而且有一套严格的司法程序，以使其得到贯彻执行。对于社会法与软法来说，仿照国家法体系设立内部的制定、救济、执行等专门机构对于大部分社会组织来说是难以实现的。并且软法的特征之一便是不需要设立专门的国家机构组织实施，所以遵循软法的规章制度是社会组织迫于社会的舆论、道德良知等社会压力，为了维护自身的名誉和地位而进行的选择。

然而，就党纪的实施与贯彻过程来看，为了实现对党员的实质监督，党内设立了纪律检查委员会作为党内监督的专责机关。根据《中国共产党党内监督条例》第四十四条的规定，在党员不服相关党委或纪委的处理时，还可以向上级党委或纪委进行申诉，保证了党员救济、申辩的权利。因此，可以发现党的纪律及党内组织的严密性明显区别于社会法与普通的社会组织，与其赋予党的纪律以"法"的称谓，不如直接承认它是一个独立的规范体系，有着自己的完整运行逻辑及适用对象。从特别权力关系理论来看，"中国共产党对党员享有领导和管理的特权，党员通过宣誓自愿加入党组织，遵从党的领导，履行党员义务，就此与党组织达成契约，形成了特别权力关系"②。考虑到党内法规与

① 姜明安．论中国共产党党内法规的性质与作用［J］．北京大学学报（哲学社会科学版），2012（3）：109-120.

② 江国华．正当性、权限与边界：特别权力关系理论与党内法规之证成［J］．法律科学（西北政法大学学报），2019（1）：70-81.

法律规范在形式上的高度一致，将党员与党组织之间的关系视为特别权力关系也不应视为法治的例外，因为党纪的适用仍遵循了法治原则。同时，特别权力关系理论也要遵守党纪与宪法法律不得相抵触的原则；必须遵守法律保留原则，即只有在获得法律授权的前提下，才能干涉自由与财产；必须遵守正当程序原则，在规范的制定与剥夺相对人权利时必须经过适当的程序。①

三、“纪”“法”关系的历史变迁

基于特别权力关系理论，纪法协同建立在党纪与法律是两种不同的规范体系这一前提之上。然而，纪与法并非一开始就是两个分离的体系，而是曾经历过“纪法不分”的阶段。以 2003 年颁布的《中国共产党纪律处分条例》为例，其中的第九章“贪污贿赂行为”、第十章“破坏社会主义经济秩序的行为”、第十一章“违反财经纪律的行为”、第十二章“失职、渎职行为”、第十三章“侵犯党员权利、公民权利的行为”、第十四章“严重违反社会主义道德的行为”、第十五章“妨害社会管理秩序的行为”中都出现了与刑法重合的条款，几乎成为 2002 年

---

① 江国华．正当性、权限与边界：特别权力关系理论与党内法规之证成［J］．法律科学（西北政法大学学报），2019（1）：70-81.

刑法分则的翻版。① 因而在这一阶段，党的纪律与法律，尤其是与刑法，在本质上是同一种规范。“纪法不分”就是把不能违反法律底线作为党组织和党员的基本底线，这在一定程度上降低了对党员的要求，最后造成的严重后果，就是在党内形成一种误解：违反党内纪律是微不足道的事情，而违反法律的规定，党组织才会去重视和处理，这在很大程度上削弱了党的影响力，因为当我们发现某个党员违反了党纪时，他也必然违反了法律。这实际上意味着党的纪律被架空，且失去了存在的必要性。二者的大量重合，一方面使得党纪对党员的行为指引与约束功能完全被国家法律替代，另一方面国家法律尤其是刑法，以绝对的强制力为后盾，已经获得绝大多数人的普遍服从。那么党员和非党员一样，只要遵守国家法律即可，没有必要再单独遵守党纪。此时，党纪自然失去了其独立地位，无法发挥其作为独立规范的指引与约束作用。

直至 2015 年 10 月 21 日，《中国共产党纪律处分条例》经过修订后发布，才标志着党纪与法律的关系从“纪法不分”进入了“纪法分离”阶段。在该条例修订之前，王岐山曾在多个场合强调“党纪严于国

① 注：此处以《中国共产党纪律处分条例》（2003）第十一章为例，具体说明该条例与 2002 年修订的《刑法》重合的条款，包括：第一百一十三条规定的“隐瞒、截留、坐支应当上交国家的财政收入”“将隐瞒、截留款合伙私分”与《刑法》第二百七十一条规定的职务侵占罪、贪污罪重合；第一百一十六条规定的“个人借用公款超过六个月不还”“个人借用公款进行营利活动”与《刑法》第三百八十四条规定的挪用公款罪重合；第一百一十八条规定的“党和国家机关违反有关规定，在对内对外活动中接受礼品应当上交而不上交”与《刑法》第三百八十七条规定的单位受贿罪重合；第一百二十二条规定的“违反国有资产管理规定，造成国有资产流失”与《刑法》第一百六十九条徇私舞弊低价折股、出售国有资产罪，第三百九十六条私分国有资产罪重合；第一百二十四条规定的“党和国家机关、国有企业（公司）、事业单位、人民团体，违反政府采购和招投标法律、法规”与《刑法》第二百二十三条串通投标罪部分重合；第一百二十五条规定的“伪造、变造会计凭证、会计账簿，或者编制虚假财务会计报告，或者隐匿、故意销毁依法应当保存的会计凭证、会计账簿、财务会计报告”与《刑法》第一百六十二条的隐匿、故意销毁会计凭证、会计账簿、财务会计报告罪重合。

法”，必须“实现纪法分开，体现党的先锋队性质，推进全面从严治党、依规治党的制度创新”①。所以，2015 年发布的《中国共产党纪律处分条例》将原有内容中近 70 条与法律重复的条款删去，大大精简了党纪的内容。由于明确了党纪严于国法这一前提，党的纪律作为一种对党员适用的特别规范得以从法律规范体系中剥离。这在一定程度上规范了纪委和司法部门的工作，使得相关部门更加科学高效地工作，从而避免了职能的重复交叉，纪委成了党内的“公检法”。因此，党员违反党纪必定违反法律，变为违反法律必定违反党纪，但是违反党纪不一定违反法律。党纪作为一种行为规范与义务性规则，相比于法律更为严格、要求更高，涉及的道德领域更为广泛，所以对于党员来说，多数情况也是将党纪作为问责或处罚的依据，只在极少数违反法律的情况下才会使党纪与法律共同发挥作用。

然而在 2018 年，“纪法分离”因《中华人民共和国宪法修正案》与《中华人民共和国监察法》的正式通过又面临着新的变化。监察制度经过在北京、山西、浙江一年多的试点，最终正式获得了宪法与法律的认可，成为全国性的制度。国家监察委作为一个全新的国家机构，开始在全国范围内设立，原本属于检察院的部分司法权和属于行政机关内部的行政监察权在经过调整后都归属于监察委。而在实践中，党的纪律检查委员会又与监察委是“一套人马，两块牌子”，共同发挥监督所有公职人员的重要职能。由于在我国的权力系统内，大多数公职人员都是党员，这一制度设计有其合理性。然而，在监督的规范依据层面，纪委的党内监督遵循的是党纪，监察委的党内监督遵循的则是国家法律。因此，在监察体制正式落实后，作为国家机构的监察委与作为党内机构的纪委必须相互配合，对党员的监督就势必要在“纪法分离”的基础上

① 姜洁．王岐山：坚持纪严于法，实现纪法分开，推进全面从严治党制度创新［EB/OL］．人民网，2015-07-11.

走向“纪法协同”。《中国共产党纪律处分条例》也在“纪法协同”理念的基础上于2018年8月颁布了最新的修订稿，其中为了与监察法规定的职务犯罪情形相衔接，完善了纪法衔接条款。①

四、纪法协同的内涵与表现形式

立足于历史演进的视角来看，纪与法历经了混合阶段、分离阶段、协同阶段。“纪法协同”将原来党纪与法律大量重复的局面完全破除，原本的“连体婴儿”被改造成了两个有独自适用对象与调整方法的规范体系，这是一次质变。然而，“纪法协同”则是对“纪法分离”理念的进一步深化，“纪法分离”仍然是“纪法协同”的重要理念基础，这是一次量变。需要注意的是，纪法协同提出的背景是“党要管党，全面从严治党”，主要目的是加强党内反腐与党内监督。简言之，“纪法协同”就是坚持党的纪律和国家法律相互配合、相互衔接并且共同管党治党的过程。

然而，党纪仅能用于约束党组织内部的党员，而法律则适用于主权国家内的所有公民；运用党纪对党员进行约束或处分的是纪委等党内机构，运用国家法律的则是公检法等国家机构。从这个角度来看，纪与法似乎是平行运作的两套体系，难以产生交集，二者又要如何加以衔接呢？事实上，党纪与法律的协同与衔接可以有两种具体的表现形式。

第一种，部分党纪的规定可能转化为法律。就我国的立法制度而言，只要全国人大或全国人大常委会依照《中华人民共和国宪法》《中华人民共和国立法法》的程序规定，将党的意志上升为国家意志，党

① 注：2018年修订的主要内容包括：第二十七条增加了党员职务犯罪情形，包括滥用职权、玩忽职守、权力寻租、利益输送、徇私舞弊、浪费国家资财等行为；第二十九条对违纪违法党员在不同机构的处分顺序进行了规定，“党组织在纪律审查中发现党员严重违纪涉嫌违法犯罪的，原则上先作出党纪处分决定，并按照规定给予政务处分后，再移送有关国家机关依法处理”。

内法规或党纪同样可以转化为法律。这是考虑到一些尚未成为法律但有必要加以引导的道德原则或规则，可以在党员中率先实行，使党员起到模范带头作用，产生示范效应，待该道德规范被大多数人接受后，再通过立法机关将其法律化并加以推广。如 2018 年修订的《中国共产党纪律处分条例》（以下简称《纪律处分条例》）中新增的第一百三十六条规定，要求党员领导干部更加重视家风建设，对党员干部的配偶、子女及其配偶失管失教，造成不良影响或者严重后果的，给予党员干部警告或者严重警告处分；情节严重的，给予撤销党内职务处分。设立该条的目的显然是促进良好家风建设，而这也是近几年国家一直在倡导的内容。需要强调的是，家风建设本属于个人的私德领域，且何谓“良好的家风”带有明显的价值判断因素，尚未形成多数人皆认同的价值，因此目前只是以柔性的宣传等方式引导家风建设。然而在《纪律处分条例》中，党员的家风建设是一种明确的义务性表述，且因为明确规定了不利后果而成为一种强制性命令。可见，党纪对党员的道德要求高于法律对不特定人的要求，以此起到提高道德标准的作用，为其日后的正式法律化打下了基础。

第二种表现在党内反腐的常态化机制运行过程。在现代各国腐败治理的经验积累过程中，我们可以得出：在总体上，预防的效果大于惩治，“惩治是治标之策，预防是治本之策，但只有‘预惩协同’才是标本兼治之道”①。因此，在党纪严于国法的前提之下，党的纪律正是起到了预防的作用，在党员可能或已经出现的腐败行为尚未达到违法犯罪的程度时，可以利用党纪将腐败的苗头扼杀在摇篮里，避免腐败进一步深入骨髓。然而，在党员的腐败等行为已经明显涉嫌犯罪的情况下，党纪和法律（尤其是刑法）、纪委和监察委必然同时发挥作用，并且二者

① 夏伟．监察体制改革“纪法衔接”的法理阐释及实现路径［J］．南京师大学报（社会科学版），2020（1）：120-130.

适用的顺位也有了明确的规范依据。根据《纪律处分条例》第二十九条的规定，党员严重违纪涉嫌违法犯罪的，原则上先在党内根据党纪做出处分决定，再移送国家机关进行处理。因此，该种情况遵循先党纪后法律、先纪委后监察委的顺序，使得党纪预防与法律惩治得以相互配合，党内反腐机制得以运行。

第二节　纪法协同强化党内监督的必要性分析

根据纪法协同的内涵及其表现形式，可以发现其发挥作用的主要场景是党内反腐。下一个要回答的问题是，为何需要纪法协同？对于党内监督来说，为何说纪法协同的提出能够强化其反腐败效果？

一、法律与纪律调整范围的局限性

（一）法律的局限性

法律在治理腐败领域最大的局限在于其具有"滞后性"，这一滞后性并非指法律必然落后于社会事实或腐败手段。而是指法律，如《监察法》主要按照法律的规定处理违法行为，但是腐败现象产生的苗头远远在违法之前，仅仅依靠《监察法》及其配套的法律法规来推动反腐败，反而会导致腐败治理的前端预防不足，因此，"标本兼治"的目标是难以实现的。也就是说，当法律发挥其制裁或惩罚效果时，往往是腐败已经十分严重之时。法律，尤其是刑法对腐败犯罪的制裁产生的威慑效果显然无法完全抑制公职人员的腐败行为。这是因为我国刑法中不少腐败性质的犯罪是结果犯，如《刑法》第三百九十七条规定的滥用职权罪，其入罪要件之一是"致使公共财产、国家和人民利益遭受重大损失”。这可能会导致公职人员在衡量犯罪的成本时，认为即使受到惩罚仍然有利可图，从而选择实施腐败犯罪。当然，这并非意味着要把腐败犯罪的结果犯修改成危险犯甚至行为犯。刑法存在的意义之一便是保护人权，而不是一味地通过降低入罪标准进行惩罚或制裁。刑法难以完全发挥的预防功能，需要通过其他规范对其进行补充。

（二）纪律的局限性

与法律尤其是刑法的功能相比，纪律的最大优势在于其具有可调整性。由于其与法律是不同种类的规范，因此制定程序往往并不严格。而法律的修改则是一项更加系统、庞大的工程，需要进行反复论证。所以，纪律可以根据实际情况进行灵活调整，其文本语言也不拘泥于严格的法言法语。① 此外，对于党纪来说，其调整范围仅限于党员，因而可以专门针对党员的特殊性制定纪律。从党纪的具体内容来看，其对贪污腐败的认定标准低于法律，② 所以对这类行为的容忍度更低，能够起到前端预防，甚至制止腐败犯罪的形成等功能，对法律难以覆盖到的领域进行了补充。

然而，如上文所述，党员和党组织两者的关系在一定程度上可以看作是特别权力关系。而党纪则属于党组织制定的特别规范，仅适用于党员。因此，在这样相对封闭的体系内，难以保证法治化的程序正义。党纪在行为上的要求高于法律，但是其程序的规范化程度却明显低于法律。在《监察法》出台之前，1994 年 3 月颁布的《中国共产党纪律检

① 注：如《中国共产党纪律处分条例》第五条：运用监督执纪“四种形态”，经常开展批评和自我批评、约谈函询，让“红红脸、出出汗”成为常态。在法律文本中很少会出现带双引号的内容，而“红红脸、出出汗”显然是更加口语化的内容。

② 注：如《中国共产党纪律处分条例》第二十八条规定：党组织在纪律审查中发现党员有刑法规定的行为，虽不构成犯罪但须追究党纪责任的，或者有其他违法行为，损害党、国家和人民利益的，应当视具体情节给予警告直至开除党籍处分。

查机关案件检查工作条例》第二十八条第一款第三项规定了“双规”①这一手段。党的纪律检查委员会可以在规定的时间与地点对涉嫌腐败的党员进行隔离审查。然而，“双规”作为一种能够对公民的人身自由进行限制甚至剥夺的强制性手段，却没有严格的规范程序限制。这容易导致“双规”手段的滥用，从而限制甚至剥夺公民权利。而在法律体系中，《刑事诉讼法》对拘留、拘传、逮捕等限制，剥夺公民权利的侦查手段都进行了严格的程序规定。因此，纪律的这一局限性决定了党纪的制定或修改必须符合法律保留甚至宪法保留原则，涉及公民基本权利的问题必须交由法律来解决。

二、党内监督的特殊性

从本质上来看，党内监督在某种程度上是一种党的自我监督。因为，党内监督的规范依据是由党中央制定并通过的，如《中国共产党纪律处分条例》《中国共产党党内监督条例》；党内监督的实施组织机构是党的纪律检查委员会；党内监督对党员产生的实际效果一般仅限于党内，最严重的后果是开除党籍。因此，党内监督作为一种自我监督的方式，必须要接受一定的质疑——党内监督是否能真正起到预防党内腐败的作用？

起源于英国的自然正义原则之一，即“任何人不得在与自己有关的案件中担任法官（nemo jude in parte sua）”，揭露了这样一个事实：由于人性兼具利己性与利他性，在处理自己或与自己密切相关者的利益时，受限于利己性，人们总是难以做出足够客观公正的判断。因此，党

① 注：第二十八条规定凡是知道案件情况的组织和个人都有提供证据的义务。调查组有权按照规定程序，采取以下措施调查取证，有关组织和个人必须如实提供证据，不得拒绝和阻挠。第三项的具体规定为，要求有关人员在规定的时间、地点就案件所涉及的问题做出说明，即所谓的“双规”。

内监督在要求党员监督党员时，必定难以避免这一人性之弊。即便党内单独设立了纪律检查委员会，试图将纪检部门与其他部门分离，其仍然难以保证该机构自身的廉洁性，也难以避免该机构自身形成难以撼动的利益集团，甚至可能酿成更严重的腐败。所以，党内监督就产生了“谁来监督监督者”的问题。即便党内法规或党纪在规范层面已经非常完善，若无法被不折不扣地执行，党内监督仍然有可能流于形式。

对于该问题，监察制度的落实可能是一个重要的解决方案。2018年通过的《监察法》第三条规定，监察委依法对所有行使公权力的公职人员进行监察。第十五条又规定监察机关可以对中国共产党机关内的公职人员进行监察。① 可见，在党内监督中，“谁来监督监督者”这一问题已经有了答案。监察委可以依据《宪法》以及《监察法》等法律对党员内的公职人员进行监督。由于法律适用的普遍性并以国家权力为后盾，保证了其有效执行，可以有效弥补党内监督可能存在包庇行为的漏洞。而这种外部监督的引入便是纪法协同的重要形式。

第三节 纪法协同强化党内监督的现实性分析

上文的分析从理论层面指出了法律和党纪存在的局限性，因此在党内监督的过程中，党纪与法律的协同能够起到互补的作用，从而强化党内监督的力度，将反腐败覆盖并贯彻至全过程。纪法协同强化党内监督本质上是依法治国与依规治党的有机统一，二者具有鲜明的一致性。当

① 注：《监察法》第十五条第一款第一项规定，监察机关对下列公职人员和有关人员进行监察：（一）中国共产党机关、人民代表大会及其常务委员会机关、人民政府、监察委员会、人民法院、人民检察院、中国人民政治协商会议各级委员会机关、民主党派机关和工商业联合会机关的公务员，以及参照《中华人民共和国公务员法》管理的人员。

然，理论和实践之间仍然有一定的距离，并且该距离常常是难以逾越的。即使再完备的理论，运用于实践也可能产生冗余，难以严丝合缝地对接。因此，仍有必要将目光聚焦于党内监督的现实，对运行中的法律与党纪进行检视与分析。

一、法律作为社会的基本准则与党纪的底线

党的十八大以来，建设社会主义法治国家便作为治国理政的重要目标之一被不断地提及。习近平总书记曾提到，推进全面依法治国是一个系统工程，是国家治理领域一场广泛而深刻的自我革命。可见，致力于法治国家的建设早已是我国的重要目标。而法治自身便意味着法律必须在社会治理与国家治理过程中发挥其权威作用，并且法律在所有社会治理的工具中应处于核心地位。其他任何治理工具的权威性都无法与法律相比拟。“在法治的概念里，法治排斥任何非法律治国的方式，依法治国是其必然要求。”简言之，法律是社会治理的基本准则。

为何我们要在当代社会赋予法律如此重要的地位？这其中当然有沉重的历史教训以及漫长的历史变迁。人类作为一种天生的群居动物，聚居的生活方式本就意味着永无休止的利益冲突。而在冲突的背后必然需要一种合理的治理方式，以确保能够维持共同生活的底线秩序。自古希腊起，许多哲学家就开始探讨社会治理的各种方式。亚里士多德第一次提出了法治的概念，并且主张社会坚持良法之治。而其老师柏拉图仍然在《理想国》中提出了“哲学王”的概念，主张真正的“哲学王”最适合治理社会。其实，“哲学王”的本质便是人治，而人治注定是与法治相对的概念。事实上，就连亚里士多德也承认法治不过是一种次优选择。因为在现实中，“哲学王”并不存在，所以人治必然会带来无穷的隐患。而法治作为一种次优解，若能够保证法律是“本身制定良好的法律”，便能够使得法治获得一定的稳定性。然而事实证明，人类在历

史上很少采用法治这一治理方式。即便制定了法律，也仍然有个人意志凌驾于法律之上，本质上仍采纳人治，法律不过是一种补充罢了。因而法治从来不是历史发展的主流。

然而历史已经反复证明，人治并不是社会治理的最优解，也不是次优解。人治意味着社会治理的能力依赖于某个个体，而这就决定了人治具有不稳定性。因为谁都不可能保证治理者本身完美无瑕，更不要说碰上昏庸无能的治理者。总而言之，每个个体的理性都是有限的，治理过程中也必然会出现错误。而这些在治理者看来不经意的错误，都极有可能酿成人间悲剧。因此，法律作为一种新的社会治理工具便登上历史舞台，并将发挥重要作用。若法律能够树立起足够的权威并确保能够实行，法治至少能够保证社会治理的稳定性。因为社会规范会以文本的形式被固定下来，所以每个人都能拥有最基本的社会共识，并以此为依据而生活。当然，法律本身也有良法与恶法之分。有时即便是经过民主程序，得到大多数人认可的法律也仍然可能是荒谬的恶法，历史已经证明了这一点。然而，即便如此，我们仍然认为法治要优于人治，毕竟十个人都犯错的可能性还是远远小于一个人犯错的可能性。所以，法学家拉德布鲁赫就认为，法的安定性要首先得到尊重，即便法可能存在瑕疵，也不能随意否定法的效力。只有当这种瑕疵到了难以忍受的地步，即在法侵犯了法的正义底线，达到正义所不能容忍的程度，它才失去了作为法的资格，至此才能突破法的安定性，改变法律本身。

因此，在法治的背景下，党纪的底线仍然是法律。法律作为国家意志的体现，是全体社会公民都必须遵守的行为规则，共产党的组织和个人也不例外。党员虽然在身份上有其特殊性，但其首先是公民，负有守法的义务。党纪的规范内容不能与法律相抵触，若二者发生抵触，党纪必然失去其应有的效力。当然，法律具有普遍适用性，法律尤其是刑法所规范的行为往往是社会底线，富勒将其称为“义务的道德”。而道德标尺的另一端则是“愿望的道德”，或可以称之为一种美德。这是一种对人的要求更高的道德，法律一般不将其纳入其中。而党纪作为约束党员的内部规范，可以考虑将其纳入其中。作为党内法规的一部分，党的纪律是对党员以及党组织的公权力履职行为进行规范与制约的规则。因此，党的纪律也必须符合法律要求。当然，写入党纪的方式可以有多种，既可以是权利激励式的，也可以是义务惩罚式的。对于“愿望的道德”而言，不适宜采用义务惩罚式的模式，这既不道德也难以实行。权利激励式的规范更能够让人接受并激励更多的人实行。

二、党纪与法律的重合性

党纪与法律的不同，上文已经有论述，并且由于二者的调整范围并不完全重合，才有了协同治理的可能性。除此之外，二者也存在一定的相似性，这些相似使得党纪与法律的共同实行不会南辕北辙，因为它们维护着共同的底线。

从调整对象的角度来看，党纪主要规制的对象是中国共产党党员，而其中有相当比例的党员是国家公职人员。法律虽然具有普遍适用性，但由于现代社会大规模社会分工的普及与细化，也催生了大量的特殊“身份法”。如适用于某一类职业的《教师法》《律师法》《医师法》《公务员法》等。其中的公务员法就是专门针对国家公职人员而制定的法律，包括公务员的条件、义务、权利、职务、职级、录用、考核以及奖励、监督、惩戒等事项，与党纪如《中国共产党纪律处分条例》中的内容有不少重合。

从调整方法来看，事实上法律和党纪均是社会规范的一种。当然，法治国家的背景下法律具有最强的权威性，其作为社会治理的工具被寄予厚望。我国近几年来对于法律制度的发展非常重视，不断修旧法、立新法，以此完善发展中国特色社会主义法治体系。然而，这种对法律制度的重视要避免走向另一个极端。马克思就认为，“社会不是以法律为基础，那是法学家的幻想。相反，法律应该以社会为基础。”① 因为社会本身极为复杂，各式各样的利益重叠交叉，仅仅依靠法律治理是不现实的。法律不过是规范的一种，并且法律制度通常是最后的手段。同时，司法资源的有限性决定了法律的执行存在一定的困难，求助于法律只能解决部分问题而绝不会是全部。因此，党纪当然也是社会治理这一巨大工具箱中的其中一种工具，其调整方法可以借鉴法律，采用激励、惩罚或中性的手段。

从调整目标来看，法律和党纪均追求社会秩序的稳定以及最终的价值正义。法律试图从错综复杂的个体利益中找寻一种相对平衡，用各种现有的或正在建构的机制调和矛盾，以追求社会得以相对平稳运行的底线秩序。当然，即便在没有“法律”的时代，这些秩序可能仍然存在。如历史法学派就认为，法律就是对民族历史精神的总结，是对社会实在的制度记录。因此，他们认为法律不能建构新的制度，只能发现习惯法，人们若企图通过法律建构新的制度不过是一种自负罢了。现在看来，当代人已经逐渐抛弃了这一观念，认为法律不仅是现实的反映，也是各种制度创新的集合。例如创设法人这样现实中根本不曾存在的拟制概念以推动经济的发展，这在过去恐怕是难以想象的。然而，这就显现了观念与思想的力量。如果说暴力在人类历史上曾经是一种极为普遍的现实，那么如今因为观念的转变，暴力反而不被认可并逐渐集中于国家了；而另外一些历史上不曾存在的现实，却因为观念的建构而仿佛真的存在一般。党纪同样可能具有这种力量，它同样追求社会秩序的稳定，尤其是它必须规范九千多万中国共产党党员。而其目标最终也将达到一种公平正义，数量如此众多的党员，本应为社会利益而着想，却可能因

① 中共中央马克思恩格斯列宁斯大林著作编译局．马克思恩格斯全集：第6卷［M］．北京：人民出版社，1961：291-292.

为滥用权力而反过来损害社会利益。因此，党纪有必要比法律的要求更高，以更进一步规范党员的行为。当然，其最终目的仍然是达到正义。

第四节　纪法协同强化党内监督应遵循的基本理论

一、纪法协同应始终兼顾效率与公平

公平与效率作为社会的基本价值，既相适应又相矛盾，是辩证统一的关系。效率是公平的基础，公平是效率的目标，我国在社会发展中始终坚持公平与效率的统一。党的二十大报告指出："不断实现发展为了人民、发展依靠人民、发展成果由人民共享，让现代化建设成果更多更公平惠及全体人民。"① 作为国家治理体系现代化的重要制度，纪法协同必须要坚持效率与公平的统一。纪法协同的举措进一步提高了党内监督的效率，但实施过程中出现的"以纪代法"问题也会给公平价值带来隐患，需要我们予以重视并解决。

党纪与国法在反腐活动中具有不同的功能，二者协同能够提高办案效率。党的纪律起到了"前端预防"的作用，而以《监察法》及《刑法》为主体的国家法起到了"中端治理"与"末端惩治"的双重作用，② 即先运用党的纪律判断党员或党组织的行为是否违反纪律，再通过法律规范判断该行为是否违反法律，这种环节安排也可称为"纪在法前"。"纪在法前"使纪与法功能上的互补性得到有效发挥，大大提

---

① 习近平．高举中国特色社会主义伟大旗帜为全面建设社会主义现代化国家而团结奋斗：在中国共产党第二十次全国代表大会上的报告［N］．人民日报，2022-10-26（1）．

② 夏伟．监察体制改革"纪法衔接"的法理阐释及实现路径［J］．南京师大学报（社会科学版），2020（1）：120-130.

高了工作效率。一方面，党纪处分在处罚程度上往往与政务处分相当，最严重也不过是撤销党内职务及开除党籍，这使得其在严厉性方面远不及违法处罚和刑事处罚，以国法作为党纪的补充能够对违反党纪的行为起到震慑作用；而调查显示，在监督执纪的四种形态中，第四种形态仅占比 3.5%，① 这意味着党纪的前端预防功能弥补了法律规范预防功能的不足，大大减少了公职人员的违法犯罪数量，实现了预防与惩治协同的标本兼治之道。并且，在过去纪法分离的时代，法律规范无法直接适用于党的执纪审查工作，而党纪因无法律效力使其拥有的证据也不能直接适用于司法活动，这给案件的办理造成了阻碍，而通过党纪和国法的协同运作，则能够实现对同一案件依照不同程序的同时处理，基本实现反腐败体系从前端预防到末端惩治的贯通，这使得一个案件从违纪处理到违法处理所需的时间大大缩短，大幅度提高了案件的办理效率。

“纪在法前”在提高办案效率方面发挥着重要作用，但同时也要防止“以纪代法”现象对公平价值造成的威胁。“以纪代法”是指对那些违反法律甚至犯罪的党员干部只进行纪律处分，以党纪性惩罚代替法律惩罚的做法。由于现实中的特定因素和背景，违法犯罪案件可能仅经过内部决定而未移送至司法机关进行处理，这种“以纪代法”的情况在监察实践中并不少见。比如，2018 年，黎某某在项目预算中虚增费用 48300 元，为职工发放津贴，其本人领取了 7000 元，最终被给予党内警告的处分。② 在此案中，黎某某只受到了党纪处分，笔者认为这是不合适的，这种行为也应当受到刑事处罚，根据我国刑法相关规定，不满足国家专项资金政策基本要求，骗取国家专项基金的使用人，如果在申

① 中央纪委国家监委通报 2021 年全国纪检监察机关监督检查审查调查情况［EB/OL］. 中央纪委国家监委网站，2022-01-21.

② 海南保亭通报 2 起违反中央八项规定精神问题［EB/OL］. 中央纪委国家监委网站，2019-10-21.

报时为了非法占有，编造虚假的公司、项目，伪造重要申报材料，符合诈骗罪构成要件的，应当对使用人以诈骗罪定罪处罚。虽然黎某某本意是为了给公司员工发放补贴，但仍不能以此否定其目的与手段的非法性，这种以党纪处分替代了法律处罚的做法实际上减轻了对黎某某的处罚力度，严重违背了我国的法治理念，损害了法律的公平价值。因此，在推进纪法协同的进程中，我们应当兼顾效率与公平，谨防由于过度追求效率而给公平带来的损害。

二、纪法协同要保障人权

2004 年 3 月，第十届全国人民代表大会第二次会议通过《中华人民共和国宪法修正案》，正式将“国家尊重和保障人权”载入宪法，由此，“尊重和保障人权”就成为整个中国特色社会主义法治体系的基本原则，也成为所有国家机关、武装力量、政党、社会团体、企业事业组织必须遵守的行为准则和法律义务，一切法律、法规、规章、规范性文件都不得与之相抵触，任何与之相违背的行为都必须予以追究。2012 年 3 月，十一届全国人大五次会议表决通过了关于修改《中华人民共和国刑事诉讼法》（以下简称《刑事诉讼法》）的决定，修改后的《刑事诉讼法》将“尊重和保障人权”明确写入总则。可见，“国家尊重和保障人权”这一纲领性人权原则以宪法修正案的方式入宪，其后，在新修订的《刑事诉讼法》中也得到了贯彻。党的十八大以来，在习近平新时代中国特色社会主义思想的指引下，我国对人权的法律保护，从宪法上确认人权，到强化对人权的司法保障，再到强化对人权的法制保障，我国人权事业得到了不断的发展。作为国家治理体系现代化的制度基础，纪法协同当然也应坚持保障人权的原则。

纪法协同要求以法治思维调控党纪的运用，在执纪中贯彻法治理念。党纪作为党组织的内部规则，是依据党的目标、宗旨等制定的组织纪律规范，其在制定程序上相对缺乏系统性，甚至存在一些党纪因是在长期发展中逐渐形成的而没有明文规定的情况；而法律则是由立法机关制定的、由国家强制力保障实施的、对全体国民具有普遍约束力的行为规范，这也意味着法律规范相比于党纪无论是在程序上还是内容上，都更为严谨、更具有系统性。因此在纪法协同的过程中，党纪应遵循法律规范所具有的严谨性及其背后的法治思维，将法治理念融入监察实践的全过程。

保障人权作为重要的法治理念应当在纪法协同中得到落实。我国刑事诉讼法在保障人权方面做出了诸多努力，如非法证据排除规则、法律援助制度、禁止强迫嫌犯自证其罪、杜绝刑讯逼供等，这使刑事诉讼的整个过程都更好地实现了人权保障。但是，由于党纪在程序上的规定尚有不足，党员干部在接受调查时可能面临着人权受到损害的风险。接受调查的党员干部，虽然有可能违反了党纪，但其本质仍是公民个体，仍享有各项合法权益。因此，党纪必须在程序上保障公职人员的权利，必须严格按照规定的程序进行调查，严禁刑讯逼供、疲劳审讯等，在调查后按照严格的程序做出处分决定，并将处分的结果及时通知调查对象，保护调查对象的知情权，以维护好被调查人和涉案人的人权保障权益。

三、纪法协同要明确党纪与国法的权责边界

在立法上强化党纪与国法的衔接协同的同时，也需要对国法和党纪二者的权责边界进行合理限定，努力使二者之间既没有冲突、没有不必要的重合，也没有缺失内容的空白。这需要通过三个方面来实现：首先，具体事项中明确二者的规制范围；其次，谨防党纪逾越边界、规避“以纪代法”现象的出现；最后，充分发挥党纪的灵活性以跟进和补充

法律规范的立、改、废等变化。①

首先，在具体立法阶段，应针对具体的监督事项，划定党纪与国法的规制范围。法律是国家权力机关制定的、对全体国民具有普遍约束力的行为规范，凡涉及对公民政治权利的剥夺、犯罪与刑法、限制人身自由等强制措施都只能由法律来规定。② 而党纪则是为了实现政党的政治理想、管理党内事务而制定的，对全体党员具有约束力的政治规范，党纪不仅可以通过管控党员的行为来约束党员，也可以通过对党员的思想作风、道德品质提出要求来对他们进行思想引导。但在行为评价方面，国家的法律规范可以通过拘留、判处刑罚等对人身自由和财产权的限制给予违法行为以否定性评价，但党纪只能通过限制选举权、被选举权等方式来对违纪行为进行处分，其不能设置专属于国法的行为评价方式。

其次，要警惕党纪逾越边界，避免党纪在由国家法律规范规制的范围内对法律进行不当干预，规避"以纪代法"现象的发生。虽然党纪严于国法是党纪制定的内在要求，但应当注意的是，党纪严于国法之中的"严于"也是受到法律限制的，突破法律界限的党纪就不是"严于"国法，而是在违背和抵触国家的法律规范。③ 党纪严于国法的合理性是基于党员的特殊身份，由于党员是"先进分子"，需要充分发挥先锋模范的带头作用，因此党员的行为不能仅符合法律规范的标准，而是要在道德品行和宗教信仰方面符合党纪提出的更高要求。但党员除了是党员外，也是普通的公民，且党员身份并非始终在公民身份之前，党员的公

---

① 王斌林，王文芊．纪委、监察委合署制度下党纪与国法的协同性研究［J］．南方论刊，2021（11）：71-74.

② 郭艳．党纪与国法：国家治理现代化的两个支点［J］．人民论坛，2017（23）：88-89.

③ 姜明安．论党内法规在依法治国中的作用［J］．中共中央党校学报，2017（2）：73-81.

民身份决定了对党员权利保护的“下限”不能降低。[1] 当涉及公民的基本权利时，党纪不能仅仅以“党员身份”为由对此加以限制，而必须以法律规范为底线，使党纪的规定与宪法和法律相协调。也就是说，虽然党纪严于国法，但是党纪的严格程度必须考虑到党员的公民身份，不能因党员身份而过度压制党员作为普通公民的权利。

最后，充分发挥党纪的灵活性与细致性，以及时应对法律的新立、修改与废止等变化。相比于国法，党纪具有更高的灵活性与针对性，能够更快地对法律进行跟进与补充。同时，法律也存在滞后性，当法律无法及时对社会变化做出回应时，就需要党纪的灵活性来弥补法律空缺，以面对纷繁复杂的现实生活。在程序上，应当建立专门针对国法与党纪衔接问题的沟通协调机制，在党纪的制定过程中要加强与相关的法规制定机构和部门的沟通，在涉及法律法规的立、改、废等各种情况时，双方要就协作和配合的问题进行全面的磋商和论证，以实现党纪和国法在立法规划上的协调一致，更好地推动纪法协同、纪法衔接的进一步发展。

---

① 闫映全．中国共产党党纪严格性的边界研究［J］．理论导刊，2021（3）：41-47.

第五章

党内纪法协同监督的现实境遇

纪法协同是强化党内监督的重要手段，也是当下党内治理的新常态。随着近年来一系列从严治党举措的落实，与之相应的党纪部分也在不断完善与调整。分析我国当下的纪法协同状况，能够更有效地对纪法协同强化党内监督的机制进行反思与完善。

第一节 纪法协同强化党内监督的当下演变

一、从纪法重叠到纪法分离使纪法协同更加科学

党的纪律在中国共产党成立之初就受到了格外重视，但无论是在新民主主义革命时期，还是社会主义建设初期，党纪都只存在于相关的单行性政策文件之中。直到 1997 年《中国共产党纪律处分条例》的出台，标志着我国历史上首部综合性纪律处分条例问世。自此，纪法关系才从整体上呈现出纪法重叠到纪法分离的科学趋势。如何正确处理依法治国和依规治党的关系，全面构建起中国特色社会主义法治体系，成为当下重要的挑战。

（一）1997 年版、2003 年版的“党纪处分条例”体现了原初性特征

党的十一届三中全会以后，党的各项建设工作逐渐步入正轨。为了

尽早建立完善纪律处分制度、统一执纪标准，中纪委在《一九八七年纪检工作的安排》中就将制定纪检工作条例作为制度建设的一项重要工作。① 随后，1988 年到 1990 年间，中纪委先后出台了八个单项党纪处分规定；1993 年 12 月后，又发布了四项关于党政机关和国有企业领导干部违反廉洁自律规定的党纪处分办法和实施意见。1997 年 2 月，《中国共产党纪律处分条例（试行）》正式颁布。1997 年版的条例吸收整合了之前单项性规定的内容，体例安排上分为：总则、分则和附则三编，共十三章、一百七十二条。1997 年版条例作为党的历史上首部系统性的党纪处分条例，是“管党治党”领域法制建设的初创性综合成果，在规范违纪行为方面具有开拓性意义。

在 1997 年版条例运行一段时间后，中共中央于 2003 年 12 月颁布了《中国共产党纪律处分条例》。2003 年版条例取消了“试行”二字，以 1997 年版的条例为基础，重新构建了总体框架，将其扩展为十五章和附则，共一百七十八条，二者在体例设置、内容安排上一脉相承。分则部分将原来的七类违纪错误进行了内容调整，列举了十类违纪行为。2003 年版条例的一个显著特点是在执纪过程中注重纪法配合。一方面在条文内容上借鉴了《刑法》的相关规定，调整了 1997 年版条例关于“溯及力”的规定，使之与我国刑法“从旧兼从轻”的原则保持一致；另一方面，对于故意犯罪获刑的党员，应当给予开除党籍处分，确保了党纪与国法的及时紧密衔接，明确了执法执纪的准则。

1997 年版和 2003 年版条例是中国共产党立足现实、实现自我进步的体现，是我党在改革开放新时期，开展党风廉政建设和纪律建设的重要制度成果。但两版条例也不可避免地存在一定的时代局限性，且随着外部环境的变化，这种局限性也愈发明显。两版条例中很多规定都是依

① 张印忠，屈万祥．《中国共产党纪律处分条例（试行）》讲话［M］．北京：中国方正出版社，1997：6.

据国家法律、行政法规制定的，如针对“贪污、侵占、挪用公款”等依据了刑法规定；一些内容则依据其他法律法规予以认定，如“虚开、伪造、非法出售增值税专用发票或者可用于骗税、抵扣税款的其他票据”等违纪行为，就是根据《中华人民共和国税收征收管理法》《中华人民共和国发票管理办法》等予以规范和认定的。这样规定的本意是借鉴国家法律法规的内容，完善党内纪律的监督管理。但由于大量党内条文与法律重复，导致纪法重叠，模糊了纪律与法律的界线。正如王岐山同志所指出的，其突出问题：一是纪法不分，二是缺乏对政治纪律的明确规定和违反党章的责任追究，三是没有覆盖全体党员。① 党的十八大以来，国内国际形势发生了巨大变化，2003 年版条例已不能完全适应全面依法治国、全面从严治党的新时代要求，必须对其做出符合时代发展变化的新修订。

（二）2015 年版、2018 年版的“党纪处分条例”进行了体系性重构

自改革开放以来，我国一直在进行着由“法制”向“法治”建设的转变与努力。党的十八大特别强调把“法治”作为中国共产党治国理政的基本方针，党的十八届四中全会则再次强调了“坚持走中国特色社会主义法治道路，建设中国特色社会主义法治体系”。在此背景下，中共中央对《中国共产党纪律处分条例》再次进行了修订，并于 2015 年 10 月出台。相较于 2003 年版条例，2015 年版条例在体系架构和具体内容上，都更科学、更具有可操作性，称得上是对之前条例的“体系性重构”。其最重要特点有三：

其一，删繁就简，推进纪法分离，突出政党属性。从 2003 年版条例的三编、十五章、一百七十八条，到修订后的三编、十一章、一百三

① 中共中央文献研究室．十八大以来重要文献选编：中［M］．北京：中央文献出版社，2016：766.

十三条，对于纪法的新增的、去除的和进行修改的条文比例高达 90%，甚至对部分章节全部进行了修正。其中，2015 年版条例重点删除了与《刑法》《治安管理处罚法》等国家法律重复的 79 条规定，克服了原先存在的纪法不分的乱象。将原先的十类违纪行为调整为政治纪律、组织纪律、廉洁纪律、群众纪律、工作纪律和生活纪律六类纪律体系，在相当程度上体现了党纪的独特性，突出了条例的政党本质属性。

其二，纪在法前，全面部署。纪律必须覆盖全体党员，同时将部分有关道德义务和公序良俗的内容纳入党纪，对全体党员尤其是关键少数提出高标准、严要求，进一步督促党员干部敬畏纪律、遵守纪律，自觉守住纪律底线。

其三，有纪必守，违纪必究，执纪必严。2015 年版条例号称“史上最严”的党内条例，主要是因为其将原来分则各章“……的行为”改成“对……行为的处分”，强调了新条例不仅是全体党员行为的“高压线”，更是一把管党治党的“戒尺”。违纪处分依据的明晰，加大了对违纪党员的处分力度，提高了条例的威慑力。

2018 年 8 月颁行的第四版《中国共产党纪律处分条例》是坚持“全面从严治党”的重要发展。相比 2015 年版条例，2018 年版条例在总体框架上无结构性变动，在条文数目上表现为新增 11 条、修改 65 条和整合 2 条。在内容设置上，沿用了 2015 年版条例对于六大纪律的体系划分，而且通过增补条文内容、强化执行力度和细化执行程序来继承前一版条例的文本特征和落实新时代党的纪律建设的具体部署。在纪法关系方面，2018 年版条例更加注重党纪和国法的衔接配套。如条例第四章第二十七到二十九条，就规定了党组织在纪律审查过程中发现违法犯罪行为的处分方法、工作程序，第三十条规定了党员被依法处理后党纪处分的衔接方法等。

从纪法关系的角度看，2015 年版条例破除了原先纪法不分、纪法重叠的乱象，初步实现了纪法分离，促进党纪回归其原初要义和本质属性。2018 年版条例在此基础上，进一步推进纪法衔接，为我党处理纪法关系提供了明确的规范遵循，有利于优化执纪执法全流程，保障执纪执法的顺利进行。

二、党纪与法律的同构化是纪法衔接的制度保障

习近平总书记强调，全面依法治国必须正确处理政治和法治、改革和法治、依法治国和以德治国、依法治国和依规治党的关系。[①] 在纪法分离的情况下，要想把依规治党置于全面依法治国进程中统筹规划，就必须加强党纪和国法的衔接，深刻把握二者的共性但又不可逾越二者的边界。

法律是一种规范，通常包含了两个方面的内容。一方面，法律表现为“行为规范”，即通过设立“正面清单”或“负面清单”的方式倡导合法行为而禁止违法行为；另一方面表现为“裁判规范”，即对违法行为进行矫正和制裁。这种规范在我国刑法中最为典型，《刑法》分则规定的各项罪名都先对该罪所对应的行为规范进行规定，随后规定对应的裁判规范，即犯罪应当承担的刑事责任。2015 年版和 2018 年版新条例在注重强调党员行为规范全面化、科学化的同时，更突出了其裁判规范的价值，在强化党纪威慑力的同时，更加体现出其与法律的同构性。

（一）“条例”的“行为规范”性质

新条例规定的六类纪律体系，为党员和党组织划定了“负面清单”，揭示了党纪处分条例对党员的指引、评价、预测、教育功能。

通过设定严格的政治纪律，帮助各级党组织和党内全体同志坚定政

① 习近平．加强党对全面依法治国的领导［J］．思想政治工作研究，2019（3）：6-9.

治立场、牢固政治意识、规范政治言论，构成良好的政治生态；通过组织纪律的设定，帮助调整党员和党组织之间的关系，明晰各自的行为方式；通过廉洁纪律，使党员养成良好的廉洁意识，对权力、金钱保持应有的敬畏之态，预测评价党组织和党员的相关活动是否符合清正廉明的要求，反思是否存在腐败情况，并指引其廉洁行事，遏制腐败；通过群众纪律，梳理好党员同志与群众之间的关系，既要发挥党员同志的带头作用又要使他们树立起真正为人民服务的意识；通过工作纪律，压实管党治党政治责任，为党依规开展各项具体工作设立行为规则，对主体责任认识不清、落实不力，或者不敢担当、不愿负责的行为进行消极评价和预防，为各项工作顺利开展提供重要保证。通过生活纪律，将道德伦理、公序良俗相关要求纳入党的纪律，引导全体党员培养正确高尚的道德情操，严肃查处享乐主义、奢靡之风等歪风邪气。

整体来看，新条例通过设置行为规范“负面清单”，教育党员和党组织使他们的行为符合纪律要求，评价他们既有的行为是否合规，预测他们未来的相关行为是否合规，指引其遵守党的纪律，合规行事。新条例的行为规范全面、清晰地规定了党员和党组织的行为准则，为依法依规的行为提供了基本遵循。但是，具体行为规范如果没有相应的惩罚措施支撑，就难以得到有效的遵守，新条例的“裁判规范”性质也是我们应该关注的重要方面。

（二）“条例”的“裁判规范”性质

自 2003 年版条例开始，分则部分的条款表达模式即采用“违纪+处分”模式。但新条例更加突出了其裁判规范的价值，修改说明了条例不仅是“纪律条例”，更是“处分条例”。

根据新的条例规定，对于党员违纪的处分，可以分为警告、严重警告、撤销党内职务、留党察看、开除党籍等五类；对于违反组织纪律的党组织可以改组或解散。与我们理解的刑法中剥夺生命、剥夺自由、实行罚金的处罚方式不同，条例中的处分更多是对党员身份的处分、对党内资格的剥夺。但该种处分形式在党内所能达到的效果和刑法在社会中所能达到的效果具有一致性，即制裁和预防。对于违纪的党组织和党员，党纪对其进行消极评价，剥夺其身份和资格，限制其在党内的活动，这种制裁虽未直接带来肉体上的痛苦，但其背后承载的“社会评价”以及政治影响对于相关党组织和党员也具有极大的威慑力。这种制裁针对违纪主体进行特殊预防，防止其再犯；同时为其他党员明确了行为的预期，使其不敢效仿，起到一般预防的作用。

总的来说，行为规范和裁判规范在新条例中实现了有机统一。在行为规范意义上，条例在事前为党员、党组织标注“高压线”，为其提供行为标准；在裁判规范意义上，条例在事后对违纪的党员、党组织进行处分，起到制裁和预防的作用。党纪和法律之间的这种同构化趋势，反映出了二者内在逻辑的相似性，使得将依规治党融入全面依法治国的整体框架成为可能，也为纪法有效衔接提供了制度保障。新条例二十七至三十条、三十三条的规定，更是作为该制度细化了的具体的操作方式，进一步确证了党纪与国法之间共生共治的辩证关系。

三、监察法的出台是纪法协同的突出体现

2018 年 3 月 20 日通过的《中华人民共和国监察法》是纪法衔接的突出体现，也是纪法协同的标志性成果。习近平总书记在不同场合多次强调了监察法在当代的积极意义，并指出监察法“促进执纪执法贯通，有效衔接司法，推进反腐败工作法治化、规范化”，“为新时代完善和发展中国特色社会主义制度、推进全面从严治党提供重要制度保障”①

① 习近平．在新的起点上深化国家监察体制改革［J］．当代党员，2019（6）：4.

监察法颁布后的纪法协同主要体现在以下四个方面：

其一，纪法问责主体相协同。国家监察体制改革之前，依据自身职责、管理权限的不同，针对违纪行为开展追究问责的党组织包括各级党委（党组）、纪委及派驻（派出）机构、党的工作机关等多个主体；其核心处置方式包括两类：其中对于行政违纪违法行为，由行政监察机关给予处理；对于公职人员的职务犯罪则由检察机关进行处理。改革后的监察委员会与纪律委员会合署办公，同时行使行政监察、党纪处分和腐败犯罪打击三种权能，这有助于将分散的监察职能整合起来，实现监察全覆盖。这种体系性、制度性的改革对于强化廉政建设、促进国家反腐败法治化建设，具有深远意义。

其二，纪法责任追究相协同。法律的制裁在很大程度上关涉党纪制裁的方式。如针对党员的职务犯罪行为，除了《监察法》规定的相应制裁措施外，《党纪处分条例》第三十二条则规定了对党员犯罪应当给予其开除党籍处分。《公职人员政务处分暂行规定》也对公职人员不同的违法犯罪行为给予了相应的处置措施，包括给予相应的政务撤职、开除公职等。这充分反映了监督执纪“四种形态”的有效协同，“四种形态”由轻到重，体现了预防为主、惩罚为辅的理念；在更好地实现治党、管党目标的同时，也体现了纪法的有效协同。

其三，工作机制相协同。主要体现为监察机关在公职人员职务犯罪案件办理的过程中，与公检法机关在人员分工、职能分配、协同配合方面的良好关系。这种分工协作既是为了更高效便捷地办理好职务犯罪案件，也在深层次上体现了各权力部门之间的相关制约关系，防止公权力，尤其是监察机关的权力过于恣意，避免侵犯人权现象的发生。

其四，惩处措施的衔接相协同。对应党员涉嫌职务犯罪的行为，违反了刑法与党纪的双重规定。此时，对涉嫌职务犯罪的党员，应当先做出党纪处分决定，并按照规定给予政务处分后，再移送有关国家机关依法处理。对此，我国《监察法》规定，“被调查人涉嫌贪污贿赂、失职渎职等严重职务违法或者职务犯罪”，经监察机关依法审批，可以将其留置在特定场所。对于“留置”，其既不同于原有的“双规处分”，也不同于现行刑事诉讼法中的“逮捕”，但该制度对于公职人员职务犯罪的查处存在较大的必要性，该制度也是纪法衔接的重要体现。同时，在《监察法》出台前，各问责主体惩处措施割裂，难以实现调查的高效实施和结果的广泛适用。纪委、监察委合署办公后，行政监察、党纪检查和犯罪调查三种监察职能更加集中，监督重点更加聚焦，权力行使更加高效有力，更有利于纪法衔接的有机协同。

第二节　纪法协同共同确保党内监督功效的发挥

《中国共产党纪律处分条例》前后经历了3次修改，其修改宗旨之一是切实区分党纪与国法。党的十八大以来，党中央对党内法规制度建设做出了一系列重大部署。其中，关于党章修改工作的新规定引起广泛关注。但纪法协同与纪法分开并不矛盾，全面从严治党要求执纪和执法深度衔接尤其是“纪刑衔接”。在此背景下，最新修订的党纪处分条例专门规定了涉嫌违法犯罪党员在党内纪律处罚层面的评价与处理，并明确了移交涉嫌犯罪党员的程序要求。《中国共产党纪律处分条例》的修订使得党内管理更加顺应时代要求，朝着全面从严的方向迈出了重要一步，实现了反腐败斗争由治标到治本的新境界，其背后所蕴含的“纪法协同”的深层要求使得党内监督能够发挥其最大效用。党纪处分和法律制裁都具有鲜明的强制性和惩罚性，要保证纪法协同强化党内监督的功效，关键在于实现党纪与法律的良性互动、保证党纪处分在法律框架体系内的顺利运行。通过对当下的党纪和法律规定进行梳理，可以看出两者的协同关系主要体现在以下几个层面：

一、党纪法治化是确保党纪发挥功效的制度保障

（一）党内执纪权具有法律属性

“中国共产党的执纪权，是中国共产党的领导机关和专门监督机关对党的组织成员的支配力和影响力。执纪主体在党组织内享有特殊领导地位，执纪主体与执纪对象不是平等的关系，而是管理与被管理的关系，党内执纪权是基于执纪主体的特殊地位形成的支配力和影响力，属于权力而非权利。”① 以法律的视角加以审视，党内执纪权兼具公权力属性和私权力属性的双重法律特征。

一方面，执纪权具有公权力的法律属性。在法治国家，公权力必须得到宪法、法律或国家机关授权，同样，党内执纪权的公权力性质在理论上应该得到法律的授权，但是我国宪法仅仅赋予中国共产党领导国家与社会的权力，而未赋予其党内执纪权。党的十八届四中全会将加强党内纪律建设作为全面从严治党的重要内容之一。党内执纪权是指各级党组织及其党员依法行使的监督权。党内执纪权事实上是《中国共产党章程》《党内监督条例》《案件检查工作条例》和《案件审理工作条例》中的党内法规所赋予的。从这个角度看，党内执纪权不具备公权力的完整要件，这也是我国立法亟须完善的地方。但这并不影响党内执纪权在实质上具有公权力的属性，主要体现在以下三个方面：其一，执纪对象是有公职的党员，对享有公职的党员干部进行执纪具有政权属性。从更深层次讲，中国共产党是执政党，执政党的中央和地方各级组织承担起对政府、人大、政协、司法机关和军队的领导责任，履行党内公职的党员直接或间接领导以上工作，对这些党员进行执纪，实际上是

① 李天昊．党内执纪方式的法治化探究［D］．北京：中共中央党校，2016.

对公共职权的检查，其影响势必渗入到国家政权领域。其二，党内执纪权具有排他性。按照干部的管理权限，对同一名党员干部实施纪律处分仅限于某一党的纪检监察机关，任何国家机关、社会团体和个人都无权对其进行调查。其三，党的纪检机关与国家机关特别是司法机关存在工作上的对接关系。对于涉嫌犯罪的党内违纪案件，纪检机关执纪权行使完毕后需要移送给公安机关或司法机关处理。这种工作上的对接关系只能是公权力与公权力的对接，不可能存在社会私权力与公权力的常态化对接。当违纪与违法犯罪竞合时，党内执纪权与国家治安管理权、刑事司法管辖权发生竞合，如果是私权力与公权力的竞合，毫无疑问公权力优先行使，而执纪权的行使往往优先于国家刑事司法权，这就只能是两种公权力之间的协调。

另一方面，执纪权具有私权力的法律属性。党内执纪权的私权力属性体现为执纪行为也是一种民事行为，相当于一般的组织内部管理行为，主要表现在两个方面。其一，执纪主体和执纪对象都严格限定在组织内部。党内执纪权的主体是党的纪检机关，为党组织内设部门，党内执纪权的适用对象主要是党员，为党组织成员。从这个意义上讲，党内执纪权就是党组织及其内设部门对组织成员的管理权，每个民事组织体都享有此类管理权，这种管理权属于组织内部权力，具有私权力属性。其二，党内执纪权的作用效果限定在组织内部。按照执纪权所处不同执纪阶段，党内执纪权可以分为违纪案件的调查权和审理权，执纪权的作用效果就是审理的结果，审理结果一般为认定违纪事实并给以党纪处分。警告和严重警告处分实际上是“党内警告”和“党内严重警告”的简称，作用效果在党组织内部；撤销党内职务处分，顾名思义，效果也在党内；留党察看和开除党籍处分紧紧围绕党员身份，是一种组织对成员身份的管理，显然属于民事层面的私权力范畴。党内执纪权的作用效果以终止组织关系为限，而这种权力是任何民事组织体都享有的，具有私权力属性。

党内执纪权在行使过程中有的体现为公权力，有的体现为私权力，党内执纪权因此也具有公、私权力的二重性。不论是公权力还是私权力都会对权力行使对象的利益产生影响；因此，执纪权行使的过程，本质上也是一种法律关系的变动过程，而既然是法律关系的变动就应当遵循法律运行的基本规则。可见，党内执纪权在本质上最终来源于法律的赋权，受到法律的调整和保障。

（二）党内执纪调查方式的法治化转变

中国共产党具有公法人和私法人的法律主体二重性，党内执纪权具有公权力与私权力的二重性，沿着“主体—权力—行为”的脉络，与主体类型和执纪权的公、私属性相对应，党内执纪行为也具有公、私行为二重性。党内执纪行为的私权力属性表现为民事行为，相当于一般的组织内部管理行为；其公权力行为属性表现为特别权力关系中的支配行为。然而，民事行为和公权力行为是有本质区别的，具体到党内执纪中的各种问题，分别以民事视角和公权力视角考察得出的处理结果往往不同。在处理这些问题时，如何对党内执纪二重属性进行取舍是目前实践中面临的难题，尤其在党内执纪调查方式的合法性考察中存在较多争议。

在党内执纪执法的调查过程中，有必要进行合法性审查的方式主要有六种，即限制人身自由，查封、扣押、冻结财物，要求被调查人供述，要求知情人协助调查，调查的保密性，调查的独立性。在以上列举的六种方式之中，“限制人身自由”的调查方式对个人权利保障的冲击是最大的，对其正当性进行探讨也是非常有必要的。在相当长一段时期内，党内执纪限制人身自由的措施主要通过“两规”来实现。《中国共产党纪律检查机关案件检查工作条例》第二十八条①是“两规”实施的理论来源与制度依托，但“两规”从一开始产生就饱受争议，其在合法性与合宪性上存在分歧。

1. 限制人身自由与《立法法》的关系

根据我国《立法法》的规定，对人身权利限制和剥夺的依据只能来源于法律，其他一切规章、法规都无权规定，这是基于对自由权保障的基本要求。那么，党内执纪限制被调查人人身自由是否违反该条规定呢？这取决于两点，一是“两规”是否属于“限制人身自由的强制措施和处罚”，二是党规是否受《立法法》调整。

关于第一个问题，首先，“两规”措施不属于限制人身自由的处罚，《立法法》第八条所称的处罚，是指调查后的处分，在刑事司法程序中为刑罚，在党内违纪案件中为纪律处分，“两规”限制人身自由属于调查方式而非处罚。其次是“两规”对人身自由的限制是否为“强制措施”。笔者认为：作为刑事司法领域重要规范之一的“强制措施”，是指对犯罪嫌疑人、被告人依法采取的剥夺其生命或者使之丧失继续犯罪活动能力等手段或方法的总称。在语义解释上，“强制措施”作为一个专业法律概念是“在刑事诉讼中所采取的临时性和预防性诉讼保障措施”，它不具有法律制裁性。② 此时，“两规”似乎并不能成为法律意义上的“强制措施”，因为其并非出现在刑事诉讼的过程中。但是从目的论的角度来看，《立法法》此条规定的初衷是尊重和保障人权，这就要求对人身自由实际产生限制效果的措施，无论是刑事措施，还是非刑事措施，都应当归为“限制人身自由的强制措施”，都适用法律保留原

① 注：《中国共产党纪律检查机关案件检查工作条例》第二十八条规定：凡是知道案件情况的组织和个人都有提供证据的义务。调查组有权按照规定程序，采取以下措施调查取证，有关组织和个人必须如实提供证据，不得拒绝和阻挠。

② 樊崇义，赵培显．我国强制措施制度的进步与发展［J］．人民检察，2012（17）：5-11.

则。采用目的解释的方法有利于实现基本人文关怀，彰显法治的人权价值，将我国法治建设的实践推向深入。因此，应以目的解释的方法理解《立法法》中“强制措施”的概念，“两规”属于限制人身自由的强制措施。

关于第二个问题，《立法法》是规范我国立法活动的基本法律，党内执纪限制人身自由的依据是党规，如果党规应受到《立法法》调整，那么党内执纪限制人身自由的方式就违反《立法法》第八条。根据《立法法》的规定，《立法法》只适用于国家机关制定、修改、废止法律、行政法规等，不适用于执政党创制的党内法规。然而，中国共产党执政权的公权力要在宪法、法律的规定范围内开展活动。中国共产党大部分创制党内法规的行为，都是行使公权力的行为，具有“准行政法”属性，《立法法》适用于一切基于公权力创制社会规范的行为，包括国家层面的法律规范和执政党内部的规范，党内法规应受《立法法》调整。

综上，党内法规的创制应适用《立法法》及其第八条规定的法律保留条款。因此，党内法规赋予党内执纪限制人身自由的强制措施涉嫌违反《立法法》。

2. 限制人身自由与宪法的关系

党内执纪限制人身自由的合宪性问题主要有两点。一是与《宪法》第三十三条第二款“中华人民共和国公民在法律面前一律平等”的关系，二是与《宪法》第三十七条第三款“禁止非法拘禁和以其他方法非法剥夺或者限制公民的人身自由”的关系。

关于第一个问题，法律面前一律平等是法律原则，其发挥作用的方式是宏观指导，而非直接适用。必须寻求法律适用上的平等，既要平等地保障每个人的合法权益与正当权利，又要公平地追究每个人的不法行为与违法责任，不允许有法律之外的特权。法律面前人人平等的目标，一方面是禁止因具有某种身份关系享有更多的权利，另一方面是禁止因不具有某种身份关系承担更多的责任，其核心要义是身份关系所带来的有罪不罚的情况和超越法律的特权。党内执纪限制人身自由的对象是领导干部，这类主体恰恰容易享有特权，甚至利用手中权力逃避法律制裁。鉴于追究领导干部责任的难度更大，在这些问题多发领域、关系重大领域加大执法力度是合适的，党内执纪限制人身自由有利于实现调查结果的平等。所以，党内执纪对人身自由的限制，并没有违背《宪法》中“中华人民共和国公民在法律面前一律平等”的原则性规定。

关于第二个问题，如果将党内执纪视为特别权力关系中的支配行为，限制人身自由则违反了《立法法》第八条；如果将其视为组织内部行为，则违反了民法公序良俗的基本原则。所以党内执纪对人身自由的限制存在“违法”嫌疑，这与《宪法》第三十七条第三款“禁止非法拘禁和以其他方法非法剥夺或者限制公民的人身自由”的条款相悖。

综上所述，党内执纪限制人身自由与《立法法》第八条和《宪法》第三十七条的规定存在冲突，但“两规”的出现顺应了特殊时期国家反腐败的要求，对于反腐力度及处置贪腐的效率的提高发挥了阶段性作用，具有一定的正面意义。为了克服“两规”措施合宪性与合法性的缺位，进一步完善法治反腐体系，我国推进司法监察体制改革，摒弃“两规”措施改为“留置”，以弥补“两规”在合宪性、合法性方面的缺陷。“留置”，是国家监察机关根据《国家监察法》的规定，针对存在涉嫌贪污贿赂、失职渎职的公职人员调查取证而采取的限制人身自由强制措施，“留置”的角色和职能与“两规”既有相同点也有不同点，但是“留置”的推进意义主要体现为：在法律位阶上，其是由《监察法》明确规定的一种反腐调查手段，属于国家法律范畴；在措施性质上，其兼具监察机关赋予的行政性与法律赋予的强制性。二者的转化实现了党规与国法的衔接，是反腐败领域纪法共治的前提，也是中国法治建设与人权保障的一大进步。

二、党纪的处分以法律判罚结果为依据

党纪处分的前提条件，是党内执纪期间发现党员确实有违纪现象，这是我们党的纪律检查工作所要解决的一个基本问题。但是，由于对这个根本问题认识不足或存在着模糊的观念，在实践中往往会出现偏差。因此，必须从理论上加以澄清。违纪行为，一般包括违反党的纪律规定，损害党、国家和人民利益，以及严重影响党组织团结统一三个方面。违反党纪处分条规，应当受到党纪处分惩戒。危害党、国家和人民利益是违纪行为的本质特征，这种危害性也是判断某个行为是否应当被认定为违纪行为的大前提，违规性和应受惩戒性都是从这一本质特征衍生出来的。如果一个人的行为不会危害党、国家和人民利益，那么就不会构成违纪行为；一个人的行为若具有此种危害性，但其危害并未违反党纪的相关规定或并未达到必须由纪律处分进行惩戒评价的程度，也不构成违纪行为。因此，任何违纪行为的构成都需要具备以上三个基本特征，缺一不可。

违纪行为作为一种内部评价，并不当然地引起法律责任的承担，《纪律处分条例》按照纪严于法、纪法贯通的原则，区别不同情况，用专门条款分别做出了规定；在这个过程中，党纪的处罚往往要以法律的制裁为最终依据，实现了党纪与国法的有效衔接。

（一）党纪处分以刑事处罚为依据

《纪律处分条例》将党的纪律分为政治纪律、组织纪律等六大纪律，刑法则将犯罪分为危害国家安全罪、侵犯财产罪、贪污贿赂罪等十类，两者存在内容交叉，必然会引起两者对同一行为的不同维度的评价。一个人是否违反党纪，由党内的执纪机关判定，而一个人是否构成

犯罪，则应当交由司法机关即法院来加以判定。对犯罪的认定是一个较为复杂、严谨的过程，要经过公检法机关的侦查、审查起诉和审判三个环节。我国《刑事诉讼法》第十二条规定，“未经人民法院依法判决，对任何人都不得确定有罪”，此外，《刑事诉讼法》还规定了“超过诉讼时效”“赦免”“告诉才处理的犯罪，没有告诉或者撤回告诉”等不作为犯罪处理的多种情形。刑事的不同处理结果，对党纪的影响并不相同，对此，当下的《纪律处分条例》对不同的情形做了详细的区分。

其一，从程序来看，刑事制裁对党纪处理程序有影响。党纪处罚要遵循一定的原则与规范，《纪律处分条例》第二十九条对党员有涉嫌犯罪行为时的前置处分决定程序提供了明确的行动准则，而第三十条则对党员被采取刑事强制措施时的权利内容与恢复进行了程序上的规定。其二，从实体上来看，刑事制裁的结果会影响到党纪的处置结果。《纪律处分条例》第三十三条明确规定若党纪处分或决定所依据的生效裁判发生变更，党组织也应及时变更处分决定，做出合理与适当的党纪处分。

（二）党纪处分以行政处罚为依据

对于主体实施的违法行为，情节未达到严重程度因而不构成犯罪的，有可能被行政机关予以一定的行政处罚。而党员的身份属性决定了其受约束的双重性，党员若违反行政法规，一方面如普通公民一样会受到行政处罚，另一方面根据党内纪律条例也可能会面临党纪处分。

《纪律处分条例》第三十三条第二款就规定，“党员依法受到政务处分、行政处罚，应当追究党纪责任的，党组织可以根据生效的政务处分、行政处罚决定认定的事实、性质和情节，经核实后按照规定给予党纪处分或者组织处理。”该款规定中措辞值得细细探究，“可以”是权利性规范的常用词语，此处代表着行政处罚认定并不当然引起纪检监察部门的违纪认定，纪检监察部门必须经过一定程序，对行政机关移送的相关材料进行认真审核。① 虽然行政机关做出的行政处罚决定以及相关案件材料是违纪认定的重要依据，但纪检监察部门仍应当立足于客观证据，结合违纪人主观态度和事后表现，综合判断党员的行为性质与危害大小，进而做出与其行为相匹配的党纪处分。

三、对涉案人的查处可促成纪法协同的深化

（一）我国当前的腐败形势需要纪法协同

根据最高人民检察院 2022 年公布的数据②来看，近三年内全国的检察机关受理各级监委移送职务犯罪数量逐年上升，最高人民检察院与国家监委等共同推进受贿行贿一起查的模式使得起诉受贿犯罪腐败案件的查处比例也呈逐年递增的趋势。当前的腐败形势，要求中国的反腐败体制设计要更加复杂、更加协同，也就是说，仅仅单一依靠党的纪律或国家法律来进行反腐是不可能的，正所谓“治贪腐，须用制度猛药”。党的纪律和国家的法律必须紧密地联系在一起，才能把权力牢牢地锁在党规和国家法律的牢笼中，这就是“双笼关虎”。

---

① 张永久．对受到行政处罚的党员进行党纪处分应注意什么［J］．中国纪检监察，2019（6）：51.

② 注：《最高人民检察院工作报告——2022 年 3 月 8 日在第十三届全国人民代表大会第五次会议上》显示：2019 年全国检察机关受理各级监委移送职务犯罪 24234 人，同比上升 50. 6%。已起诉 18585 人，同比上升 89. 6%；不起诉 704 人，退回补充调查 7806 人次，不起诉率、退补率同比分别增加 1. 1 和 16. 3 个百分点。2020 年全国检察机关受理各级监委移送职务犯罪 19760 人，已起诉 15346 人，不起诉 662 人，不起诉率同比增加 0. 5 个百分点；退回补充调查 4013 人次，退查率同比减少 12. 4 个百分点。立案查办司法工作人员利用职权实施的侵犯公民权利、损害司法公正犯罪 1421 人，同比上升 63. 1%。2021 年全国检察机关受理各级监委移送职务犯罪 20754 人，已起诉 16693 人，同比分别上升 5%和 8. 8%。与国家监委等共同推进受贿行贿一起查，起诉受贿犯罪 9083 人、行贿犯罪 2689 人，同比分别上升 21. 5%和 16. 6%。

执行党纪处分必须以正当性为前提，既要证明其处分措施的正当性，又要在某些错综复杂的案例中，对其采取的处罚措施进行最后的判断。党的十八大以来，党中央提出要全面从严管党治党，对党员提出了更高标准和更严要求，并且强调纪法分开。为此，党中央陆续出台和修订了多项党内条规，党内制度的笼子越织越密，党纪与国法的界限日益清晰。[①] 强调纪法分开，让党纪归党纪、法律归法律，不允许用党纪代替国法，但这并不意味着纪法互不相通，而是在实践层面对党纪和国法之间的相互衔接提出了更高的要求。

（二）某些违法犯罪行为是通过违纪查处而发现的

实践过程中，许多违法犯罪行为往往是纪检监察机关在调查相关违纪问题的过程中暴露出来的。如黄某涉嫌受贿罪和高利转贷罪，他的违法犯罪行为就是党组织在纪律审查之中发现的，这也是实践中党纪协同的典型形态之一。黄某，系重庆市大足区海棠新城开发区工作委员会党工委副书记、管委会常务副主任。2013 年至 2018 年，黄某利用职务上的便利，为他人在工程招投标、工程建设以及工程款拨付等方面提供帮助，收受贿赂 344 万元，涉嫌受贿罪。大足区监委在给予相应的党纪处分后，将查获的相关犯罪问题向当地的检察机关移送审查起诉。[②]

在检察机关和纪检监察机关通力合作查处腐败案件时，检察机关是司法监察机构，其检察人员具有较高的法律专业知识和较高的专业从业素养，能够较好地侦破贪污案件；而纪检监察机构，则是负责维护党风和行政纪律的机构，更容易发现国家工作人员贪污受贿犯罪的蛛丝马迹。从部门性质的角度来分析可以看出，党纪反腐与司法反腐相辅相

① 李一成．浅谈党纪与国法的区分和衔接：基于《中国共产党纪律处分条例》和《刑法》的对比分析［J］．法制与社会，2019（4）：122-123.

② 对违法犯罪党员，如何给予党纪处分？［EB/OL］．中央纪委国家监委网站，2019-10-14.

成，党内处理与司法程序紧密联系。因此，要实现纪法协同程序衔接的正当化，确保两者监督合作的高效运转，必须解决好纪检监察机关与检察机关之间的部门协作问题。《中纪委、最高法院、高检院、公安部关于纪律检查机关与法院、检察院、公安机关在查处案件中互相提供案件材料的通知》《中纪委、高检院、监察部关于纪检监察机关和检察机关在反腐败斗争中加强协作的通知》等官方文件的相继出台，对两者协同配合的范围与程序做出了明确规定。在现行制度体系之下，这是纪检监察机关与检察机关构建科学有效的监督制约机制、完善相关配套法规制度建设、群策群力开展反腐败斗争工作的重要依据。

此外，在某些情况下，对于党员干部涉嫌违法犯罪行为的惩处也有助于进一步深挖其背后的违纪行为。如某党员因为酒后驾车被调查，首先其酒后驾车的行为涉嫌违法，情节严重的可能构成犯罪；但因为涉案主体对象为党员，承办人在调查时必然会考虑到关联事件发生的可能性，即酒后驾车的起因是否包括违规宴请、公款吃喝的情形，对于同场人员的身份背景信息及饭局费用支付情况等内容进行核查，坚决杜绝一切铺张浪费和腐败渗透的可能性，使监督趋于完整化、全面化。

四、将违纪作为定罪量刑的情节是纪法协同的突出体现

（一）违纪作为入刑情节有利于填补刑法的空白

如何更有效地惩处腐败犯罪，一直是全社会长期以来关注的焦点。对此，最高人民检察院联合最高人民法院于 2016 年发布了《关于办理贪贿刑事案件的解释》（以下简称《解释》）。在此之前，《刑法修正案（九）》对于贪污罪和受贿罪采取“数额或情节”定罪量刑模式。贪污受贿犯罪是腐败犯罪又是典型的职务犯罪，其侵害的法益除了财产利益外，还包括职务行为的廉洁性。为了更全面、有效地惩治腐败，

《解释》对立法中的“金额或情节”标准进行了修改，“金额”与“金额+情节”相结合的模式就此出现。①

《解释》第一条、第二条、第三条，分别对《刑法》第三百八十三条第一款中规定的“数额较大”“数额巨大”“数额特别巨大”进行了贪污受贿犯罪领域犯罪金额的量化规定，即使前述金额并未达到“数额较大”“数额巨大”“数额特别巨大”三个层级，仍然参照适用“数额较大”“数额巨大”“数额特别巨大”同等层级的刑罚措施。

党纪入刑作为实质的纪刑衔接准则，扩大了司法机关对于职务犯罪的打击范围，是从严治党在反腐败中的深刻体现，是对党员同志高标准、严要求的体现，是符合社会公众认知的；并且随着党纪、法规的不断完善，应该会有更多的违反党纪行为将出现在《刑法》的相关司法解释中，由酌定情节变更为法定量刑情节。

（二）违纪影响定罪量刑的具体体现

如何应用《解释》的相关条款，在实务之中，若行为人贪污或者受贿数额超过3万元即满足《刑法》所规定的“数额较大”的量刑情节，构成贪贿犯罪；若行为人贪污或者受贿数额未达到3万元，远小于“数额较大”的标准范围，但曾经受过党纪处分或行政处分，且该党纪处分是由贪贿、挪用公款的行为引起的，那么这种情况同时满足了《刑法》所规定的贪贿犯罪的“其他较重情节”，即可构成贪贿犯罪。由此可见，党纪处分实质影响贪贿行为的定罪结果。若行为人贪污或者受贿数额小于20万元的“数额巨大”的标准或小于300万元的“数额特别巨大”的标准，但只要存在因贪贿、挪用公款的行为引起的党纪处分或行政处分，即可分别适用“数额巨大”或“数额特别巨大”的

① 罗开卷．贪污受贿犯罪中从重情节的适用：以《贪污贿赂解释》为切入点［J］．法律适用，2017（1）：84-87.

量刑标准。由此可见，党纪处分同样实质影响贪贿行为的量刑结果。

表 1：党纪处分实质影响定罪情况对比

贪污或受贿数额（S/万元）	曾因贪贿、挪用公款受党纪、行政处分	行为评价	是否构成犯罪
S<1	有	无	否
	无		
1≤S<3	有	其他较重情节	是
	无	无	否
S≥3	有	数额较大	是
	无		

表 2：党纪处分实质影响量刑情况对比

贪污或受贿数额（S/万元）	曾因贪贿、挪用公款受党纪、行政处分	行为评价	量刑情况（D/年）
1≤S<3	有	其他较重情节	D<3 或拘役；并处罚金
3≤S<10	有	数额较大	D<3 或拘役；并处罚金
	无		
10≤S<20	有	其他严重情节	3≤D<10，并处罚金或没收财产
	无	数额较大	D<3 或拘役；并处罚金
20≤S<150	有	数额巨大	3≤D<10，并处罚金或没收财产
	无		
150≤S<300	有	其他特别严重情节	D≥10，无期徒刑或死刑
	无	数额巨大	3≤D<10，并处罚金或没收财产
S≥300	有	数额特别巨大	D≥10，无期徒刑或死刑
	无		

从《解释》的条文内容进一步挖掘，“党纪入刑”已构成一个完整的法律规范，其适用需严格执行以下条件：第一，前提条件，即犯罪嫌疑人曾经有过贪贿、挪用公款的违纪（违法）行为，并且受到党纪、行政处分。第二，必要条件，受贿金额是党纪入刑的必备要素，受贿 1 万元是党纪入刑的起点金额。即使行为人曾经因贪贿、挪用公款而受到过党纪、行政处分，但是，在之后未再发生同样的行为或贪污、受贿金额低于 1 万元，也不能被视为刑事犯罪。党纪、行政处分情节必须与受贿的金额相联系才能产生刑罚标准评估结果。应当指出的是，党纪、行政处分情节只能限定在贪污、受贿两类罪行中考虑作为加重情节，并结合具体金额确定其犯罪成立与否，虽然处分原因包含了挪用公款的行为，但对于是否可以作为挪用公款罪的法定入罪因素或加重情节，并没有明确的规定。

第三节　纪法协同强化党内监督存在的不足

2018 年 3 月，《中华人民共和国监察法》颁布，国家监察委员会正式成立。同年，新修订的《中国共产党纪律处分条例》正式实施。至此，在反腐败斗争方面，党纪与国法的衔接和协同作用就有了制度依托，尤其是《监察法》的颁布，更表明了我国纪法协同发展到了一个更高层次。然而在纷繁复杂的治理环境中，制度的协同运行难免会存在一些问题，这需要我们加以反思。

一、现行监察法中存在不合理规定

（一）监察机关主导下的权力监督缺失

《监察法》虽然顺应宪法要求，但实际上，由于其赋予了监察机关极大权力但并未设置相当的制约机制，在对职务犯罪尚未移送检察院审查起诉的调查阶段中，检察机关几乎全过程都处于监察机关主导下，起配合作用，两者分明的主、次关系导致这一过程中对于监察机关的监督无从谈起。从宪法修正案来看，宪法对监察委员会做了“赋予权力”和“保障权力”的相关规定，但未对其“限权”做出规定，缺乏对监察权监督和监察权力滥用的相关规定。学者将这种“监察机关主导”代替了原有“相互制约”关系的制度安排称为“监察前置规则”，“监察前置”的制度安排难以保障监察权行使的超然性与中立性,① 监察权行使出现监督制约弱化的隐患。

可见，相对于旧的公检法体制而言，《监察法》构建的新监察体制中的监督检查关系并不对等。在犯罪调查的过程中，对监察机关未进行相当的制约。“职务犯罪预处理权”牢牢掌握在监察机关手中。对可能涉嫌职务犯罪的案件，监察机关也能以不符合“犯罪事实清楚，证据确实、充分”的审查移送标准为由而不予移送。这意味着，虽然出于严厉打击腐败的目的，《监察法》赋予了监察机关强大的“职务犯罪预处理权”，但没有建立有效的监督制约机制对其进行监督。这种机制一定程度上违背了权力制约和监督原则，为监察机关滥用权力埋下了隐患。

（二）监察法中留置权的规定尚不完善

在职务犯罪案件的调查阶段，留置为监察机关查清事实发挥了至关重要的作用，但有关留置，学界普遍认为尚需完善，主要体现在以下几点：

1. 留置中应当允许律师介入

从法律角度来看，《监察法》从未规定赋予被留置人以刑事强制措

---

① 陈瑞华．论国家监察权的性质［J］．比较法研究，2019（1）：1-15.

施中相同的律师会见权，即律师在留置阶段不能会见被留置人。虽然从保护被采取强制措施对象辩护权的角度讲，被留置人理应拥有会见律师的权利，但由于缺乏法律明文授权，律师仍旧不能会见被留置人。

从违法还是违纪的定性上看，监察机关对于公职人员的调查分为违纪调查、违法调查及犯罪调查三种。对于前两种，确实没有必要赋予被调查人会见律师的权利，毕竟其行为并未触犯刑法。但对于其违法违纪行为同时可能构成犯罪的案件，就有必要让律师介入，因为此时，对涉嫌职务犯罪的对象适用的留置措施与刑事诉讼法中对犯罪嫌疑人适用强制措施并无二致。

诚然，允许律师在调查期间参与到案件中可能会加大办案机关办理案件的难度，但禁止律师在此阶段的介入，同样增加了权力滥用、留置措施不当等问题产生的风险。但调查期间允许律师介入，不仅是出于保护被调查者人权，从客观角度看，专业律师的参与一定程度上可以使调查结果更加准确，从而可以减少事实认定出现偏差乃至错误的可能性，提升办案质量。总体而言，律师介入留置阶段可以带来更大的积极效应。

从法治精神上来讲，明确律师在留置过程中介入的权利，其终极目标是实现对被调查人辩护权的保障。如此强调被调查人辩护权，是因为调查过程涉及如人身自由权等基本权利。且被调查人留置后几乎与外界隔绝，更无从获得法律上的帮助和引导，面对手握强大公权力的监察委员会，有必要允许其委托律师介入并赋予律师在这一阶段的会见权以确保其具备必要的自我辩护和保护能力，这是切实保障被调查人人权的基本要求。

人权保障趋势下，国际通例也要求公民在被限制人身自由时，有权获得律师提供的法律帮助，所以，在《监察法》中规定被留置人的辩护律师会见权利，不仅是保障国家人权的要求，同时也符合国际法制关系中的共同利益的要求，但现规定中禁止了辩护人在此期间的介入，意味着被调查人的权利在某种意义上遭到削弱，使得这部分规定无法切实反映我国基本法制原则。

2. 留置措施操作的具体规定尚需得到细化

留置措施的适用主要包括启动、执行、管辖、解除等，而《监察法》对如何具体适用等方面的规定也非常笼统，有的甚至一带而过，导致在留置的适用过程中暴露出了一些问题。

其一，对留置场所的设置、管理及日常监督缺乏细化规定，由监察机关指定留置场所则有变相逼供的倾向。《监察法》对于留置场所的规定为“特定场所”，并未明确指向场所设置，但实务中从各地的实践情况来看，留置场所千差万别，如北京市和陕西省，留置场所继续使用原纪委的“双规”场所；浙江省把留置统一安排到了看守所；还有很多地方将宾馆、营房等场所改建成了留置场所。场所不仅与留置期间的管理制度密切相关，还会影响参与管理和调查的人员及设施。如果将嫌疑人留置到看守所，那么必然要适用看守所的管理制度，如果将嫌疑人留置到宾馆，那又应该适用何种管理制度呢？因此对于留置场所应在省一级统一制定标准，且在相对集中的区域设立区域性留置场所，市县一级监察机关不得自行设立留置场所，而应到区域性留置场所实施留置。

其二，对留置讯问的时间缺乏合理限定。《监察法》只规定了留置期限的上限，但是没有规定办案以及审批的时限。因此，同样的案件如果由不同的人员侦办，其所需的时长可能差别很大，在限制嫌疑人人身自由的情况下，如果因办案人员的原因拖延办案时间，肯定会对嫌疑人的权利产生损害。相较于司法实践中较为全面的对于办案时限的规定，对于留置的使用只规定上限而没有规定具体办案的时限，是一个不完善的方面。根据《立法法》的相关规定，关于人身强制性措施应当由法律进行规定，因此，更应当从国家层面通过《监察法》对其做出更具有可操作性、更加细化的规定，而不应让地方去进行补充。

此外，留置适用于涉嫌严重职务违法或者职务犯罪的公职人员的严重程度并未形成明确标准；且留置时证据证明程度与刑事证据证明标准并不完全相同，而《监察法》中又缺乏相应规定，这些模糊地带都需要进一步做出合理解释。

3. 监察留置中欠缺国家赔偿制度救济

改革后的监察机关有了更丰富的调查手段，当监察机关行使扣押、冻结财产等强制性措施或者留置等限制人身自由的强制性措施时，无疑有可能会对被调查人的权利产生损害，监察行为特别是留置措施可能造成的侵权在客观上是不可避免的。作为法律规定的公权力形式之一，它应具有保护被调查人利益的救济手段，这也是宪法赋予的基本人权。但目前监察机关行使公权力的国家赔偿还存在以下几方面的问题：

其一，《监察法》对国家赔偿的规定不够精细。而在《国家赔偿法》中，只有行政赔偿、刑事赔偿的规定，没有监察赔偿相关规定，致使国家赔偿缺乏有力抓手和发力点，难以落地落实。其二，《监察法》缺乏监察赔偿的申请程序。申请国家赔偿，必须要明确赔偿的范围、申请的主体、赔偿的责任单位以及相应的申请程序、审查程序、申诉程序等，而在现行的法律法规中，找不到任何相关方面的规定。其三，对被调查人的申诉权的保障不足。虽然《监察法》规定了在一定情形下可以提出申诉，如留置超期时被调查人及近亲属有权提出申诉，但对申诉的具体程序及其后果又并未做出具体规定。监督机构的性质使“国家赔偿法”是否适用于错误的留置措施仍是一个尚未形成统一观点的前提性问题。此外，还存在缺乏赔偿标准的问题。赔偿必须有计算标准以及相应的公式，天数如何计算、数额如何计算等都必须明确下来，而在现行的留置国家赔偿制度中，也没有相关的规定。

二、纪法在制度层面存在不协同现象

（一）部分党内法规与国法界限不明

一直以来，法律与政治的关系处于一种难舍难分的状态，而党纪与法律则是党规系统与国法系统的外在表征。“法律的上层建筑与政治的上层建筑之间的关系是长期以来被忽略的问题，所对应的实际上是法律（法）与国家权力（政治权力）关系的问题。法律与权力的关系有两种可能性：一种是法律附属于权力，成为国家权力维系统治的工具；一种是法律贯彻法的精神，发挥制约国家权力的作用。”① 而政治系统与法律系统间的融合关系势必会影响二者子系统，即党规系统与国法系统之间的协作和融合。在党纪与国法交融协同趋势下，一定程度上可能导致部分党纪与国法的界限不明，主要体现在以下两个方面：

一方面，部分党规的调整范围与国法逐渐趋同。从理论而言，包括党纪在内的党内法规和国家法律作为社会系统中的不同规范，其调整范围有所不同。然而在实践中，党政联合发文的形式使得党规的调整范围与国法趋同，如《关于实行党风廉政建设责任制的规定》第二条，其规定的主要内容是对党员道德层面的规训，但与《监察法》约束对象差异并不明显。党规的调整范围与国法趋同将不利于党规系统与国法系统保持自身功能的独特性，进而影响到二者的独立运作，阻碍其作用发挥。

另一方面，部分党规超出甚至代替国法。根据党规、法律的不同适用对象，理论上两者应该有独立的系统，在处理利益纷争的过程中不应该发生越轨的现象，然而在现实中仍然存在党规可能突破立法的规定。

---

① 陈培永．论“法律上层建筑”与“政治上层建筑”的关系［J］．宁夏社会科学，2021（6）：5-10.

一是党规超出国法。如《中国共产党纪律检查机关案件检查工作条例》第二十八条对涉案违纪人员的权利进行了制约，也对相关金融机构的权利义务关系做出了规定，但我国相应的《商业银行法》等法律中并没有如此规定。二是党规代替国法。如中纪委在1996年发布的《关于保护检举、控告人的规定》，该规定保护的是所有行使检举控告权的全体公民，包括但不限于党员，所以应该以法律的形式加以规定更为妥适。对此现象，必须坚持"恺撒的归恺撒、上帝的归上帝"，在将党内法规纳入国家法治体系的同时又要坚持有别于国家法律，坚持党规与国法独立运作。

（二）部分党规缺失合法性审查

如果说党规的越位使得党规国法界限不明，那么二者协同作用过程中更为严重的问题是部分党规缺失合法性审查，不利于与国法的衔接。然而，虽然《宪法》《立法法》《中国共产党党内法规制定条例》等相关的法律法规对党纪党规的制定提出了根本标准和重要原则，对促进党内法规制定的合法性具有重要作用，但是综观我国法律体系，在规范政党方面的法律还是空白，到当前为止我国仍缺乏一部对政党行为进行规范的国家法律。①

我国的党纪审查是通过宪法和党章来间接实现的。毫无疑问，宪法是党内规章要接受合法性审查的深层次法律、法理依据；党规合法性审查的直接依据在党章序言及《中国共产党党内法规和规范性文件备案审查规定》中。然而，部分党规既未经党规内部自我审查也缺失合法、合规性审查，"混合型党规"就是这一问题的集中体现。

一方面，"混合型党规"的制定主体为具有党内法规制定权的党的

① 周淑真，袁野．论国家法律与党纪党规关系之协调：以当代德国为例［J］．中共中央党校学报，2015（3）：24-29.

机关和相应的国家机关，而《中国共产党党内法规和规范性文件备案审查规定》适用于“党组织制定的党内法规和规范性文件的备案审查工作”。另一方面，由于“以党政联合发文形式制定的混合型党规内容比较宏观、抽象、概括，所以没有必要进行备案审查”①。其亦不属于人大审查范围。且在实践中，人民代表大会对规范性文件进行备案审查时一般对党政联合发文持回避态度。据此，部分党内法规未经党规系统的内部审查，直接以联合发文的形式输入到党规系统之中，其直接后果是党纪党规时有越过纪法之间合理的分界线的现象，对党规系统的自主性造成了一定的冲击，不利于党规国法的有机衔接。

三、纪法在实践层面存在不协同现象

（一）以纪代法现象时有发生

把党纪放在国家法律之前，对于防止公职人员犯罪具有警示作用。一方面，用党的纪律约束绝大多数党员，不仅从政治思想角度塑造“不敢腐败”的党员干部，而且从组织纪律角度构建党政机关“不能腐败”的预防机制；另一方面，党纪国法相结合形成的反腐败协同效应十分突出。但是，应当明确，党纪和国家法律毕竟属于不同类型的规范，法律的功能不能被纪律的功能所取代，因此党纪不能取代国家法律。

然而在实践中，存在众多“以纪代法”现象，即存在以党纪处分替代国法处罚，对可能存在轻微犯罪情节的犯罪分子适用党纪处分而没有进一步进行监察调查的情况。例如，2018 年 4 月，黎某某通过虚增项目预算费用，非法支付员工补贴 48300 元，并亲自收受 7000 元，事

① 孙轩．不应审查党政联合发文［J］．人民代表报，2013（3）．

后被党给予纪律警告。① 在本案中，黎某某的行为，其实已经触犯刑法中的贪污罪，应当由监察委调查后判定他是否触犯刑法并决定是否移送检察院起诉，仅仅给予党纪警告处理而不进一步调查，明显有以党内警告稍加惩诫而放过监察法和刑法监督的倾向。在一个类似的案例中，尤某某共收到管理服务对象赠送的 18000 元礼品卡，而只被给予了党内警告。② 在《刑法修正案（九）》修订了受贿数额的刑事定罪标准后，实践中，违反规定收受贿赂，金额未达到 3 万元的，一般不作为刑事案件处理。但是，违纪与构成刑法上贪腐犯罪之间还有违法行为这一定性，其违反的是《政务处分法》等法律层面的规定，这类行为虽然并未被定性为刑事犯罪，但由于显然已经违背了对于公职人员职务行为廉洁性的要求，应由监察机关依法给予政务处分，确认其行为的违法性。

有学者对此类以纪代法的现象进行了研究，认为党纪处分容易替代国法处罚，在于违纪与职务违法、职务犯罪之间的判断标准还不够明确，该做法蕴含某种党政因素的考量。③ 然而，与违纪行为、职务违法行为和职务犯罪相对应的腐败程度明显是增加的，且其具体评价标准相互独立。因此，党纪处分无法取代行政处罚，行政处罚无法取代刑事处罚。

因此，2018 年新的《中国共产党纪律处分条例》的颁布，进一步明确了党纪处分与其他处罚之间的适用关系，至少从规范层面对违纪违法和犯罪行为之间的界限进行了规定，有利于减少以纪代法现象进一步泛滥。

---

① 海南保亭通报 2 起违反中央八项规定精神问题［EB/OL］. 中央纪委国家监委网站，2019-10-21.

② 福建通报 4 起违反中央八项规定精神问题［EB/OL］. 中央纪委国家监委网站，2019-10-18.

③ 刘艳红.《监察法》与其他规范衔接的基本问题研究［J］. 法学论坛，2019（1）：5-15.

综上所述，在行为人明显构成犯罪的情况下，以党纪处分取代行政处罚和刑事处罚是绝对不可取的。相反，应根据行为的性质给予党纪处分和行政处罚，且当行为人涉嫌犯罪时，应追究刑事责任。唯其如此，党内法规和国家法律才能够在各自的领域独立而协同地发挥作用，才符合“纪法协同”进行权力监督的良性运行状态。

（二）同级党委管理干部存在约束困境

根据《党政领导干部选拔任用工作条例》，我国对党内领导干部实行的是提级管理，举例来说，就是由省委决定正副厅级干部，市委决定县委书记，县委决定镇委书记，但这样的提级管理制度设计实际上导致了同级纪委监委对同级党内领导干部监督的无力。

《监察机关监督执法工作规定》（以下简称《工作规定》）第三十条规定，“依法需要对同级党委管理的干部采取留置措施的，应当召开专题会议集体研究，并报同级党委主要负责人审批”。由此可知，对于与同级党委正职领导干部进行谈话，对同级党委干部采取留置措施，都须经党委负责人批准，即监察委出于案件调查的需要，对同级党委领导干部进行谈话或留置的审批权掌握在上一级党委领导的手中。

其中的问题在于，如果对于同级党委正职领导干部监督批准权全部集中于上级党委书记手中，是否存在党内监督钳制监委监督的困境？按照《监察法》的规定，留置措施的审批权限、批准权限应当始终在监察机关手里，但依据《工作规定》，举例来说，对市一级“省管干部”（即使用、任命权在省委组织部的市级干部）采取留置措施应当报省委主要负责人审批，如此一来，监委对于“省管干部”的留置权就受到了被调查人上级党委的限制，这样的上级批准的层级设置，无疑会使得监委在调查过程中寸步难行，出现对于正职领导干部监督无力的情形。

在纪委监委合署办公的现况下，纪委对于正职领导干部同样存在监督无力的困境，提级管理对监委调查批准的限制在纪委表现得更为突出，出现纪委的监督权不得不让道于党内干部管理权的情况。广东省基层纪委反映，由于纪委有权对同级党委常委会管辖的案件进行立案、审理和处罚，在纪委对同级党委的监督中，要对同级常委进行监督，普通纪检监察干部就得面临各种困境，在人财物受制于监督对象的情况下，监督缺少独立性。由此，在上提一级管理的情况下，纪委要想对同级领导干部进行监督，同样存在监督无力的困境。

第六章

纪法协同强化党内监督的体制

党内监督只有形成系统的体系才能发挥出整体监督效能。而纪法协同有助于推动党内监督体制的形成。习近平总书记非常重视党内监督，他多次指出在中国共产党以及国家的一系列监督制度和形式中，应该放在首位的最主要的监督是中国共产党自身的内部监督，这是由中国共产党的执政地位和领导地位决定的，因此这也决定了中国共产党党内监督具有带动其他形式监督的使命和职责，具有为全面从严治党提供制度保障的现实功用。[①] 进入新时代，中共中央政治局在讨论党的农村工作条例以及党的纪检部门监督和执纪工作时，也明确要求注重贯通执纪与执法，综合运用党纪和国法，并使之协同推进，在纪法协同推进中对公职人员的守底线行为进行监督。要真正做到提升党内监督的效果进而推进全面从严治党，以纪法协同来推进党内监督体制建设是必然要求。中国共产党党内监督体制通过纪法协同得以强化主要涉及党的中央层面、党委和党组层面、基层组织和普通党员层面以及党的纪检机关层面等。

第一节　纪法协同强化党的中央组织监督

“事在四方，要在中央。”纪法协同推进党的中央组织监督是强化

① 中共中央党史和文献研究院．十八大以来重要文献选编：下［M］．北京：中央文献出版社，2018：455.

党内监督体制的重要构成部分，对于完善和强化党内监督体制具有重要意义。

一、强化党中央全面领导党内监督

中国共产党在百年来的奋斗历程中积累了诸多宝贵的经验，2021年党的十九届六中全会上对这些经验进行了深刻的总结，共概括了十条基本经验，其中之一就是要始终坚持中国共产党的领导。《中共中央关于党的百年奋斗重大成就和历史经验的决议》指出，要治理好中国这个世界上人口最多的国家，治理好中国共产党这个世界最大的政党，必须坚持中国共产党的领导，其中特别是要坚持党中央的集中统一领导，强调只有党的全面领导真正毫不动摇地得到坚持，党的核心地位真正得到维护和捍卫，党的领导的政治优势才能得到充分发挥，进而才能使得包括党员、军人在内的全国各族人民团结一致地朝着民族复兴目标迈进。这一点既是中国共产党带领人民取得丰功伟业最宝贵的经验，也是中国特色社会主义制度最本质的特征和最大优势。那么，我们通常所说的坚持中国共产党领导，最核心的是坚持谁的领导呢？答案当然是党中央以及中央政治局及其常委会，这是党的领导的中枢，是中国共产党决策的核心。按照中国共产党党内民主运行程序和权力赋予程序，党的中央委员会是由全国代表大会选举产生的，这种权力赋予使得党中央以及由此选举产生的中央政治局及其常委会成为中国共产党的决策核心。对此，习近平总书记以棋局形象地阐释党中央的角色、地位和作用，他指出党中央是棋局中的“帅”，“帅”稳坐中军帐，在此之下，“车马炮各展其长，一盘棋大局分明”①。

中国共产党的领导在中国不是某个单一维度的比如政治维度的领

① 领导干部要做尊法学法守法用法的模范带动全党全国共同全面推进依法治国［N］．人民日报，2015-02-03（1）．

导，而是全面的、全方位的领导，这种全面领导的内容是广泛的，是包含“党政军民学”的，范围上是全方位的，是覆盖了“东西南北中”的。因此，党的全面领导自然就包括了对党内监督的领导。无论从理论上还是从现实实践上看，中国共产党党内监督都是中国共产党自身建设的重要组成部分，这就决定了其必然要围绕党的建设使命和目标而展开。更为具体地说，正如中国共产党专门针对自身制定和完善的监督条例所要求的，要通过党内监督使得党的纪律和规章制度得以有效落实，实现党内团结统一的目的，针对性地解决党的建设中和全面从严治党中的问题。此外，要格外注重党的领导中的现实问题，以及党的观念和归属感不强，组织不够集中有力，纪律不够严明，治党管党不够过硬、严格的问题，使得党组织能依法依纪履职并发挥组织领导作用，使得党员和干部能完全依照党章和党的规定行事，主动积极地展现先锋带头作用。① 尤其是进入改革开放新时期，在党中央越发重视制度治党的背景下，中国共产党不断地推进党内监督实现制度化，并在推进制度化的进程中推进着其领导体制的变革，巡视工作条例，党中央先后制定《中国共产党党内监督条例（试行）》《中国共产党党内监督条例》《关于党内政治生活的若干准则》《关于新形势下党内政治生活的若干准则》《中国共产党巡视工作条例（试行）》以及两次修订的《中国共产党巡视工作条例》等，以上这些文件都是在党中央领导下制定修订的，旨在坚持和加强党的全面领导和党中央集中统一领导。

捍卫坚持、不断完善中国共产党的领导制度体系是中共十九届四中全会提出和旨在推进的重大命题，全会强调了在健全党中央权威与集中统一领导的制度，以及推进党全面领导制度的完善等方面的问题。在维护党中央权威上，强调在重大工作上党中央领导体制的健全和按规定落

---

① 中国共产党党内监督条例［J］．党建，2016（11）：24-27，59.

实中央请示报告制度等。在党全面领导制度上，这次全会提及了在监察、检察、审判等机关落实党的领导的制度，党内法规和国家法律对此做出了相应的规定，特别是党的十八大以来一些重要的党内法规和国家法律得以制定或修订。其中在国家法律方面做出了一个重要的规定，就是通过宪法明确中国共产党的领导地位，肯定党的领导是中国社会性质和社会制度的重要体现和特征。这就从国家根本大法上对党的领导做出了规定，为党中央领导开展党内监督工作提供了国家根本大法保证。此外，十三届全国人大通过的《监察法》也对中国共产党领导监察工作给予了明确，其中指出，从上而下的监察委员会肩负着国家监察职能，要求监委会按照该法律规定对掌握公权力的人员实施监察，调查他们的违法犯罪行为，通过加强廉政建设、实施反腐败以推进国家宪法法律相应规定的落实，从而维护其尊严。①

中国共产党制定了一系列党内法规确保党中央的权威得到坚定的维护，确保党中央的集中统一领导，确保坚持党的全面领导。中国共产党为加强党内监督而制定的监督条例，从宏观层面提出党中央的统一领导必须建立相应的制度体系，而且随着实践的深入使这个体系不断发展健全，监督的重要内容之一就是看党中央的集中统一领导是否能够得到贯彻执行。另外还对党中央和选举产生的政治局以及其常委会开展党内监督工作做出了明确规定，其中特别要求中央委员会每年都要听取政治局的工作报告，以便监督政治局的工作，安排部署党内监督事宜。比如为了加强党的纪律建设，中国共产党制定的纪律处分条例特别规定，党员、干部存在与党中央不一致的言行、可能造成不良影响的，对党中央的政策方针胡乱评议、胡言乱语的，对党内团结和统一造成破坏的，对于党中央的决策表面上老老实实地执行，而背地里搞变通、变相执行

① 中华人民共和国监察法［J］. 中国纪检监察，2018（6）：77-80.

的，没有经过请示我行我素、随意做出与党中央决策、决定相违背主张的等情况，这些都是党的政治纪律坚决不允许的，是违反党内政治纪律的。① 再如中国共产党为加强党内政治生活而制定的若干准则在维护党中央权威上做出专门规定，要求全党必须服从党中央的领导，这种服从包括中纪委以及中央和国家机关在内的各级党组织和部门都要坚定不移地落实和贯彻党中央的决定和决策，而且要定期地向党中央报告工作，只有党中央在涉及全党和全国性重大问题上具有决定权以及解释权，党员和领导干部就有关问题可以向党中央提出建议，如果对中央做出的决定、出台的政策持不同意见，要在坚持执行的情况下保留意见并按着相应的组织程序继续向上级组织反映意见直至党中央。② 如中国共产党为严格党内问责而制定的问责条例规定，问责必须恪守的重要原则之一就是做到“两个维护”，凡是在重大原则性问题上不能够做到与党中央同步的，对于党中央的部署、决策执行不到位的，触犯请示报告制度、没有进行事先请示报告的，有命令不履行、有禁止还触犯，欺骗上级下级、表面同意背地违反的，搞宗派主义、称兄道弟、拉帮入伙的，不能够严肃认真开展党内生活，政治建设很不到位、造成不好影响的，不严抓党的作风建设、落实中央规定出现精神乏力，这些都属于要问责的方面。③

二、强化中央政治局及其常委会监督

中国共产党的党章在中央组织上规定了中央政治局及其常委会以及总书记的产生办法。规定要求中央委员会全体会议选举产生上述领导机

---

① 中国共产党纪律处分条例［J］．中国纪检监察，2018（17）：51-58.

② 中共中央文献研究室．十八大以来重要文献选编：上［M］．北京：中央文献出版社，2014：132.

③ 中国共产党问责条例［J］．中国纪检监察，2019（18）：70-71.

构以及中国共产党的总负责人即总书记，指出总书记必须是政治局常委中的一员，在中央委员会全体会议闭会期间中央委员会的职权由政治局及其常委会行使。① 所以说中共中央是中国共产党的核心权力机构，中共中央政治局及其常委会则是中国共产党核心权力机构中的核心。中国共产党党员必须接受来自各方面的监督，党员自愿加入中国共产党就意味着其主动放弃了一些公民权利，而承担起党员的义务，中国共产党党员的一项重要义务就是接受党内的监督。党内每一个党员都要接受监督。正是基于这一点，习近平总书记指出，“党内监督没有禁区、没有例外。”② 他还指出党组织真要关心党员、爱党员就要对其进行监督，对其进行严格管理，不严格监督管理，最后党员干部出了事，实际上是害了他（她），严是爱，要把严格管理和激励信任相结合。这也就表明，即便是中共中央政治局以及政治局常委会也要接受党内监督。中共中央政治局、中共中央政治局常委会会议成员不仅要接受监督，而且在接受监督方面还要做表率，率先垂范。党的十九大闭幕之后新产生的中央政治局在会议中特别强调，严守包括党章在内的各种党的规章制度，要主动向党中央报告重大问题，不折不扣地落实党中央的决定和部署，及时汇报重要落实情况；要带头在执行党的干部政策中发挥榜样作用，在自己分管工作范围内推荐干部给中央一定要负责，忠于党，诚实守信，每年都要坚持向中央和总书记进行书面述职，肩负起自身按着党章党规规定应尽的全面从严治党的责任，在弘扬党的优良作风中、在遵守党纪中做表率。③

我国宪法也做出了公民享有监督权利的规定，它规定在法律面前人人平等，没有例外，任何法律规定的自由权利都将得到保障。但是任何

① 中国共产党章程［J］. 先锋队，2017（34）：4-15.

② 讨论拟提请十八届六中全会审议的文件［N］. 人民日报，2016-09-28（1）.

③ 研究部署学习宣传贯彻党的十九大精神［N］. 人民日报，2017-10-28（1）.

公职人员都没有特殊例外的身份，都要接受公民的监督和批评建议，如果国家工作人员出现了触犯法律或者是失职行为，公民可以向有关部门申诉抑或是检举、控告等，但捏造事实或者是无理由诬告、陷害是不被允许的。① 监察工作的开展必须要严格遵守宪法和法律的规定，监察工作依赖的根据是事实。监察的对象不仅包括共产党的机关，也包括国家权力机关以及权力机关的执行机关等。② 由此可以看出，这些法律规定的监督对象包括中央政治局及其常委会，这就为开展中共中央政治局及其常委会的监督提供了法律保证。

中国共产党党内法规同样对中央政治局及其常委会的监督做出了相应规定。党章明确规定，每一位中国共产党党员，无论其职务有多高，都必须加入党的基层组织，并经常性地参加组织生活，接受来自党内外的群众监督。对党的领导干部来讲，还必须参加所在党委或者是党组的组织生活，没有哪一位党员可以不过组织生活，也没有哪一位党员可以不接受群众监督。③ 这一制度规定了党的领导干部没有任何例外之处，他们要过双重的组织生活，实际上反映出党章对领导干部的要求比对普通党员的要求要更严一些，反映了党对他们的期望。中国共产党为了推进党内监督而制定的监督条例中也明确规定，尤其要把党内的领导干部作为重点监督的对象。上述这些规定表明，党内监督的对象覆盖了全党的各个组织和全体党员，其中也包括中央政治局及其常委会。

在加强党内监督的实践中，纪法协同推动中央政治局及其常委会监督的重要内容主要包括以下几点：一是中央政治局成员每年向中共中央及习近平总书记书面述职。按照现在的规定，他们每年都要述职，内容主要是学习新时代党的创新理论及其运用情况，是否真正执行民主集中

① 中华人民共和国宪法［J］. 党的生活（黑龙江），2018（Z1）：28-38.
② 中华人民共和国监察法［J］. 中国纪检监察，2018（6）：77-80.
③ 中国共产党章程［J］. 先锋队，2017（34）：4-15.

制、执行得怎么样，对中央反对“四风”问题是否有违反，“八项规定”是否得到遵循和落实，有没有违反廉洁纪律，是否对中央的决策部署做到有行动、有效果。二是中央政治局按照相关规定召开民主生活会。在民主生活会上，成员对照学习内容进行“照镜子”，做自我检查，进行自我批评剖析，研究提升和改进党的建设具体措施等。三是落实中央“八项规定”。“八项规定”细则体现在调查研究的改进上、出访活动的规范上、会议活动的精简上、文件简报的规定上，监督要对照细则评判规定是否得到执行。四是建立集体学习制度。中央政治局建立的集体学习制度是中国共产党在长期实践探索中形成的、能够促进中国共产党自我成长的、打有鲜明共产党烙印的特色学习制度。中国共产党要加强学习型政党建设就必须通过中央政治局的集体学习，这些不仅是中国共产党的优良传统，也是不断增强监督自觉、提升监督能力和水平的重要内容。

三、强化中央政治局委员监督

以上阐述的纪法协同推动中央政治局监督实际上也包含对政治局委员的监督。上文提及的中央政治局及其常委会监督的重要内容，都包含对政治局委员的监督。为了推进和落实维护党中央集中统一领导的制度化，真正使其落到实处，建立了政治局委员书面述职制度，述职是向党中央以及习近平总书记汇报工作，在述职中，述职报告严格同中共中央和习近平总书记的要求进行对标对表，并由习近平总书记认真审阅委员们提交的述职报告。这是增强对政治局委员监督、保证“两个维护”得到落实的重要举措。关于在中央政治局层面实行的组织生活，即民主生活会，这本身是对政治局成员进行自我监督和成员间相互监督、发扬党内民主的重要方式，其中包含着批评以及自我批评手段的运用。关于这一点，习近平强调：“中央政治局要在开展批评和自我批评方面为全党做表率，做勇于自我革命的战士。要坚持实事求是，勇于批评和自我批评，勇于听取不同意见，及时改正错误。批评和自我批评，不仅对下级要敢用，对同级特别是对上级也要敢用。不能职务越高就越说不得、碰不得。”关于落实中央八项规定的实施细则以及中央政治局集体学习制度从不同方面对政治局委员的工作提出了要求，也都是强化中央政治局委员监督的具体体现。

纪法协同是强化中央政治局委员监督的内容，也体现在政治局成员如实向党中央报告个人重要事项的要求上以及对政治局成员自觉参加双重组织生活的要求上。政治局委员必须向中央真实地反映和报告个人事项，这是中国共产党为加强党内监督专门制定的党内监督的明确规定。为了增强、规范和改进对党的领导干部个人事项的监管，中央专门制定了针对他们个人事项的有关规定，作为直接负责这项工作的中组部也做出了落实这项工作的对接规定，规定对个人事项申报提出的详细要求为开展这项工作提供了支撑。这些规定在规定报告事项范围的时候特别要求，需要报告的是县处级副职以上干部，这里副处职以上包含了中国政党、国家管理机关、权力执行机关的副处职以上干部，按照这个要求中央政治局委员也在个人有关事项报告之列，这也符合党内监督无例外、无禁区的要求。另外，为加强中国共产党纪律建设而制定的纪律处分条例也对个人事项申报违规的情形做出了规定，这些情况包括对自己的事项不报告、故意隐瞒的；对党不老实，在组织问询谈话中不反映真实情况，说假话，说瞎话的；打折扣申报，不真实申报、打擦边球申报、未能按着要求或者部分按着要求申报的；个人档案填写存在不真实的情况。[①] 与此同时，该条例还根据违反的事项和情节轻重对于纪律处分做出了规定。如前文提到政治局委员也要参加双重组织生活，而且按照党

① 中国共产党纪律处分条例［J］. 中国纪检监察，2018（17）：51-58.

中央和习近平总书记的要求，政治局委员更要做出表率，带头自觉参加双重组织生活，做好榜样示范。

另外，政治局委员本身也肩负着对职责范围内的监督对象进行监督的职责。一是领导干部在他们直接分管的领域范围内要切实肩负起监督职责。政治局委员有工作分工，分管着一些部门、一些地方、一些领域，所以要对自己工作分管范围内的党组织以及党的领导干部实施监督，定期同这些分管范围内的主要领导干部进行谈心谈话，就他们的履职尽责情况进行监督。① 二是约束并教育好自己的身边人。中国共产党为严肃党内监督而制定的监督条例明确规定，干部做人很重要，干部要带头树立良好家风，对子女、亲属等应该严格管束、教育，要按照规定对家人经商事宜进行约束，不能放之不问，不问就是纵容，也不得违反现有规定搞兼职、搞多项任职牟利。② 从党的十八大以来反腐败斗争的实践来看，由于领导干部没有约束好身边人，出现了诸多如“秘书帮”“全家贪腐”的情况，这些情况甚至得到领导干部的纵容，出现问题的领导干部也包括政治局委员级别的领导干部。正因为如此，习近平总书记曾反复提及，家风建设也是领导干部加强自身建设的重要方面，干部要防止“枕边风”，不要被自己人拉下水，对自己的子女、亲属，或者是朋友、亲信放纵或者是为他们违法违纪提供方便甚至是保护伞是不被允许的，是为党规和法律所不容的。而对政治局委员的监督也包含着对政治局委员职责范围内监督对象监督情况的监督。

---

① 中国共产党党内监督条例［J］. 党建，2016（11）：24-27，59.

② 中国共产党党内监督条例［J］. 党建，2016（11）：24-27，59.

第二节 纪法协同强化党委（党组）监督

《中国共产党党内监督条例》在党委（党组）监督方面明确了在党内监督中党委（党组）承担主体责任，书记是第一责任人，党委常委会委员（党组成员）以及党委委员在自身职责范围内履行监督职责。①条例的规定抓住了“牛鼻子”、关键少数，特别强调对关键岗位和主要负责人的监督，当然也注重日常和平时的监督。从纪法协同视角看，强化党委（党组）监督的主要内容包括以下方面。

一、强化巡视监督

《中国共产党章程》明确规定从中央到省一级实行巡视制度，一个任期之内按着规定对巡视对象要完成一轮巡视，也就是通常所说的全覆盖巡视，而中央有关部委如国资委党组可以对主管范围内的国有企业等进行巡视，国家机关部门如教育部党组也可对管辖范围内的部门如直属高校进行巡视。市、县一级的党组织也可以建立巡察制度在辖区内按着规定展开巡察工作。②《中国共产党党内监督条例》也要求按照党章规定实现巡视全覆盖，肯定巡视工作对于党内监督的特殊贡献和作用，着重强调省一级要帮助下面的市、县委员会建立巡察制度，推动管党治党向基层延伸。③ 按照规定，中央巡视组巡视的对象主要涵盖以下四方面。一是省（自治区和直辖市）的党委、权力机关与权力执行机关、政协组织的领导班子和成员，以及省（自治区和直辖市）内副省级城

① 中国共产党党内监督条例［J］. 党建，2016（11）：24-27，59.
② 中国共产党章程［J］. 先锋队，2017（34）：4-15.
③ 中国共产党党内监督条例［J］. 党建，2016（11）：24-27，59.

市的党委以及权力机关与权力执行机关、政协组织的党组织负责人。二是中央和国家机关的部委部门、人民团体的领导班子及其成员。三是归属于中央管理的大型国有企业、事业单位的党组织领导班子和组成人员。四是中央觉得需要巡视的人和组织。《中国共产党党内监督条例》也对省（自治区和直辖市）开展巡视工作的相关情况如对象、范围等做出了规定。从具体内容来看，巡视的范围和对象要比中央巡视组低一个层级，主要是市、县的党委、权力机关、政府、政协组织领导团队及其构成人员，以及省（自治区和直辖市）下辖的党政部门、人民团体或者事业单位、国有企业的领导班子及其组成人员，同时还包括省、自治区、直辖市党委认为需要重点巡视的党委领导团队及其组成人员。可以看出，巡视对象主要是党委（党组）主要负责人、领导班子及其成员。

巡视组针对巡视对象开展巡视的形式是多样的。主要有：被巡视者或者是相关部门向巡视者进行专门的汇报；与被巡视者，或者是与被巡视者相关联的群众等开展针对性谈话；核实被巡视对象的个人事项报告；受理外界反映的巡视对象党委党组所直辖或管理的下级党组织负责人的相关情况，包括信件、电话和信访等；通过召开相关的座谈会或者是通过民主测评、调查问卷等方式了解情况；列席被巡视对象召开的会议；提请有关单位对于巡视工作给予相应协助，同时以适当的形式赴被巡视对象下属的单位、部门等了解具体情况。巡视条例对巡视组的行为和履职流程进行了规范，它要求被巡视者的日常工作不应该被干预，如果在巡视中发现一些问题或问题线索，巡视组要先向巡视工作领导小组汇报请示，获得同意后，才可以将问题线索移交给其他机关进行处理，对于不太麻烦不太紧要并且能够尽快解决的问题，巡视组可直接提出相应处理的建议。

按照巡视条例规定，在巡视开展前有一个摸底的过程，也就是巡视组在巡视开始前要先了解巡视对象的基本情况，巡视组可以按照相应的程序和机制与纪检监察部门，还有信访、审计等部门事先联系了解情况。在进驻以后，巡视组首先应该向被巡视的党组织通报巡视的大致工作安排和任务，然后根据相应的工作方式开展巡视，对于在巡视中反映的被巡视对象的问题线索，巡视组应该通过相应工作进行针对性的深入了解。在整个巡视结束之后，巡视组还有一项重要工作，就是将巡视情况汇总形成工作报告，报告不仅要认真总结分析发现的问题，还要针对性地提出处理建议，最后巡视工作领导小组听取巡视结果的汇报，经过研究判断呈报给巡视组的党组织来做出最终决定。在派出巡视组的党组织做出决定后，由巡视组向被巡视者反馈巡视的情况，指出问题并针对问题提出整改建议。被巡视者必须认真落实反馈情况，并将改进情况报送至巡视工作领导小组办公室。

关于在巡视中发现被巡视者的违法违纪问题，《中国共产党巡视工作条例》根据具体情形分类做出了规定，根据不同的问题主要移交相关纪律检查机关和组织部门。此外，《中国共产党巡视工作条例》还规定纪律检查机关和组织部门在收到移交的问题线索之后，应及时采取包括立案、组织处理、谈话函询等措施，巡视结果应当成为干部考核和选拔的重要依据。关于巡视发现问题的处理，从党内来看，纪律处分条例是一个最直接的处理制度安排，它们的对接协同完成了发现问题后的处理事宜。如《纪律处分条例》规定党组织如果发现党员存在违纪违法行为的，一般来讲是要先在党内处理，按照规定给予相应的党纪处分，之后走程序按照相应规定加以政纪处分，直至问题严重的交由国家相关部门按着法律规定处理。① 如《公务员法》与之相对接，它规定如若公务员触犯了纪律和法律，按照《公务员法》的规定或者是由监察机关

① 中国共产党纪律处分条例［J］. 中国纪检监察，2018（17）：51-58.

实施相应的政务处分裁决决定，对于违纪违法行为不严重，没有破坏性的，可以先批评教育，如果改正了可以不再处分；如果是犯了错，监察机关处理过的，公务员所在的单位就不再进行处理。①

二、强化干部考察考核监督

干部是一个比较特殊的群体，是队伍中的领头羊，亦即关键少数。干部的道德品行直接关系着领导干部的威信，并且和党风、政风、民风紧密相关，关系到社会风气和国家事业的进展，也决定着党的事业的成败。所以，选拔德才兼备的领导干部十分必要和重要，在这一过程中，对干部考察选拔进行监督是能否选拔出合格干部的重要保证。中国共产党十分重视纪法协同强化对干部考察考核的监督，为了选拔合格的领导干部，防止出现“带病提拔”问题，中共中央办公厅印发了《关于防止干部“带病提拔”的意见》，明确提出了“四凡四必”的要求。所谓“四凡四必”，是指“凡提必审”，即考察考核干部时要审查其档案；“凡提必核”，即提拔干部时要对其个人事项进行核查；“凡提必听”，即提拔干部时要到纪检监察机关去听听他们的反馈和意见；“凡提必查”，即提拔干部时要去核查提拔对象信访举报、违规违纪的相关情况。当前，在干部考察考核中已经实现了“四凡四必”。例如，在2015年1月中央组织部就在全国范围内开展部署了领导干部个人有关事项“凡提必核”工作，提出要重点抽查、核实按着规定预提拔的人选或专任人选等。实际上，每年人事部门也会对主要领导干部个人事项进行抽查。另外，在巡视工作中，根据巡视工作的要求，巡视组也会按照规定对被巡视对象进行个人事项报告的核实。“四凡四必”是加强干部选拔监督的重要制度规定。中共中央办公厅印发的《干部人事档案工作条

① 中华人民共和国公务员法［Z］．中华人民共和国全国人民代表大会常务委员会公报，2019（1）．

例》从干部人事档案工作规范上进一步加强了干部选拔监督，要求干部人事档案要做到“凡提必审”“凡进必审”“凡转必审”。

为规范干部的选拔任免事项，中组部制定规则除了提出满足上文提及的“四凡四必”，还提出了干部人事任免中的“三个不上会”“两个不得”“五个不准”，等等。所谓“三个不上会”，是指讨论人事任免决定时，如果未能按要求实行酝酿动议、民主推荐和组织考察，就不能上会；如果未能根据要求就有关问题进行核实并基本弄清楚，就不能上会；如果对上级报告不符合规定和要求，或者是报告上级后，上级没做同意批复，就不能上会。所谓“两个不得”，是指党委或党组干部任免的集体讨论应该得到执行，不得用个别征求意见或者是领导圈阅等方式进行替代；党委或党组的主要负责人必须遵守民主集中制，不能搞个人专断，不得将个人凌驾于组织之上。所谓“五个不准”，是指讨论决定干部任免事项中不准出现突击提拔、临时动议、超额及超规格决定人事任免，不准泄露人事任免讨论的决定情况等。

关于领导干部考核目前已有一套制度规定，规定中就包含监督的内容。为了规范干部考核工作所制定的《党政领导干部考核工作条例》，在其所规定的平时考核、任期考核以及专项考核等方面都提及了监督问题。在平时监督上，这一条例要求平时考核就要立足平时，围绕领导班子及其成员的日常管理展开，可以是党内实行的集中教育，可以是纪委监委进行的日常监督，也可以是在巡视巡察以及工作督查中广泛而深入地了解情况开展监督。此外，《党政领导干部考核工作条例》还规定可以通过与干部本人进行谈话谈心，或者是与相关的知情人员进行谈话谈心，走访调研干部所在单位、以往所在单位听取群众对其意见等方式对其进行平时考核。考核要有相应的规范和纪律，这其中就包括对考核本身的监督，对相关部门应该强化对考核本身的监督，实施相应的检查，并真正做到主动接受群众的监督、舆论的监督。① 针对干部考核强化的过程也是加强监督的过程，条例的规定有力助推了对干部的监督、对干部考核的监督。

我国《公务员法》要求按照管理的权限，重点对公务员的政治素质、工作取得的实际业绩以及全面对公务员的“德”“能”“勤”“绩”“廉”实施考核，提出自觉接受监督是对公务员的基本要求和公务员应有的品质，公务人员要按照相关要求进行请示报告，公务员所在的机关应该承担起职责，按照规定对公务员建立日常监督的制度，实施日常监督。② 对于监督公务员发现违纪问题的，按照相关规定给予相应政务处分，对于发现公务员违法犯罪线索的应移送监察机关。为规范公职人员履职行为、对违纪违法公职人员进行相应惩处而制定的政务处分法一开始就明确了该法的主要目的是为规范政务处分提供相应保障，对行使公权力之人进行必要的监督，促使他们认真依法依规履职，坚守道德和底线。③

三、强化领导干部个人有关事项监督

领导干部个人事项报告制度是中国版的阳光法案，对于加强领导干部监督、防止其贪污腐化具有一定作用。《中国共产党党内监督条例》对于个人事项报告制度有着明确规定，要求领导干部必须如实地按规定向党组织报告个人事项，包括个人及家庭发生的重大情况或重大变故，事先请示报告离开岗位或者工作所在地等。并且有关部门要对报告情况展开抽查核实，如果出现对个人重大事项有虚报瞒报的情况，以及编造

① 中办印发《党政领导干部考核工作条例》[J]．思想政治工作研究，2019（5）：1.

② 中华人民共和国公务员法［J］．中华人民共和国全国人民代表大会常务委员会公报，2019（1）．

③ 中华人民共和国公职人员政务处分法［J］．中华人民共和国全国人民代表大会常务委员会公报，2020（3）．

个人档案材料情况的，一旦查实，一律按规定严肃惩处。[①] 20世纪80年代，在经济体制转轨中，由于多种因素的影响，我国领导干部的贪腐问题日益突出，为解决这一问题，王汉斌在全国人大常委会提出了建立财产申报制度的建议。1995年中共中央办公厅和国务院办公厅联合印发了《关于党政机关县（处）级以上领导干部收入申报的规定》。我国第一个关于领导干部收入申报的制度终于出台。当时的制度规定仅仅局限于干部本人申报，且申报集中于收入申报。在制度实行之后，根据实行情况，在1997年中共中央办公厅、国务院办公厅印发的《关于领导干部报告个人重大事项的规定》进一步扩大了申报对象，将申报对象扩大到领导干部的配偶和子女等家庭成员，并增加了申报事项。此后，2006年、2010年中共中央办公厅以及国务院办公厅又在前期基础上进一步完善了个人事项的报告制度，特别是2010年制定出台的《关于领导干部报告个人有关事项的规定》，标志着这个制度逐步走向成熟。

为了增强制度的可操作性，发挥这项制度的威力，党的十八大之后，这项制度得到进一步的发展和完善，2013年中央组织部通知要求2014年个人事项集中填报时，重新写入截止填报时的各个事项信息，并提出要启动个人事项报告的核实工作。在此背景下，2014年1月《关于印发〈领导干部个人有关事项报告抽查核实办法（试行）〉》由中共中央组织部印发，一改过去只申报不核实，弥补了制度未能发挥应有效力的缺憾。在推进全面从严治党的要求下，2014年年底，中央组织部又继续对2015年领导干部报告个人有关事项提出具体要求，此后报告抽查核实的比例和严格程度逐步提升。根据《让个人事项报告制度成为"铁规禁令"》中显示的数据可知，2015年全国被抽查的干部中，因为存在不诚实申报问题而被取消提拔资格的有3902人，被调离

① 中国共产党党内监督条例［J］．党建，2016（11）：24-27，59.

工作岗位的有 35 人，其中发现有违纪问题而被给予纪律处分的有 160 人，情节轻微被教育批评的达到 41600 人。① 领导干部个人事项报告和抽查的推进，强化了对领导干部的监督，在一定程度上解决了制度的“稻草人”问题。在前期个人事项报告制度的实践中，以及总结实践经验及其效果的基础上，2017 年中共中央办公厅、国务院办公厅修订了 2010 年版的《关于领导干部报告个人有关事项的规定》（以下简称《规定》），在此基础上又制定了《领导干部个人有关事项报告查核结果处理办法》。这两项党内法规的制定出台，不仅为领导干部监督和管理工作提供了指导和规范，还大大提高了这项工作的成效。

相对于 2010 年版的个人事项报告制度，2017 年版的《规定》在范围和内容上进行了诸多调整和完善。2017 年的新《规定》更加突出领导干部这一“关键少数”。不仅要求县处级副职以上要申报，而且参照公务员管理的副处职以上也是申报对象。并且，新《规定》还迈出一大步，它把拟提拔的候选人、后备人选也纳入其中，要求这些候选人在拟提拔或者是拟作为人选时也要报告个人事项。新《规定》还根据新情况做出了制度性规定，其中一个是对于干部子女和配偶移居国外或境外情况的报告要求，也对子女、配偶的存款情况（国内外存款都算）等做出报告要求，以及更加明确了涉及领导干部金融投资方面的股票、基金和投资性保险的填报要求。新《规定》第一次明确对经商办企业的注册和经营地提出了填报要求，要求注册地要明确到地级市层面，经营地至少要填写到省级层面或进一步明确到地级市层面。

为了和领导干部的个人事项报告制度相匹配，中国共产党制定了一系列涉及领导干部个人事项报告内容的党内法规。比如，《关于新形势下党内政治生活的若干准则》中明确要求，调岗、离开工作地都要提

① 廖基娟. 让个人事项报告制度成为“铁规禁令”［J］. 紫光阁，2016（3）：96.

前向组织请示、提前报告，没有正当、合情合理的理由的，不进行请示报告的，不准时报告的，不诚实报告的，都要严肃处理。① 《中国共产党问责条例》中明确要求问责的情形之一就是“领导干部报告个人有关事项制度执行不力”②。再如，另一个重要党内法规即中国共产党出台的纪律处分条例也对不遵守个人事项报告规定的行为做出了处分规定，其中对于情节比较严重的提出要给予警告或者是严重警告处分。③ 这方面的党内法规还有很多，有些法规不是直接而是间接地对个人事项报告做出了相关规定，诸如中央对监督一把手专门出台的监督一把手、领导班子的意见，以及党内进行组织处理的规定、巡视工作的制度化规定、领导干部家人经商的相关规定、党政机关工作人员进行证券投资的规范等。当然我们国家的法律也对个人事项问题做出了法律规定。比如，《公务员法》就规定公务员不能搞特殊，主动积极地接受监督，根据规定报告个人事项、进行请示报告。《监察法》也规定监察机关对于涉嫌职务犯罪的人员，按规定和程序可以查询个人的经济情况如存款、汇款、股票等财产信息。④ 我国的《公职人员政务处分法》也规定不能根据规定报告个人事项的，要按规定给予相应的政纪处分。另外我国《证券法》《公司法》等法律也涉及个人事项报告问题。这一系列的法律形成了规范个人事项报告的法律网、法制体系，从而为这一制度的实施和运行提供了法制保障，也推进了对领导干部的监督。

---

① 关于新形势下党内政治生活的若干准则［J］．先锋队，2016（34）：8-16.
② 中国共产党问责条例［J］．中国纪检监察，2019（18）：70-71.
③ 中国共产党纪律处分条例［J］．中国纪检监察，2018（17）：51-58.
④ 中华人民共和国监察法［J］．中国纪检监察，2018（6）：77-80.

第三节 纪法协同强化党的纪律检查机关监督

党的纪检机关是党内专门的监督机关，承担着执纪监督问责的职责。让党的纪律和国家法律结合起来协同推进对党的纪检监察机关的监督，对于发挥其专门监督的职责以及进一步推进党内监督体系的发展完善都具有现实意义。

一、强化对同级党委及其领导的党组织和干部的监督

实际上，在中共十八届三中全会召开之时，就明确要求要加强同级党委的监督，其中特别提到了对党委常委成员的监督。党内法规中要求对同级党委进行监督的文件还有很多，像前文提及的中国共产党专门针对党内监督制定的监督条例，为加强一把手、加强领导班子监督专门制定的相关意见。在纪委发挥对同级党委监督的作用上，党章要求中央纪委、地方纪委不仅要向同级别党组织派驻党的纪检组织，也要向国家机关派驻，中国共产党为推动党内问责工作而制定的问责条例也要求纪委有协助同级党委进行问责之职责，问责对象当然是党的领导干部，也包括党的组织，主要问责的是党组织或纪检组织的领导班子成员。① 另外，在对一把手、领导班子的监督上，党的文件要求如果纪委发现班子成员有问题特别是苗头性问题的，要早提醒、早治疗，对于问题比较严重的，要注意向上级纪检组织的主要负责人、同级党组织的主要负责人报告情况，纪委也应将出现问题的干部的相关情况，包括其管辖部门和干部的履职尽责情况，向同级党委班子的其他成员通报，推动他们抓好

---

① 中国共产党问责条例［J］．中国纪检监察，2019（18）：70-71.

党风建设以及反腐败工作。①

上文提到，纪委对同级党委的监督中包含一个重要方面，就是对其直接领导的党组织、干部的监督，在这方面，中国共产党制定的党内监督条例要求纪检组派到哪个单位就要对哪个单位负责，就要按规定对派驻单位的领导班子及其成员、其他干部进行监督，如若发现问题要向派出的组织和派驻的机关党组织报告，与此同时要开展调查，在需要的时候可以提出问责的相关建议。谁派出了纪检组就要定期同派出的纪检组的负责人、同派驻单位的党组织负责人交流、谈话，了解情况，督促其改正问题，特别是从严治党、管党治党的问题，而且按规定，纪检组每年至少要有两次或者半年至少一次和被监督单位的党组织讨论研究该单位的党风廉政建设问题，如果没能做到这一点就是失职，如果该发现的问题根本没有发现，或者是发现了，睁只眼闭只眼，不报告情况，是要被严厉问责的。《中共中央关于加强对"一把手"和领导班子监督的意见》要求，纪委是可以同组织部门对下级领导班子民主生活会进行相关工作指导的，比如，下级单位党组织召开民主生活会，纪委可以在指导中提供建设性意见，监督会议效果，发挥对领导班子、一把手的监督。而且为了更及时精准地了解干部信息，纪检机关有责任去时常更新干部的档案，另外，纪委、组织部门也要紧盯信访工作，对在信访中发现的问题有权提出一些处置的建议，可以对信访举报比较集中的单位、领导干部进行专门督促。② 对被举报的领导班子成员、一把手需要进行专门的分析，对群众反响不好、名声不好的干部，要及时报告，同时同其进行谈话沟通。另外政商关系是现在比较重视的方面，因此政商关系

---

① 中共中央关于加强对"一把手"和领导班子监督的意见［J］. 旗帜，2021（6）：10-14.

② 中共中央关于加强对"一把手"和领导班子监督的意见［J］. 旗帜，2021（6）：10-14.

也被列为监督检查的重要内容，如果发现存在问题要严肃处理。这在程序上为上级纪委能够对下级党组织、纪检组织进行监督奠定了基础。

国家法律也为纪委实行对同级党委与对它直接领导的党组织、干部的监督做出了规定，提供了法制保证。《中华人民共和国宪法》明确了国家监委的职权范围；《监察法》规定无论何人只要是掌握了公权力，就要被作为监察对象，监委要对监察对象实施监督，调查他们违法犯罪情况，维护法律尊严①；针对公务员制定的《公务员法》，对公务员的监督、公务员的惩戒部分做出专门规定，要求公务员需有自觉接受监督的主动精神，诚实无欺地报告个人事项、进行请示报告工作，根据相关规定，相应的部门应对公务员进行日常监督，对监督中发现问题的，应按党规进行情况区分，做出相应的处理；《中华人民共和国刑法》中规定的罪行包括公职人员在内的所有触犯刑法的罪行，其中最常见的如贪污贿赂罪、渎职罪。

二、强化纪律检查工作双重领导体制下的监督

在党的十八大之前，我国就实行纪检体制的双重领导，即纪委不仅接受上级纪委的领导还接受同级党委的领导，主要是接受同级党委的领导。这一设计也带来了一个问题，也就是后来大家经常提及的同级监督太软的问题，因为接受同级党委的领导，工资收入、编制、干部任免都在同级党委领导的情况下，要做到监督同级党委在现实层面操作起来存在很大难度，是一个悖论。党的十八大以来，习近平总书记十分重视权力监督，特别是提出了大家耳熟能详的把权力关进制度的笼子的形象说法，党中央也在着重推进纪检监察体制改革，党的十八届三中全会通过构建党风廉政建设的责任制，最具有代表性的就是强调案件查办中，以

① 中华人民共和国监察法［J］．中国纪检监察，2018（6）：77-80.

上级纪委领导为主，线索处置、案件查办在向同级党委报告的同时还要向上级纪委报告，纪委的负责人提名、考察主要是由上级纪委跟组织部门沟通。①

为了落实这一决定，此后党章和其他党内法规也做出了相应规定。党的二十大修订的《中国共产党章程》关于党的纪律检查组织规定，上级纪律检查委员会有权检查下级纪律检查委员会的工作，并且有权批准和改变下级纪律检查委员会对于案件所做的决定。如果所要改变的该下级纪律检查委员会的决定，已经得到它的同级党的委员会的批准，这种改变必须经过它的上一级党的委员会批准。《中国共产党党内监督条例》坚持原来一直奉行的双重领导体制，而且明确在执纪监督上是要以上级纪委领导为主的，再次强调了十八届三中全会提出的这一内容，就是以上文所述的干部提名考察的上级为主体，并对线索发现与处置、执纪和审查的情况进行双报告，并特别强调下级纪委每 6 个月至少要有一次工作报告，每年要向上级纪委述职。按现有党内法规规定，在案件处理中，上级纪委可以对下级纪委进行调卷审查，在审查案卷的基础上可以对结论和决定做出改变，也可以要求下级纪委对案件进行重新审查。需要指出的是，案件办理的指挥权在上级纪委，突出了上级纪委的领导，但并不代表查办案件也是以上级纪委为主，具体查办案件还是以下级纪委为主的，这也就是说查办案件的领导权不是大包大揽，主要还是要考虑怎么能够领导好、协调好，使得监督更有效。

综上所述，党的十八大之后与之前相比，经过改革，上级纪委对下级的管理大大增强了，纪委书记、纪委副书记的提名权、考察权主要由上级纪委掌握。现在不少地方的纪委书记是由上级纪委空降的，有的原来在纪委担任一个部门的负责人，调任地方后成为地方纪委的负责人。

---

① 中共中央关于全面深化改革若干重大问题的决定［N］. 人民日报，2013-11-16（1）.

为了落实全面深化改革决定中关于纪检监察体制改革的设想，2015 年经过中央深改组会议的讨论通过，中央办公厅专门出台了考察省（直辖市、自治区）、中管企业、中纪委委派派驻的纪检组的正副负责人的办法，该办法明确上述纪委书记和副书记、纪检组长和副组长提名考察以上级纪委和组织部门为主，并指出干部来源既可以考虑纪检监察系统内也可以考虑系统外，书记人选一般考虑交流任职。该办法对中纪委调任下派的省级纪委负责人做出了规范，同时也坚持了党管干部的原则。这样实际上把纪检部门主要领导干部的双重管理权转向了中纪委，有助于发挥中纪委对于地方纪委领导班子的监督，使地方纪委能够更好地发挥同级监督作用。这种做法在很大程度上可以避免原来存在的同级监督软、上级监督远、下级监督难的问题，使得监督的效能更好地发挥出来。同时在国家法律上，像《公务员法》《监察法》也从监察职责、职务任免等方面对涉及双重领导体制监督的问题做出了规定。

三、强化纪律检查机关对自身的监督

加强自我革命是中国共产党的一个鲜明特点，党的自我革命最重要的组织依托和实施载体是中国共产党的纪检组织。党的十九大之后的纪检监察体制改革，纪检组织和监察组织合署办公，而且现有领导干部中中共党员又占据绝大多数，所以进一步来说，中国共产党开展自我革命最重要的组织依托、实施载体实际上是纪检监察机关。纪律检查机关发挥着监督职能，是中国共产党通过自我监督实现自我革命的重要组织，那么就必然涉及一个问题：谁来监督纪检监察机关。我们现在已经有一个共识，那就是权力应该有相应的制约，失去制约的权力会导致腐败或腐败的可能。党的十八大以来，从纪检监察系统大量落马官员来看，纪检监察系统确实存在“灯下黑”“内鬼”的问题，而且并不鲜见。党的十八大以来被查处的纪检监察系统官员都涉及以下问题：收受礼金礼

品，利用职务之便为他人谋利，违规进行营利，干预经济活动或者司法活动，对抗组织审查，泄露国家机密，滥用职权和玩忽职守。因此党的十九大后不久，中央政治局就开会部署反腐工作，要求各级纪检监察机关要兢兢业业、尽职尽责，同时管好自己，约束好自身，强化自我的反省监督。①

监督者必须接受监督。这是党的十八大以来中国共产党防止纪律检查机关“灯下黑”、加强纪律检查机关监督的鲜明立场。党的十八大以来在纪检监察机关的改革中它们的职责更加明确，成为专门履行监督职能的机关。从党内监督条例到国家监察法都有对党组织、纪委监委责任的明确规定，强调担全面监督之责的党委或党组，在履行党内监督的主体责任时书记为首要责任人。纪检监察机关履行专职监督的主体责任，同时在监督自身的干部上也承担着主体责任。党的十八大以来，在中国共产党领导下，各级纪律检查机关以“刀刃向内”的勇气和担当开展自我革命。纪检监察体制改革稳步推进，为加强内部控制，纪检监察机关成立了专门的干部管理监督室。现在，中纪委为了规范本系统的工作制定了纪检机关监督执纪的工作规则，地方纪委也陆续出台了纪检监察系统干部开展监督工作的暂行办法。这些文件都对如何执纪监督进行了比较详细的规定。如纪检机关监督执纪的工作规则提出了一个重要的原则就是信任归信任，它是不能代替监督的，再信任监督还是要有的，这能避免人治的弊端，纪检监察部门作为执纪者不能忘了自己的身份、肆意妄为、心中无戒，要慎重握好手中的戒尺，严格要求自己，管好自身包括身边人，对工作流程存在风险的要提前预判、提前管控，机关做决定做决策要坚持民主集中制原则，案件中遇到问题要集体讨论，共同研究，再按程序报相应负责人批准，对市级以上级别的纪委有必要设置监

① 中共中央政治局召开会议决定召开十九届二中全会研究部署党风廉政建设和反腐败工作［N］．人民日报，2017-12-28（1）．

督检查部门，也有必要设置审查调查部门，另外分置监督检查、案件监督管理等职责。

党中央高度重视执纪机关自身出现的问题。所以纪委的工作条例、监督执纪的工作规则、检举控告的工作规则、党内纪律处分条例、公务员法、公职人员政务处分法、刑法等都对知法犯法者、执法犯法者、执纪违纪者做出了相应的规定，这些规定共同编织了对纪检监察机关存在的违纪违法问题、存在违纪违法当事人处理的法制网。比如，《中国共产党纪律检查委员会工作条例》除了要求加强纪检监察机关建立相互协调、相互制约的工作机制、强化内部控制之外，还要求纪检监察机关要自觉接受外在监督包括任何单位和个人的检举、控告；纪检干部要严格执行保密制度，离职后三年内不得从事该职业；也要求办案不能只顾办案还要注意复杂的关系，要注重回避特殊关系；对于审查中有可能出现的安全事故问题要提前防范、严格遵守制度；对于向纪检监察干部游说甚至施压了解情况、询问干预案情的，没有得到批准就见涉案人员或者是他（她）的密切联系人等行为要有备案制度。《中国共产党纪律检查机关监督执纪工作规则（试行）》对纪检监察机关因失职失责予以严肃问责、纪检监察干部涉及违纪的予以严肃处理、涉嫌违法犯罪的依法追究法律责任等方面做出规定，并明确要求对滥用职权因失职造成严重后果的应终身追责。《中华人民共和国公务员法》《中华人民共和国公职人员政务处分法》《中华人民共和国保守国家秘密法》《中华人民共和国刑法》等法律对于包括纪检监察机关工作人员和领导干部泄露工作机密、失职渎职、贪污受贿等违法行为做出了法律规定。

第四节 纪法协同强化党的基层组织和党员监督

中国共产党拥有世界其他政党难以比肩的战斗力，从根本上说，这个战斗力的基础来自群众，来自基层组织。我们经常说基层组织是堡垒，是战斗的堡垒。党员应起到先锋模范作用，党内监督同样如此。纪法协同强化党的基层组织和党员的监督对于强化党内监督体制具有固本强基的意义。

一、强化党基层组织的日常监督

（一）对党员切实履行义务的监督

《中国共产党章程》关于党的基层组织，规定基层党组织对于党员具有监督的职责，要对党员履行义务的情况进行监督。基层组织的一个重要职责是开好党的基层会议，进行组织生活，在批评和自我批评中，对党员进行监督。① 基层党组织如何对党员履职进行监督，《中国共产党组织工作条例》对此做出了一般性规定。《中国共产党支部工作条例（试行）》对此做出了较为详细的规定。《中国共产党支部工作条例（试行）》在党支部的“基本任务”中对其监督任务做出了明确规定，而且对党组织需要进行的“三会一课”等组织生活制度以及对党员进行民主评议等都有相应规定。党中央制定的在新形势下党内政治生活的若干准则在党内的政治生活上也要求，组织生活对党来讲很重要，其制度的实施有助于党内监督，经常性地开展，认真地开展，负责地开展党内组织生活，领导与党员、党员与党员可以频繁谈话、谈心，交流思想

① 中国共产党党内监督条例［J］. 党建，2016（11）：24-27，59.

和看法，领导干部要带头开展谈心谈话活动，并接受党员的约谈，同时还要认真开展党员民主评议活动，通过这些活动的开展和制度落实，监督党员遵守党内法规、履行党员义务的情况。另外，一些关于基层组织的规定也涉及党的基层组织发展和党内组织生活开展的情况，这些都对基层党组织发挥应有监督作用与党员监督作用有着相应规定。

（二）对党的工作和领导干部的监督

中国共产党党员一律平等，进入这个组织就要接受监督，这是党章和党规的要求。党章特别要求党的上级组织不能脱离群众，要经常到下面组织听一听、走一走、望一望，了解大家的意见，帮助他们解决问题。① 按党规的要求，党的基层组织的一个重要使命就是监督，就是了解党员对党的工作有啥看法、啥意见，对领导干部有啥看法、啥意见，还要通过深入群众定期了解他们对党的工作、对干部们有啥认识，之后将这些向上级组织反映，提出建议。② 我们知道中国共产党的根本工作路线是群众路线，实际上走群众路线也是在发挥群众的监督作用。习近平总书记非常重视发挥群众监督作用，他指出“只有织密群众监督之网，开启全天候探照灯，才能让‘隐身人’无处藏身。各级党组织和党员、干部的表现都要交给群众评判。群众对党组织和党员、干部有意见，应该欢迎他们批评指出。群众发现党员、干部有违纪违法问题，要让他们有安全畅通的举报渠道。群众提出的意见只要对从严治党有好处，我们就要认真听取、积极采纳”③。也是基于对群众监督重要性的认识，群众路线的教育实践活动得以如火如荼地展开。随着对民主政治认识的深化，在协商民主建设中，党内外、全国上下形式多样的协商民

① 中国共产党章程［J］. 先锋队，2017（34）：4-15.

② 中国共产党党内监督条例［J］. 党建，2016（11）：24-27，59.

③ 在党的群众路线教育实践活动总结大会上的讲话［J］. 中国纪检监察，2014（20）：6-12.

主实践也是群众路线的广泛展开，因此协商民主也被认为是落实群众路线的手段和方式。尤其值得关注的是基层协商民主实践，群众是协商的重点，基层事务多涉及老百姓的实际利益，他们所关心的事务通过协商的方式进行，是群众路线以民主的方式在基层的展开。就目前看，党内法规和法律文件对党员和群众反映、检举控告的党员，包括基层党组织及领导干部在内的违纪违法问题、发挥基层党组织监督作用的问题等做出了相关规定。比如，《信访工作条例》要求，乡镇党委和政府与街道党工委和办事处可以建立信访工作联席会议机制，或者是通过党政联席会定期专门研究本地区信访工作。“乡镇党委和政府、街道党工委和办事处以及村（社区）‘两委’应当全面发挥职能作用，坚持和发展新时代‘枫桥经验’，积极协调处理化解发生在当地的信访事项和矛盾纠纷，努力做到小事不出村、大事不出镇、矛盾不上交。”①

（三）对维护和执行党的纪律的监督

在基层组织定位上，党章、党的组织工作条例都明确了其对党员、对干部的监督职责。在农村基层组织建设上，中国共产党专门制定的基层组织工作条例要求，乡镇的党委要把乡镇的党组织，还有村一级的党组织以及隶属于乡镇党委的党组织管好治好，这是他们的分内之责，党员工作要抓好，队伍建设要做好，纪律执行要落实好，监督党员守法遵纪要严格。村级党组织要加强自身建设，严格组织生活，对党员进行教育、管理、监督和服务，要注重对入党积极分子的观察、了解、培养、教育，做好党员发展工作，要使村级组织的纪律建设严起来，不能出现松散的问题。②《中国共产党党和国家机关基层组织工作条例》规定机关党的基层委员会主要职责包括严格管理党员并督促其履行义务，监督

① 信访工作条例［N］. 人民日报，2022-04-08（6）.

② 中共中央印发《中国共产党农村基层组织工作条例》［N］. 人民日报，2019-01-11（1）.

党员严格执行党的纪律。九千多万党员组成了中国共产党，这些党员都属于某个支部，党支部是党的基础组织，是党组织开展工作的基本单元。现在的支部工作条例，在党支部工作方面，有着明确的党员监督规定，它要求，支部在党的建设上，在党的工作上，提出的意见建议要实际，不能脱离实际、脱离自己的定位和职责，有情况要按规定上报，党员有不良苗头的要教育，群众有不良倾向的也可以教育，当然要注意教育的方法，同违法乱纪的行为要能够无畏地开展斗争。① 在这方面也体现出了纪法协同，在党纪方面，党章、三份重要条例：监督条例、纪律处分、问责条例，以及其他的一些党规都规定了在平时对党员的监督、管理的过程中发现问题，要给予批评教育，严重者要给予相应的问责和纪律处分，对于涉及违法的除了党纪处分以外，还要移交司法机关处理，后续的处理，刑事诉讼法、公务员政务处分规定等有详细的规定，刑法、监察法、公务员法对犯罪行为有着惩处的法律规定。

二、强化党员的民主监督

（一）通过聚焦“关键少数”监督

党章规定党的上级要不断了解下级组织的所思所想、倾听群众的心声。监督条例也规定共产党存在着民主监督，这个监督尤其是对干部的监督，党员对干部监督，如果发现什么问题、发现群众有什么想法和诉求需及时向党组织反映。现在，为了搞好基层党建工作，中组部印发了《党委（党组）书记抓基层党建工作述职评议考核办法（试行）》，这个文件主要针对的是抓基层党建的实施办法，抓的主体是党委、党组书记，抓的内容是述职考核，这个文件规定了党组织不仅要抓党建、抓队伍、抓联系群众，抓的情况要在述职中专门陈述，陈述内容也要在适当

① 中国共产党支部工作条例（试行）［J］．党建研究，2018（12）：3-8.

范围内公开，接受组织方面、群众方面的监督批评，而且要多走、多看，到群众中走，到群众中看，看他们怎么说，听他们怎么讲，在走访群众、听听看看中，不能简单地以听情况汇报、翻翻资料、瞅瞅台账的方式进行，评价工作、评价干部也不能以上级领导怎么说、信息宣传的量有多大、开会发文的情况、一些会议记录来简单判定。特别对于群众反映比较集中、比较强烈的问题应进行专项整治，如果整治有难度可以争取上级党组织支持，向他们先汇报。与党内法规相协同，《中华人民共和国公务员法》对公务员的监督和被监督的情形做出了相应规定。

（二）通过党的会议监督

按照党章党规的规定，即便是普通党员，都有批评的权利，有权指出各级组织、领导干部甚至普通党员在工作中的问题。党章规定党员能够在党的会议上对党的政策发表看法，在党报党刊上也可以对党的政策进行讨论，这是党员的基本权利。《关于新形势下党内政治生活的若干准则》也规定，对哪一级党组织、哪一职级党员都是可以批评的，只要有根据，只要是在党的会议上符合程序而不是背地议论就可以，领导干部在自己所在的支部内是要作为普通党员过组织生活的。《中国共产党党员权利保障条例》规定，党员不仅有权在党的会议上有根据、负责任地批评任何党员和党组织，而且还可以通过书面形式提出批评，揭露并要求其纠正工作中存在的不足和问题。现在的党内法规规定了领导干部要参加双重组织生活，在参加他们领导干部间进行的民主生活会之外，干部还需要在支部、在党小组参加组织生活，基层支部是党员进行批评、自我批评的基础性平台，在党内发挥着监督作用。需要指出的是，党内法规既保障党员发挥监督作用，监督其他党员和领导干部，也保障被监督者的党内权利、合法权利，不允许没有根据的诬陷，这有助于更好地推动党内监督工作。在这方面，《关于新形势下党内政治生活的若干准则》《中国共产党纪律处分条例》等党内法规以及宪法、公务员法、监察法等国家法律都对包括党员在内的公民行使监督权提供了法制保障，《中华人民共和国刑法》《中华人民共和国公职人员政务处分法》等法律对包括党员在内的公民滥用监督权利、没有事实根据地诬告、诽谤、陷害等事实进行了法律约束。

（三）通过评议活动监督

党内监督要求党员不要有顾忌、要无私无畏地评议领导干部，敢于指出他们存在的问题。中国共产党为保障党员权利而制定的保障条例也对党员进行批评、反映问题甚至是检举揭发制定了权利保障的规定。上文提到的党委书记抓基层党建工作的考核述职办法，还有领导干部选拔方面制定的工作条例或者是其相关的责任追究办法、监督检查的办法、考核的条例等都要求在民主评议当中对干部进行评议，指出和反映干部存在的问题。如基层党建工作的述职和评议考核办法要求党委（党组）书记抓党建，要有一个大致的工作范围，这个范围包括基层的党员和党组织的情况、干部守纪的情况、党组织战斗堡垒作用发挥的情况、党员先锋模范作用发挥的情况，要求民主评议时，要考虑到客观情况，进行适当分类，不能混在一起或不注意类别和特殊情形，评议时也可邀请基层的人大代表、政协委员、党代表等这些具有参政议政经验、熟悉现实工作的代表参加，“述职评议后，应将述职报告在一定范围内公布，接受基层党组织和党员群众监督”①。《党政领导干部考核工作条例》相配套的规定是，如果党委或党组书记在上级党组织基层党建的述职评议中未能达到好等次的，不能给予优秀等次的年度考核结果。与此相协同的《中华人民共和国公务员法》规定，公务员的职级晋升需要参考民主推

① 党委（党组）书记抓基层党建工作述职评议考核办法（试行）［J］. 党建研究，2020（1）.

荐和测评结果，公务员的考核要“先由个人按照职位职责和有关要求进行总结，主管领导在听取群众意见后，提出考核等次建议，由本机关负责人或者授权的考核委员会确定考核等次”①。

（四）通过揭发检举监督

检举揭发也是一种监督方式。党的十八大以后反腐败工作力度如此之大、成效如此之显著，实际上也有检举揭发的功劳。党章、党内监督的条例以及其他党规都肯定了检举揭发在党内监督的渠道及其作用，党章规定检举揭发党内无论是哪一级组织、无论是哪一位党员，都是党员的应有权利，当然这种检举和揭发必须是有依据的、真实可查的，不能信口雌黄、胡编乱造、诬告陷害。为了保障党员的这一权利，《中国共产党党员权利保障条例》同时规定，党组织在接到党员的检举揭发后，应该按相关规定给予负责的答复，并保障检举揭发者的权益，对其信息及检举揭发的内容予以保密。此外，党内的纪律处分条例、纪检监察领域的控告申诉条例和工作条例也都对检举揭发行为做出了规定。为了与上面的党内规定相协同，国家法律也进行了相应规范，如宪法明确规定，国家机关出现违法失职行为的，任何国家机关工作人员出现违法失职的，公民都可以向国家机关进行申诉，进行控告，进行检举，当然要注意必须是真实可信的，不带个人攻击、污蔑陷害的，对于公民在控告、申诉、检举中呈现的问题，有关部门有责任澄清是非，认真处理，并且无论何人都不允许打击报复。②

监督有多种方式，中国共产党除了特别重视党内监督，也很重视党外监督，注重两者的结合和并用。《中国共产党党内监督条例》还特别重视社会监督和舆论监督，强调利用现代技术、现代传媒推进技术监

① 中华人民共和国公务员法［J］．中华人民共和国全国人民代表大会常务委员会公报，2019（1）．

② 中华人民共和国宪法［J］．党的生活（黑龙江），2018（Z1）：28-38.

督，推动党务公开并不断拓宽监督渠道。中国共产党在党务公开上制定的条例、在党内监督上制定的条例、在加强政党协商上印发的实施意见等，都涉及发挥党内监督与党外监督相结合、充分发挥其效能的内容。与之相协同，宪法、监察法、刑法、民法、行政诉讼法等国家法律也有涉及党外监督、党内监督之规定，从而为党内与党外监督相结合奠定了坚实的法制基础。

第七章

纪法协同强化党内监督的机制

随着党风廉政建设与反腐败斗争的不断推进，出于落实全面从严治党要求、深化国家监察体制改革的需要，党纪与国法能否协同发力是作为强化监督体制机制这一复杂性、系统性建设工程的关键所在，而实现党纪与国法的有效衔接以推动党内监督工作的重心在于运行机制的构建与强化。为此必须首先深入地剖析纪法协同强化党内监督机制运行的内在机理，以此在掌握运行机制内在逻辑的前提下，进一步分析纪法协同强化党内监督的运行基础、运行要素、运行目标、运行保障等与运行机制相关的组成内容与重要方面，从而才能明确纪法协同强化党内监督的机制构成以及判定机制运行的实践根据，才能有力推动全面从严治党制度体系建设工作，最终巩固与发展党风廉政建设与反腐败斗争的伟大胜利。

第一节　纪法协同强化党内监督机制运行的内在机理

通过对纪法协同强化党内监督机制运行进行剖析，可以发现运行机制的内在机理主要由纪律执行机构与法律执行机构在具体工作分配中的协调配合、形成统一有效的协同指挥解决机制运作中存在的不协调问题、围绕强化党内监督纪律与法律所能发挥的协同效应三部分内容组成。

一、纪律执行机构与法律执行机构的协调配合

为了确保党纪与国法在功效作用方面的顺利衔接，必须在切实维护人民群众利益的基础上强调两者在具体工作中的分工配合，唯此才能使得党纪与国法产生协同效应进而强化党内监督。因此必须在党的统一领导下开展具体工作，尤其是要注重党纪与国法之间在具体执行过程中的协调配合，减少在程序衔接、工作流转等方面不必要的摩擦，在严格执行党纪国法的前提下确保发挥合力作用，有力强化党内监督以此贯彻落实全面从严治党要求。

纪律建设是中国共产党建党之初的工作重心，中国共产党建党百年以来对于党组织纪律的强调一直贯穿于党建发展的全过程：党的一大首次明确了中国共产党的纪律章程；党的二大在党章中进一步以具体细致的条文形式增强了党纪的规范性与严肃性；党的五大再一次突出党纪的关键作用；以毛泽东同志为首的党的领导人多次强调党纪的重要性，比如，毛泽东就曾提到，“闹独立性、不服从决议、没有纪律的现象，必须整顿”，“身为党员，铁的纪律就非执行不可”①。虽然随着国家发展的需要与时代环境的变迁，改革开放以来党与国家将工作重心放到了经济建设方面，但是加强纪律建设始终是我党工作的重中之重，尤其是党的十八大以来随着全面从严治党、管党治党等工作的相继开展，党的纪律建设一直处于首要位置。《中国共产党党内法规制定条例》的出台标志着党的纪律建设取得了新的突破，制度建设水平发展到了一个新高度，有力确保了党内建章建制工作朝着更为规范化、合理化的方向发展，尤其是强调从宏观层面进行统筹规划，在程序设计、时间安排、内容谋划、机构管理等多方面对于往后的党内纪律建设工作起到了较强的

---

① 中共中央文献研究室．毛泽东文集：第 2 卷［M］．北京：人民出版社，1993：416.

指导引领作用，由此大幅度提升了党内纪律建设的科学化水平，从顶层设计出发确保党内各项规章制度之间的和谐性与统一性，有助于围绕目前党的纪律建设中存在的弊端，通过积极与实践相结合、与时代相结合为导向加以系统性的完善与修正。

自中华人民共和国成立以来，在中国共产党的统一领导下不断推进社会主义法制建设、建设现代化法治国家，始终是我国社会主义现代化国家建设的不变主题。为了避免“文革”时期出现的诸如“砸烂公检法”等法制建设受到重大冲击的现象再度出现，在党的十一届三中全会上明确提出了建设社会主义民主法治国家的目标；在党的十五大会议上又把实行依法治国以完善社会主义法制作为实现现代化的关键内容；在党的十八届四中全会上再次强调依法治国的重要地位，同时厘清依法治国与依规治党之间彼此依存的重要关系，把进一步完善社会主义法制体系作为推进国家发展战略的重大方针，明确了由党的统一领导不断加强社会主义法治建设以确保社会主义民主，从而为国家发展与人民生活的正常运行提供可靠的法制化保障。

党的十八大以来，在以习近平同志为核心的党中央坚强领导下，大力推行全面从严治党与反腐败斗争，着重整治党员干部贪污腐败的现象，在完善党的纪律规章的基础上加大执纪工作力度，以确保全体党员尤其是身居要职的党员干部始终将党纪国法作为自身为人处世的行为准则与道德标尺，使他们在遵纪守法方面鲜明地展现作为共产党人先进性的一面、明确任何个人行为或集体行为都必须严格遵守党纪国法的相关规定、在执行公务时以纪律法律划定的范围作为行使公权力的边界、通过树立牢固的规矩意识来不断明确自身的岗位职责与党员义务。在长期的工作实践中，纪律执行机构与法律执行机构之间的协调配合为贯彻落实全面从严治党要求提供了有力的支撑与保障。

二、促进机制协调运作的协同指挥

就目前实际情况而言，党纪与国法在协同运作过程中受到了制度机制建设不完善等的影响，两者之间存在着一些难以统一协调的潜在问题，很大程度限制了纪法协同的功效发挥：首先，执纪机构与执法机构在关于处置结果方面难以协调统一，主要是存在“以纪代法”现象，将党纪处分完全取代法律处罚，导致对于违纪违法案件的处罚结果审理不清；其次，执纪机构与执法机构在工作职责方面难以协调统一，由于相关制度规章不健全，关于执纪机构与执法机构的职责界定不清、沟通机制不畅，导致“齐抓共抢办案子”的现象产生，要么执法机构逾越职权既执法又执纪，要么执纪机构的纪律审查工作期限过长，导致案件时效性的丧失进而造成执法机构难以有效查清案件；最后，执纪机构与执法机构在工作程序的衔接方面难以协调统一，在卷宗移交、证据认定、资料核查等方面存在难以有效衔接的问题，无法实现执纪工作与执法工作就违纪违法案件审查转接的顺利过渡。

统一有效的协同指挥是解决在纪法协同强化党内监督工作中出现以上所提及难以协调问题的有力保障。为此早在 1996 年中央纪律检查委员会就提出要求，要求各地方政府、各部门单位都要在党的统一领导下，就违纪违法的腐败案件组建包括纪律执行机构与法律执行机构在内的各层级反腐败协调小组，就执纪机构与执法机构在具体工作中的职责界定、程序流转等方面做好统一部署，有效理顺两者之间的工作关系，避免产生不必要的摩擦冲突。在 2008 年党中央又提出为形成反腐败合力以有效整治腐败现象，在各级纪委书记作为反腐败协调小组负责人的基础上，强化纪律检查机关、行政监察机关、检察院、法院等部门在反腐败工作中的协同运作，由此使得在统一协作的前提条件下有力避免了各机构在具体工作程序中不协调现象的产生。

解决协同运作中的不协调问题从而有力促进纪法协同、纪法贯通的目标实现，应以国家法律为底线，将党内纪律挺在法律前头，正确处理纪律执行机构与法律执行机构在程序流转、职责分配、工作对接等方面的协调配合关系，为此必须做到以下几点要求：

首先，加强党纪处罚的力度以便有效约束党员行为。将党内执纪作为先导，为的就是一些党员干部在平时的工作生活中出现微小违纪行为时可以及时制止与处置而不是放任自流，从而防止微小的违纪行为逐渐发展成为严重违纪违法的可能性，达到“惩前毖后，治病救人”的目的，以此挽救一批处于违纪违法边缘的党员干部。同时，提升党纪的处罚力度、明确党纪的处罚标准，确保党员干部树立起鲜明的规矩意识，党员干部不仅要严守法律底线，还要在有更为严格要求的党纪所规定的范围内行事处事。党员干部一旦触碰到党纪国法，就要接受纪律与法律的双重惩罚，从而督促党员时刻要以高于普通公民的守法标准来约束自身行为。

其次，明确党纪与国法各自的范围界限。有力推进纪法协同的重要前提就是实现纪法分开，为此必须制定具体的党内规章制度，严格厘定党纪管辖的边界范围，以明确的纪律章程与法律条文的相互区分，确保两者之间在具体规则的制定方面不存在模糊不清的交叉现象。同时，在纪律执行与法律执行的相关工作中，确保两大执行主体之间能够各司其职、分工明确，避免出现职责越界的情况发生。

再次，从加强制度改革的角度出发继续推进党风廉政建设与反腐败斗争。为了全面贯彻落实全面从严治党要求，加强党风廉政建设与反腐败斗争，在党中央的统一部署下对纪检工作体制做出了全新的制度设计，诸如提出“党委负主体责任，纪委负监督责任”“纪检监察机关转职能、转方式、转作风”“领导干部对具体工作业务负责，同时对党风廉政建设责任制负责”等，这对于强化党内监督、重构政治生态起到了良好的推动作用。同时，积极探索法律执行机构如何围绕腐败案件在程序衔接、证据转化、侦办调查等环节做好协调合作的工作：在强化纪律与法律相互贯通的情况下，不断消除在程序流转、工作分配等方面有碍于纪法协同的内部弊端，使执纪与执法能够同向发力进而不断改进腐败案件的审理质量与速度，以此大幅度提升依法处置的工作效率。

最后，提升执纪工作与执法工作在程序对接方面的协调程度。习近平总书记指出，“注重党内法规同国家法律的衔接和协调，提高党内法规执行力，运用党内法规把党要管党、从严治党落到实处，促进党员、干部带头遵守国家法律法规”①。为此需要在党纪国法的内容设置上、执行配合中促进同向发力的协同效应，承认两者之间存在千丝万缕的内在联系。从具体条例的修改中就能进一步看出促进纪法衔接的目标导向，比如，明确规定党员在受到执纪机关审查并对其具体行为进行纪律处罚后，关于其中涉嫌违法的行为认定，送交检察院、法院进行审理并追究法律责任。除此之外，还规定在司法机关依法处理党员干部的同时，纪检机关应根据已经由司法机关按照证据搜集、口供陈述而认定清晰的违法事实，对照党纪条例的具体规定对于党员进行相应的纪律处罚。

三、党纪与国法在运作功效方面的协同效应

一方面，党纪以成文或不成文的纪律条例来明确全体党员在生活、工作等方面的行为规范，国法以法律条文为形式、以国家强制力为保障来规范国家公职人员具体的行政行为，可以说党纪与国法是两个相对独立的不同元素，在性质、范围等方面存在差异，在不同领域发挥着各自的作用；另一方面，党纪与国法作为实现依规治党与依法治国的重要依

---

① 中共中央文献研究室．十八大以来重要文献选编：中［M］．北京：中央文献出版社，2016：178.

据，在推动形成风清气正的党风政风以构建风清气正的政治生态方面具有一致的目标，严格遵照党纪依规办事是以“执政为民”为目标的党的意志最鲜明的体现，而严守国法依法办事又是人民意志的集中反映，因此两者在以人民利益为中心的目标体系中具有绝对的一致性。正是由于党纪与国法既有不同之处又有相同之处，因此从协同学的具体理论来看，两者具有产生协同效应的可能性。进一步来说，党纪与国法在强化党内监督方面能够发挥极为显著的协同效应，国法是强化党内监督的保障依据，党纪又能弥补国法在强化党内监督方面存在的不足。

就结果而言，国法严于党纪，但就形式而言，党纪却严于国法。“党规党纪严于国家法律，党的各级组织和广大党员干部不仅要模范遵守国家法律，而且要按照党规党纪以更高标准严格要求自己。”① 这就意味着发挥党纪与国法的协同效应，不仅要求全体党员作为国家公民要恪守法律底线，而且要以更为严格的党员规范来确立行为规范，将“国法可为，党纪不可为”的高标准、严要求作为自身在工作方式、生活作风等方面的行为标尺，谨记党员干部要发挥先锋模范的带头作用，因而在伦理规范、素质修养等各个层面都要比普通公民承担更多的道德义务，始终以一个先进的道德楷模姿态去工作生活，以此体现作为共产党人先进性的一面，以守法遵纪的积极心态大力推动形成风清气正的党风、政风、社风。为此在促使党纪与国法发挥协同效应的具体运作过程中，必须将执纪置于执法之前，在以国法作为底线保障的基础上，将党纪作为保持党员先进性与发挥先锋模范作用的前置条件。

从实质而言，通过促成党纪与国法产生协同效应并以此强化党内监督，是为了对党员个人在行为意识方面能够产生约束作用，不仅在法律意识层面而且在党性修养层面充分规范党员行为，从而确保党员干部手

① 中共中央关于全面推进依法治国若干重大问题的决定［N］. 人民日报，2014-10-29（1）.

中掌握的权力能够围绕维护人民利益进而在法律、党纪所允许的范围内运行，这样就能进一步确保全体党员干部始终恪守他们作为国家公民的法律义务、坚定他们作为共产党员的信念准则，以此实现全面从严治党、强化党内监督的建设目标，大力推动山清水秀、河清海晏的政治生态构建。

第二节　纪法协同强化党内监督的机制运行条件、要素、目标与保障

在推进全面从严治党以及国家监察体制改革的进程中，在依靠党纪国法加强党内监督机制建设方面，无论是相关的理论建构还是相关的程序设计都体现出系统化、整体化的发展趋势。因此要对纪法协同强化党内监督的系统化运行机制进行深入分析，就必须研究运行机制的基础、要素、目标以及保障，只有在明确机制构建的先在条件、明晰运行系统的组成要素、确认机制设置的目的指向、确保正常运转的保障措施的基础上，才能充分把握纪法协同强化党内监督的机制运转的内在规律，由此推动与党内监督相关的研究视角从具体微观转向抽象宏观，从系统化、整体化的角度进一步发展党内监督的理论研究工作。

一、纪法协同强化党内监督的机制运行条件

（一）合理制度设计与有效落实执行的连贯相接

党内监督机制建设作为涉及党内各种人际关系、党务工作的复杂活动，应该从更为宏观层面将其视为一项系统性的建设工程，在深入推进

党内监督机制建设的研究过程中，积极探查分析工具与具体对象之间的紧密联系，为此不仅要注重分析系统内部各种要素、各种程序、各种规章之间的相互联系，还要观察外在环境对于系统的整体性影响，以便在完善制度设计、加强结构布局等方面提出更为有效的改进措施。因此需要对作为系统性工程运作的党内监督机制建设进行全新的阐释与分析，一方面弄清各种程序、规章、标准等在对于加强党内监督方面所能发挥的具体作用，另一方面厘清外部环境与党内监督之间的关联，以构建内外结合、统一协调、相互作用的党内监督机制运行系统。在通过全面检查党内规章法则寻找制度漏洞进而及时制定相应新规则的同时，强调以新规则的有机融入来避免制度衔接方面出现的问题，从而以全覆盖、无死角的动态监督体系消除潜在隐患。为此要不断提升执行标准、评估规则等的明晰化程度与客观化水平，压缩机制运行的弹性空间与自由裁量范围，大力提升机制构建的严谨度与规范性，以此从系统化的整体性角度发挥制度建设的优势，推动党内监督工作以更为动态、宏观的方向大力推进机制建设。

（二）党建理论研究工作的创新性发展

加强党的自身建设是我党自建党以来党务工作的重心，目前党的建设工作所取得的成就积淀于长期以来党建发展的经验汇总、对于各时期党制定执行的方针政策的总结概括，彰显出根据社会变化及时调整跟进的时代精神，同时又是政党自身建设不断向前发展的集中体现，在政党执政根基、制度设计、职责设置等方面开展了反复研究与漫长实践。尤其是党的十八大以来，中国共产党大力推进党的思想建设、组织建设、作风建设、反腐倡廉建设、制度建设，始终将巩固与加强党的执政能力放在首位，努力提高党的先进性与纯洁性，为此形成了丰富的理论成果。在党内监督方面，大力贯彻落实全面从严治党要求、深入推进全面从严治党制度建设，促使党内监督机制构建更为科学化、合理化、制度化。党的十九大在关于党的建设方面提出更为系统的理论主张与观点论断，注重党建的目标设定、路线设计、主题设置、安排规划之间形成更为紧密的关系，以此达到彼此促进的最终目的。中国共产党从更为系统化的方向大力推进党内监督的机制建设，依靠思想理论创新与工作方式革新，从规范化、严谨度、功效性等多个层面加强制度建设，尤其注重制度的常态化、具体化与落实程度，以系统性的整体思维着力提升党内监督机制的实际作用，确保措施配套、细则设定、程序衔接能够协调顺畅地运行。要确保党内监督机制建设在具体实践与宏观布局之间寻求有机统一、紧密结合，以此推动机制建设的科学化水平、规范化程度，有力配合贯彻全面从严治党要求的战略布局、推进制度建设工作的巩固与加强。

（三）党内监督与党外监督的有机整合

党的十九大报告明确提出，“把党内监督同国家机关监督、民主监督、司法监督、群众监督、舆论监督贯通起来，增强监督合力”①，由此形成具有中国特色的社会主义国家权力监督体系。其中党内监督无疑是处于首要位置也是最为关键的，对于其他监督手段的具体运作与功能发挥具有更为直接的影响。通过坚持民主集中制推进党内民主建设以加强党内监督效果，强调将党纪挺在国法前面以确保党纪的功效性，通过发动人民群众起来监督从而实现党外监督与党内监督的有机结合，一直都是推进党内监督工作的重要内容。可以说，在构建具有中国特色的社会主义国家的权力监督体系的过程中，党内监督是处于核心地位、发挥主导作用的，并奠定了中国特色权力监督制度体系的基础。但与此同

① 习近平．决胜全面建成小康社会夺取新时代中国特色社会主义伟大胜利［N］．人民日报，2017-10-19（1）．

时，也不能够忽视党外监督的重要功能，缺乏党外监督的有力支撑就无法形成全覆盖、无死角的立体式监督网络。注重党外监督的机制构建，通过大力提倡风清气正的社会风气，加之规章制度强有力的法制约束，才能够充分发挥社会文化在教化改造、示范引导、心理调适等方面的实际作用，以此潜移默化地规范与调整人的行为意识，实现内在约束与外在约束两种监督手段的有机统一。

二、纪法协同强化党内监督的机制运行要素

随着《中华人民共和国监察法（草案）》的出台，《中国共产党纪律处分条例》《中国共产党问责条例》《中国共产党纪律检查机关监督执纪工作规则》等党内法规也相应在细则内容、具体条款方面做出了适时调整，进而形成了国法与党纪协同发力的制度体系，为纪法协同强化党内监督提供了更为可靠的法律法规保障、更为有利的制度化建设动力。

（一）纪法协同强化党内监督的主体

具有中国特色的权力监督体系以及协同理论强调的治理主体多样化，决定了纪法协同强化党内监督的主体主要由领导核心与执行主体组成：纪法协同强化党内监督的领导核心无疑是作为执政党的中国共产党，这不仅是由自建党以来我党确立的工作风格与历史传统决定的，也是依据现代化制度建设要求，根据《中国共产党章程》《中华人民共和国宪法》《中华人民共和国监察法》的相关内容决定的；纪法协同强化党内监督的执行主体主要履行廉政建设与反腐败的工作职能，因此作为规范广大党员干部工作作风的党内监督机关——纪律检查委员会以及管束国家公职人员行政行为的国家监督机构——国家监察委员会无疑是合理合法的执行主体。自国家监察委员会成立之初，就采用与纪律检查机

关合署办公的工作模式，纪委作为领导核心派出机构协助监委履行监察职责，以构建无死角、全覆盖的协同监督体系为目标，积极、全面地开展监督工作。在纪委与监委的合署办公机制中，作为党纪执行主体的纪检机关与作为法律执行机构的监察委员会形成了执纪工作与执法工作一体化的关系模式：一方面，合署办公的纪法复合型工作关系，使得纪检监察机关肩负执纪与执法两项重要职责，使得工作人员似乎显示出纪检工作者与监察工作者双重身份叠加的特征，但是，由于纪检与监察分属不同的机构领域，无论是在工作内容上还是在工作责任等方面都存在诸多差异，因此合署办公的协同工作模式并不能使纪检人员与监察人员在职责身份上完全融合，而是在人员内部组成形式方面的统合混编；另一方面，虽然协同主体既有执行党纪的机关又有执行检察权的部门，但是纪法协同在具体运作过程中依然存在程序转接之处，具有较为分明的工作界限，在协同运作中纪律审查的适用范围不能够跨越执纪边界进而影响依据《监察法》开展的独立司法审查工作。

（二）纪法协同强化党内监督的客体

与纪法协同的主体概念相对应，纪法协同强化党内监督的客体主要指向党纪规章制度与监察法规体系，在各自的创制目的、程序设置、模式运转等方面存在差异的条件下，如何开展以减少内在不必要摩擦、提升监察监督能力为目标的协调统一工作。由于纪委与监委在具体职责分配方面有不同之处也有相似之处，因此作为开展合署办公模式的先在条件，两者在程序流转、工作对象、行动理念、规范标准等方面具有相互对照的可能性，然而也需严格区分两者工作职责的用权范围，以期实现权力界限清晰分明的工作状态。

1. 自我监督。纪委与监委作为履行监督职责的专职部门，同样需要对自身的监督权力执行进行监督，避免“监督权力的权力无人来监督”进而产生监督权力自身腐败的可能性。因此，一方面监察委员会除了按照《中华人民共和国监察法》依法履行对外的监督职权之外，对自身的监督同样也在相关条文中有所涉及，主要通过强调充分民主的集体决议、公开透明的审议程序、彼此约束的制度规则等方式开展内部监督；另一方面，纪委依据《监督执纪工作规则》相关规定，同样需对内部工作人员进行监督与约束，依靠各级纪委向上级纪委、同级党委定期汇报的工作制度，以及强调民主讨论的集体决议模式，发挥自我监督、自查自律的作用效果。

2. 监督职能。依据《中华人民共和国监察法》规定，监委的监察监督工作主要通过教育与预防两种较为基础性的处置措施来规范国家工作人员的行政行为，但是由于监察体制改革还在推进完善的过程之中，因此目前就监察监督的内容设置而言，不仅存在规定过于简单、基础的问题，而且缺乏配套规章制度的有效支撑，因此监察监督职能的真正履行，必须依靠严格的党纪党规来约束国家干部的行为规范，以此作为必要补充来弥补当前对于监察监督职责在设计方面存在的漏洞，进而达到杜绝任何微小违规行为的监督目标。党纪党规的制度化建设在诸如《党纪处分条例》《监督执纪工作规则》等多项党内法规出台之后，已经构建了较为全面、立体的教育与预防腐败的规则体系，因此依靠党纪进行协同治理、协调互补，有助于为监察监督职能的有效执行创造更为良好的前提条件。

3. 调查职能。在新修订的《监督执纪工作规则》中增加了大量与调查、审查、审理等监督检查有关的内容，尤其是在核实信息、质询问话等程序设置方面扩充了具体细则，因而与《中华人民共和国监察法》中对于监察调查的职权规定相呼应，为监察工作与纪检工作在程序上的顺利衔接创造了有利条件。在相关法律条文中就规定了，纪检监察部门可以协同配合开展联合调查工作，从查找线索开始就可以在与调查对象所在的部门进行沟通协调后进行审理调查，也可以与所在部门组成联合调查小组履行调查职能。在调查过程中依靠党纪赋予的监督权力审查被调查人员的思想情况以期掌握其思想动态，找到根源所在进而以强大的思想攻势感化被调查人员，同时依据法律规定以探明事实真相为目标查找相关线索。

4. 处置职能。完全依靠法律规定执行行政纪律处罚与司法审判处罚难以做到对违纪违法行为查处的全覆盖，尤其对尚不足以构成量刑标准或行政处罚标准的轻微违纪违法行为难以形成有力约束，因此需要执行党纪党规对那些在法律处罚手段难以及时介入的空白地带存在的轻微违纪现象进行处置，而不是僵化保守地过度依赖法律手段而任由微小腐败违纪行为发展蔓延，以避免对法律存在的价值及其确立的根基造成不良影响。虽然在形式上党纪处罚严于政纪处罚、司法处罚，但是能极大程度降低由轻微违纪逐步发展成为涉嫌严重违纪违法的可能性，在违纪腐败现象处于萌芽阶段就发现问题并加以有效处置，以期铲除腐败滋生成长的生存空间。为此，诸多党纪党规中条款内容的修改与设定都与《中华人民共和国监察法》在程序上实现了顺畅衔接，从而形成较为统一连贯的处置措施体系。纪法协同促进党纪处分、政务处分以及刑事处分进一步衔接，实现反腐力量的集中化与一体化，使得监察机关能够连贯地处理违纪、职务违法以及预处理职务犯罪案件①，由此加大了对于违纪违法行为的处置力度。

（三）条款参照

法律法规为纪法协同强化党内监督划定了法治边界与制度依据，党纪党规则构建了约束性框架与引导调整的方向。

---

① 刘艳红．《监察法》与其他规范衔接的基本问题研究［J］．法学论坛，2019（1）：5-15.

1. 协作性条款。纪法协同强化党内监督最重要的就是，实现党纪党规与法律法规之间在设置与运行等方面的协作配合与相互衔接，因此要积极推动党纪党规相关条款，诸如《党纪处分条例》《监督执纪工作规则》与《中华人民共和国监察法》在执行过程中能够顺利地连贯相接进而发挥协同性作用。

2. 基本条款。纪法协同强化党内监督必须坚持中国共产党的统一领导，监委严格、独立地履行监察职权监督国家公职人员，一切关于公职人员、党员干部具体行为、工作作风等问题的处理都必须在党纪国法规定的范围内，因此在《中华人民共和国监察法》《中国共产党章程》等相关规定中都明确了监委履行监察职权所应遵循的基本规范。在诸多关于在党的领导下开展治国理政具体事务的相关文件中，都提到了在确保法治精神与党的政策精神都能够发挥作用的前提下，国法与党规之间的彼此协调要进一步得到加强，以提升党的领导作用与政府部门的职能权力可以协同产生效果为目标，不断地完善协同机制与制度设计，有力推动国家治理体系与治理能力的现代化。其中尤其强调确保党的领导虽是一切工作的重点核心，但是纪法协同强化党内监督并不是意味着党纪党规可以处于国家法律之上的优先位置，两者应该属于协同治理中平等的主体关系。党对监督工作的领导地位的确是纪法协同的重要前提，但是党领导下的纪法协同工作也必须以维护法律权威、推进法治反腐为基本理念，这充分体现出作为执政党的中国共产党对于推进国家治理体系与治理能力现代化的决心。

3. 补充性条款。除了基本条款之外，中央政府与中共中央也发布过多项关于公职人员、党员干部以不正当行为非法干预司法审查及其追责认定的文件规定，通过政策文件的贯彻执行强化了党纪国法的权威与地位，大力倡导协同治理理念，是对于纪法协同强化党内监督的制度性规定的有机补充。

三、纪法协同强化党内监督的机制运行目标

依据《中华人民共和国监察法》《党纪处分条例》《监督执纪工作规则》等关于国法党纪制定修改的一致性要求，纪法协同强化党内监督的机制运行以提高监察监督的有效性为导向具有三方面的构建目标：一是探索具有中国特色的监察监督体系，二是形成“三不”一体推进党风廉政建设与反腐败斗争的制度机制，三是构建廉政治理体系和治理能力现代化。

（一）以提升监督的有效性为导向

1. 加强不同法规的可对接度

监察体制改革作为我国司法实践制度发展的新成果，如何确保《中华人民共和国监察法》与其他法律法规在程序上的顺利衔接、在机制上的流畅对接，是推进纪法协同强化党内监督的一大难题。目前关于不同法规在对接协调方面的制度建设存在诸多亟须解决的问题，比如，关于涉嫌腐败违法行为的监察案件的审判、起诉，在刑事追诉条例中没有做出与之相对应的明确规定，存在法制衔接上的空白地带；在行使监察调查权的过程中，在确保监察权行使的合理性与有效性的同时，如何避免利用非法手段搜集证据对于司法公正性带来的损害，保证证据搜集与举证的合法性程序。

2. 确保对于权力监督机关自身的有力监督

用权力来制约权力是监督体制设计的基本思路，但是依然存在隐患。当“监督权力的权力”处于不断强化的优势地位，那么又有谁可以来监督它的运行，以此避免由于处于无人监督状态进而产生腐败的可能？目前监委集监督、调查、处置三项职权于一身，可以独立完成从调查、质询对象到处置对象的全过程，成为较为强大的权力执行机构，而

且与纪委的合署办公促使党内执法权与司法执法权聚合于一体，再加之在监察体制改革中监委职级地位与权威性的提升，使得纪委与监委在各方面与司法机关相比较而言，形成了独立、专职且强有力的优势地位。但是权力集中的纪检监察机关也需要对自身权力的运行进行有效的监督，否则极易导致过于集中的绝对权力在缺乏制约的条件下产生新的腐败问题。与此同时，在纪检监察机关独立行使监督权的过程中，如果不加以有效的全过程监督，不仅可能会引发权力滥用的现象，而且关于被调查对象合法权益与基本人权能否得到保障又将会成为一个突出问题。

3. 增强监督效能

目前正在推行的监察体制改革的重要目的之一就在于改善与解决监督效能低下、监督职能乏力的问题，以形成强有力的监察监督能力为促进国法党纪的协同发力奠定良好的基础。然而当前在《中华人民共和国监察法》中关于监委的监察监督权，在内容及相关执行细则的规定方面较为模糊，仅仅在基本概念上做出规定，这样极易造成在监督权的执行中出现难以准确把握进而无法精确操作的困难。监督职责“宣言式”规定导致与监察机构属性的冲突，监督职责的行使体制、行使机制、运行机制、保障机制均存在制度供给短板。① 在目前党风廉政建设与反腐败斗争胜利巩固与发展的阶段，必须依然坚定反腐败的信念与决心，时刻维持对于腐败现象的强有力遏制，通过不断提升监督效能加强反腐败工作的实效，以反腐败永远在路上的工作态度继续推进“三不”一体化建设。为此必须在关于监督职权的规定方面提升内容的精确性、具体执行的指导性，避免在规则制度的设计层面出现漏洞，为监督效能的有效发挥提供可靠的制度保障。

---

① 魏昌东．监督职能是国家监察委员会的第一职能：理论逻辑与实现路径：兼论中国特色监察监督系统的规范性创建［J］．法学论坛，2019（1）：25-36.

4. 提高调查的法治化程度

依据《中华人民共和国监察法》的相关规定，通过设置明确具体的监察监督、调查、处置的程序机制从而有效执行监察权，但是由于在规则设计方面以及流程对接方面没有清晰而具体的规定，从而导致监察权执行体系的不健全以及实施方式的自我定位存在误区。在纪委、监委行使调查权开展对于调查对象的谈话质询阶段，虽然可以围绕纪律监督与法律监督各自的作用，发挥纪法协同的优势进而提高反腐败的实际效用，但是依然存在关于监察调查的相关规定不够具体明确乃至出现制度缺失的问题，因此必须依靠严格的法律规范完善制度设计。除此之外，留置以提高调查工作合法性为目标，能在一定程度上实现反腐工作的高效率与反腐行动的统一布局。虽然在调查阶段以留置取代“双规”措施提升了其合法性程度，但是它的法制化程度依然不高，尤其存在不同纪律规则间的对接程度较低、法律规定中存在不自洽的内容等问题，从而导致监督职权在实际应用中缺乏更为具体的法律保障。

（二）以提高纪法协同的合法性与实效性为宗旨

合法性与实效性是纪法协同强化党内监督的价值依归，一方面纪检执纪与监察执法要时刻依照《中华人民共和国监察法》《党纪处分条例》《监督执纪工作规则》等党纪国法的相关条款严格执行，确保纪检监察工作在合理合法的框架下有效开展；另一方面，要通过机制改革、方式创新等手段提升纪检监察工作的有效性，通过纪委的执纪工作与监委的执法工作的有力配合，形成高效率的协同治理模式。为此，必须统筹兼顾合法性与实效性，避免两者之间出现冲突对立，不能为了追求实效性而置合法性于不顾，同时也不能一味墨守成规、因循守旧而阻碍实效性的达成。

1. 纪法协同的合法性追求

要实现纪法协同强化党内监督的合法性，必须严格遵照《中华人民共和国监察法》的相关规定，大力推动将执纪与执法有机结合的具有中国特色反腐工作模式的有效实施，以形成反腐合力为目标将党政系统内部的纪检监察资源进行合并与收拢，最大限度实现监督资源的高效利用，构建具有中国特色的权力监督体系。虽然权力监督体系的有效运行主要依靠法规条文加以明确规定，但是在程序设计、机制建设、结构设置、关系架构等方面的重大调整也可以看出较为强烈的政治色彩，因此纪法协同强化党内监督的权力监督体系建设自然包含着对于政治因素的考虑。可以说，正是出于政治性的多方考量进行体制改革，才使得监委拥有较高地位与独立性，由此在确保监委在行使监察权时具有较强权威性的基础上提升了监察工作的效率。可以说，纪法协同强化党内监督的合法性就是由政治性转化而来的，通过政治性有效保障了监委的独立性、权威性、高效率，进而在实现"集中统一、权威高效"的过程中，构建具有中国特色的权力监督体系。

一是完善法律规章避免出现制度空缺。分属不同系统的党纪与国法在协同治理中必然存在些许规则制定层面的空白地带，为此必须进一步完善规章制度：首先，纪法协同必须将法律规范作为开展腐败治理的合理依据，在有序推进监督治理过程中不断增强工作效率；其次，不同法律规章在对接中产生的制度空白，主要是由于规则内容制定的不完善、规则设计考虑的不周全，导致在纪法衔接的过程中无法及时出台相应规则以弥补制度漏洞，为此需要在后续操作实践中积累经验、增强认知进而为进一步完善规则制度奠定基础；最后，必须以"全覆盖、无死角"为目标追求不断制定出台相关法律规章，发挥党纪与国法各自的优势，实现党纪国法对于党员干部、公职人员行为意识的全方位约束。

二是厘清党纪国法的内在联系。首先，作为兼具司法机关特性与政治职能特性的监察委员会，必须在与纪委合署办公的模式下寻求执法权与政治职能两者之间的有机统一，防止忽视自身具有司法机关职责属性而完全让位于政治因素的考量。其次，确保党纪党规在符合社会主义法治规范的框架下进行构建设计。党纪作为约束党内成员行为意识的纪律规范同样需要符合社会主义法制建设的要求，要与宪法、其他法律条规在内容设置上不产生对立冲突，以确保党纪与国法能够和谐共生、优势互补，从而能够形成协同发力的最终效果。最后，推进纪法协同合理合规的机制运行。切实将《中华人民共和国监察法》作为反腐监督工作的重要法律依据，在确保党对纪检监察工作统一领导的基础上，推动党纪与法律之间协作关系的互动发展。

三是遵照法治规范推动纪法协同的创新性发展。面对复杂的外部形势与新的环境发展需求，纪法协同强化党内监督也必须在现有成果的基础上，通过不断地改革创新持续完善运行机制，遵循法治建设的基本思路加强党纪与国法在反腐败实践中的深度协同，在改进制度与创新改革的过程中创造更多新成果，比如，《中华人民共和国监察法》《政务处分法》就是两者协同创新的结果。亚里士多德认为，法治就是“已成立的法律获得普遍的服从，而大家所服从的法律又应该本身是制定得良好的法律”①。遵照法治建设规范推动纪法协同的创新性发展，将那些在实践中取得良好效果的党纪党规适时转化为法律规章，有助于推动良好法律的生成进而为腐败治理工作提供可靠的法律保障。

四是加强法治化建设。在推动纪法协同强化党内监督的程序设置、框架设计等方面的实践中，必须时刻强调以法治规范来引导制度建设：首先，加强纪检监察内部的自我监督，尤其是在形成统一高效的监督权力体系之下，更要注意避免出现“监督权力的权力”发生腐败的可能；

① 亚里士多德. 政治学［M］. 吴寿彭，译. 北京：商务印书馆，1965：199.

其次，确保司法机关独立办案不受到影响，尤其是在合署办公的模式下更要防止纪委利用政治权威干预司法部门的调查与处置；最后，关于纪检监察工作人员的队伍建设标准也需要配合法治化目标，在工作人员的构成比例、监察人员资格认定等方面都要符合法治建设规范。

2. 纪法协同的实效性追求

腐败具有高度隐蔽性，有效的腐败发现机制及追责机制，是确保腐败监督效能最大化之关键。① 要确保纪法协同实效性的达成，必须逐一解决与改善以往反腐败监督覆盖面有限、向心力缺失、监督机制乏力等问题。根据《中华人民共和国监察法》在推进“三不”一体化机制的构建过程中注重规范化建设：在制度设计方面，形成由事前预警机制、事中调查机制、事后查处机制构成的较为完善的全过程监督体系，以期形成对于人、权、事三管齐下的全面制约；在措施执行方面，以发挥制度设计的有效性为中心制定能够付诸实践的执行措施，在确保精确探查、准确实施的条件下寻求运行机制的高效运转；在成效评估方面，通过构建完善而全面的规范化体系，为监督权力的运行机制建设提供可靠的制度保障，以期达成不敢腐、不能腐、不想腐的最终效果。

不敢腐目标的达成，离不开以全面覆盖与分类实施为行动原则、以精准查究与及时止损为目标的腐败处理机制的有效构建。可以说，纪委与监委的合署办公模式为从执行党纪、执行政纪、执行国法三个层面进行一体化整合的调查处置机制建设提供了便利，但是在实际操作中也需要时刻谨记分类处理的原则：首先，坚决抵制“以纪代法”危害司法公正的错误做法；其次，避免出现以党纪处罚取代政纪处罚的违规操作；再次，谨慎动用司法手段在合理范围内处置违反党纪、违反政纪的人员案件；最后，在严格执行党纪、政纪、国法，追究违纪违法人员行

---

① 钱小平．监察委员会监督职能激活及其制度构建：兼评《监察法》的中国特色［J］．华东政法大学学报，2018（3）：39-48.

为过错的工作中，也要以不打击党员干部、公职人员敢作敢为的进取精神为前提条件，确保容错纠错机制的有效实施。

不能腐目标的达成，必须依靠准确无误的腐败探查机制的有效运行，通过高频率的调查工作及时发现潜在的腐败案件。一方面，通过高效率的质询调查工作确保腐败问题发现的精准度。通过正确使用留置措施，可以克服以往仅依靠司法手段难以有力而全面地对潜藏隐蔽的腐败问题完全调查清楚的弊端，但同时在留置措施的使用过程中要注重维护相关调查审理工作的公正性，避免滥用权力造成确证有误的现象发生。另一方面，通过有效的线索搜集工作提高腐败问题的发现率。目前腐败案件呈现出隐蔽、复杂的特征，依靠传统常规性的取证搜证工作无法有效地发现潜在问题，因此必须采用多种手段联合发力的方式形成关于腐败案件线索搜集的发现机制，通过内部人举报、当事人自首等措施及时查找线索，提高腐败发现的概率，尽可能降低腐败黑数。

不想腐目标的达成，与覆盖全面、灵敏有效的腐败预警机制建设有着极其紧密的联系。完全依靠法治反腐的思路开展预防腐败工作难以达到预期的理想效果，是因为对党政机关工作人员的生活作风、家风门风、道德思想等涉及私人生活、伦理层面的行为举止而言，难以通过立法、司法程序对其进行全方位、强制性的规定与干预，而党纪党规作为约束党员行为作风、引导党员道德规范的强制性纪律规章，可以从伦理道德层面对党员干部的言行进行有效制约。因此构建纪法协同强化党内监督的腐败预警机制，可以克服法治反腐无法细致介入公职人员工作生活的弊端，可以从腐败发生的思想源头、腐败形成的前期行为入手，凭借完善全面的党内立法及时发现腐败的苗头，通过严格执行党纪来避免微小的违纪行为进一步发展成严重的违法行为，从而达成有效预警、及时疏导的预防腐败目的。

四、纪法协同强化党内监督的机制运行保障

遵照党内监督机制运转的特质属性与规律规则，是推动纪法协同运行机制建设发展的基本原则。纪法协同强化党内监督的运行机制作为一项全方位、系统性的建设工程，要确保纪法协同的机制运行能够得以持续，必须厘清运行系统内部的组成要素及其内在关系，以提升结构的稳定性为目标不断完善体系架构，增强信息流动与因时而变的基本能力，同时依靠构建反馈渠道、简化程序环节等方式提升基本能力，从而在逐步优化体系设计与结构布局的过程中为纪法协同强化党内监督的机制运行提供可靠的保障。

（一）理顺运行系统内部各要素之间关系

纪法协同强化党内监督的运行机制建设作为一项复杂的系统性工程，主要由主体、客体、运转规则等内部要素组合而成：纪法协同强化党内监督所依据的党纪党规、法律条文是确保权力监督体系良好运行的制度保障与原则指导；通过党纪国法的协同发力对党员干部形成全过程、全覆盖、无死角的强有力约束，是实现与巩固监督有效性的手段方法；纪法协同强化党内监督的执行主体与被执行对象之间的关系构建，是机制运行所围绕的主要内容。纪法协同强化党内监督的机制运行能否得以持续，主要取决于机制系统内部诸要素之间的关系整合程度与效用发挥水平。虽然各要素在功能与结构上各有差别、相对独立，但都是机制系统整体性构建不可或缺的组成部分，各要素按照特定的组合方式与架构程序推动了运行机制的内部构造、促进了机制系统的自我塑造。同样地，各要素各自效用的正常发挥也离不开在机制系统所构建的大框架下，与其他要素发生彼此互动、相互关联的动态发展过程。从中纪委出台的《纪检监察机关监督执纪“四种形态”统计指标体系》所列举的

56 项不同的指标中，就可以看出由各要素组成的监督执纪系统运行的具体状态。在各指标要素之间错综复杂的关系中能否形成协调互动的运行状态，在很大程度上决定了党内监督体系的机制运行是否可以良好维持。通过深入剖析纪法协同强化党内监督的机制系统还可以发现，在监督机制运行的整个过程中，控制、组织、协调、实施、反馈等各环节都可以作为独立运行、彼此影响、相互依赖的子系统，可以说它们各自的功能作用必然是在与其他子系统的关系链接中才能得以实现。所以，纪法协同强化党内监督的运行机制是由各种内在要素组合而成的有机统一的整体系统，各要素作为整体系统的子系统发挥着各自的功效，诸要素之间彼此关联、相互作用，因此各要素能否在关系协调中形成同向同力、紧密配合、衔接顺畅的协同状态，直接影响到运行机制能否以最优状态发挥最大功效。

（二）运行模式的适时调整与持续优化

纪法协同强化党内监督的运行机制是由多样、多元、多重的内在要素、功能作用、程序设置、影响对象、实施措施聚合而成的综合体。内在要素包括机构设置、职能设计、规章建制等；功能作用主要包括党纪党规约束、法律法规制约、思想教育引导等；程序设置由控制、协调、执行、监督、反馈等多个流程组成；影响对象主要包括对对内规范机制、对外协调机制、动态调整机制的影响；实施措施主要有激励慰勉措施、信息反馈措施、预警排查措施、动态监督措施等。围绕目前党内监督的职能配置不合理、程序衔接不顺畅、制度建设不规范等多方面的问题，必须严格遵照《中华人民共和国监察法》《党纪处分条例》《监督执纪工作规则》等党纪国法的相关规定要求，以结构布局科学、流程运转严密、监督范围全面为导向，对运行模式进行适时调整与持续优化。要达到持续优化的最终目标，就必然要对党内监督机制运行的内在逻辑有深刻的理解与认知，并对其在结构、程序、方式等方面进行科学合理的设计，以推动形成规范高效的监督运行机制。为此必须确保运行机制内在诸要素的紧密联系、彼此作用、互联互通，及时解决诸要素间的不协调因素与不必要摩擦，为各要素的协同发力、协调配合、互促共进创造良好的条件，由此最大程度发挥运行机制的整体性功效，从而实现纪法协同强化党内监督的最终目标。

（三）运行机制结构形态的平衡有序

只有当运行机制系统内部各要素之间产生相互协调的关系状态，才能使得机制系统呈现平衡有序的结构形态进而确保系统自我调节功能的有效发挥。因此各要素在调整相互关系的过程中，各自调节功能的有效发挥程度影响着运行机制整体性的自我调节水平，而这种调节功能只有在各要素处于相关联、非孤立的状态时才能得以展现。诸要素相互关联形成彼此制衡、彼此依存的关系以便构建内部运作网络，进而对于运行机制系统的整体功能发挥造成影响，可以说由诸要素相互关联构建而成的运行结构，为纪法协同强化党内监督运行机制的形成、变化与完善创造了可供其发展的内部环境。纪法协同强化党内监督运行机制作为内在要素繁多、结构层次复杂、制度规范庞杂的系统性建设工程，其内在的运行状态始终处于诸要素相互作用、结构布局互相影响、程序规范彼此对接的动态发展之中。通过考察系统内部各要素、子系统之间相互联系，以及系统与外部环境之间相互关系入手，探寻系统组织结构、运行机制优化的具体路径。① 因此如果将构成要素多样、组织结构多重的纪法协同强化党内监督的运行机制作为一个不可分割的有机整体性系统来看待，必须着重研究由诸要素发生关联而共同形成的关系结构，从更为全面完整、动态开放、联系发展的角度对机制系统的结构形态进行深入

① 熊继宁．系统法学导论［M］．北京：知识产权出版社，2006：169.

剖析，那么就可以发现纪法协同强化党内监督运行机制的构建与发展必须在强调彼此联系、相互制约的基础上，充分发挥各内在要素的功能进而共同推进整体性优势的展现，将营造协同发力、有机配合的关系衔接状态作为提升纪检监察监督效力的有效途径，进而在各要素平衡整合、有序协调的前提下形成平衡有序的结构形态，才能确保运行机制整体性能的有效发挥。

第三节　纪法协同强化党内监督的机制构成及其实践依据

在贯彻落实全面从严治党要求以及监察体制改革不断深化的大背景下，若要充分发挥党纪国法对于强化党内监督的协同效果，必然要构建一整套成体系的、功能分明的运行机制来加以巩固与强化，与此同时，还需从历史发展的经验总结、机构协作的现实需要、制度溯源的根基分析去确证纪法协同强化党内监督机制运行的实践依据。

一、纪法协同强化党内监督的机制构成

纪法协同强化党内监督的运行机制是由若干作为子系统而存在的具体机制组合而成的大系统集合。在各项具体机制的共同作用下，推动着纪法协同运行机制的整体化运转。具体来说，纪法协同强化党内监督的运行机制主要由驱动机制、支撑机制、评估机制、制约机制构成。

（一）纪法协同强化党内监督的驱动机制

纪法协同强化党内监督的机制运行必须依靠能够持久发挥作用的内在驱动与外在驱动，而在坚定不移推进党风廉政建设与反腐败斗争的党中央重大决议的号召下、在大力推进国家监察体制改革的国家治理现代

化的建设中，以发挥反腐败合力为方向、以“三不”一体化推进为目标，逐步建立起统一高效、专职独立的反腐败组织，从而为纪法协同强化党内监督提供了驱动力来源。首先，纪法协同强化党内监督的内在驱动来源于反腐败合力的有效形成、监督合力的有效提升。监察体制改革以前承担反腐败职能的机构主要有纪律检查委员会、行政监察机关、审计机关、国家监察委员会、检察院的反贪局，但是由于这些机构分属于不同领域，横跨了党、政、司法三大系统，导致机构部门设置分散、反腐资源分配不均、程序环节衔接不畅等负面现象的产生，进而造成反腐败合力不足、监督效果欠佳等问题。因此对于整合反腐机构、强化协同治理效果以提升监督质量与增进监督效率的需要，造就了纪法协同强化党内监督的内部驱动。其次，纪法协同强化党内监督的外在驱动来自推进国家治理体系与治理能力现代化的现实需要。纪委与监委合署办公模式的确立，不仅有助于促进执纪监督工作与执法监督工作的有机统一、相互补充，而且有利于将全面从严治党关于全覆盖的具体要求得以切实贯彻。党的十八大以来，随着党风廉政建设与反腐败斗争的持续推进，党内监督范围逐渐扩大，不仅包括各级党组织与全体党员，而且将所有属于党外人士的国家公职人员涵盖在内，避免了监督死角的存在，提升了整体监督效果，从而真正做到了对于一切公权力运行的全方位监督。纪检监察工作体制的改革创新、组织结构的细化调整、制度建设的合理规划，促进了纪律检查与监察监督、党内执法与监察执法之间的一致性与互补性，在推进依规治党与依法治国能力提升的过程中，始终将制度建设贯穿依规治党与依法治国的全过程以此实现两者有机统一的协调融合，从而有效提升反腐败综合治理能力。

（二）纪法协同强化党内监督的支撑机制

以充足的物资供给、制度供给、文化供给支撑纪检监察工作的稳健有序开展，从而为建设统一集中、权威高效的权力监督体系提供坚实的基础，是建立纪法协同强化党内监督支撑机制的关键目标。为了确保纪法协同强化党内监督的有效运行，支撑机制的构建必须以解决在执纪监督与执法监督过程中出现的诸多问题为目标。首先，确保物资供给。为了确保纪检监察机关工作人员能够以更为积极、主动的态度投入执纪执法工作之中，必须为他们提供优厚的工资福利、营造有利的工作氛围以便于解决他们的后顾之忧，为此要更加注重以公正公平为导向解决机构内部人员薪酬不一致的待遇差别问题，避免产生不必要的内部摩擦。其次，确保制度供给。严格依据《中华人民共和国监察法》《党纪处分条例》《监督执纪工作规则》等党纪国法的相关规定开展执纪执法工作，同时注重以程序的顺畅衔接为重心加强纪委与监委之间协同配合，确保依规依法推动权力监督机制的有效运行，才能为执纪监督与执法监督构建有力的制度保障。最后，确保文化供给。要激励纪检监察机关工作人员以恪尽职守的工作态度、甘于奉献的工作热情、求真务实的工作理念开展执纪执法的监督工作，离不开各级纪检监察部门内部的组织文化建设，为此注重培育积极向上的组织文化，有助于为执纪执法工作在协同治理成效方面的有效提升带来强大的精神动力。

（三）纪法协同强化党内监督的评估机制

为了确保纪法协同强化党内监督机制的有效运行，必须对执纪监督与执法监督的协同运行效果做出客观真实的评估，可以通过检验成效、总结经验预防问题突生、及时规避风险，从而为纪法协同监督工作的有效开展制定正确路线，所以构建纪法协同强化党内监督的评估机制至关重要。为此必须仔细研究纪委执纪工作与监委执法工作各自的优势、共同的特征以及两者协同发力的内在逻辑，以此设计评估体系的大致框架，在广泛征询专家意见与建议的基础上不断完善、优化评估体系，然后通过实践检验的方式，对纪委与监委在执纪工作与执法工作中的协调配合情况进行科学评估，从而为不断完善纪法协同强化党内监督的机制建设与提升机制运行的成效提供具有实际意义的参考依据。

（四）纪法协同强化党内监督的制约机制

绝对的权力导致绝对的腐败，即使作为监督权力的权力在没有制约的情况下也同样可能发生腐败，因此行使监督权的纪委与监委也有必要受到约束，只有这样才能促使执纪监督与执法监督的权力运行能够在确保可信度与认可度的条件下维持正常运转。着重强调对于纪委、监委的监督约束，是从维护人民利益、满足人民需要的角度出发的，是出于严格落实全面从严治党要求、深化国家监察体制改革的迫切需要。监委与纪委合署办公，在一定程度上实现了反腐败力量的有机整合，形成了统一集中的监督权有效规范了权力运行。为了促使监督权力与手段得以正当运用、保障监督程序有序公正地运转，必须加强对于监督权的制约，在切实践行“任何权力（包括监督权）都应该受到监督”的理念基础上，获得更多对于执纪执法工作的认可与支持，从而为权力监督体系的建设创造良好的环境。为此，首先要注重对于纪检监察机关内部的自我监督。在纪委、监委机构内部设置专门监督机构内部工作人员的部门，以此完善监督体系建设，避免产生“灯下黑”现象。为此必须重点加强对于质询、调查、处置等程序的监管制约，通过环节控制排查流程运转中的违纪违法问题，同时以增强监督质量与效率为目标改革完善监督手段；强化上级纪委与上级监委对下级的监督管理职责，同时下级纪委与监委也要绝对配合上级监督工作的展开，以更为积极、主动的态度提升自觉接受监督的基本意识并付诸行动。此外，要确保外部监督的效力得以真正体现。在加强内部自我监督的同时畅通外部监督的渠道，积极提高人大监督、政协监督、司法监督、舆论监督、人民监督的实际作用，对纪委与监委的工作人员有无正确、合理、合法行使监督权形成强有力的外在监督，从而形成外部制约配合内部制约的协同监督状态。

二、纪法协同强化党内监督机制运行的实践依据

（一）纪法协同强化党内监督具备长期实践的历史根基

纪法协同强化党内监督是在探索中国特色权力监督体系建设的过程中形成的，有别于传统西方腐败治理模式，这是基于中国反腐败经验的历史总结与长期实践的反复摸索，是在不断优化完善与改革创新中生成的适合中国国情、展现独特优势的腐败治理新模式。

1. 从历史实践的经验总结中得出的确实性

在党的一大会议通过的党章中就规定，“地方执行委员会的财政、活动和政策必须接受中央执行委员会的监督”，可见自建党以来中国共产党就以严明的党纪党规加强对于党员队伍的监督管理，依规治党、正风肃纪的思想一直贯穿在党的革命、建设和改革的过程中，这是由于党始终将从严治党的良好作风一以贯之地坚持与发扬，才使得党员队伍的先进性与纯洁性得以永久保持，进而才能形成强大的执行力与战斗力，从而确保了我党在革命战争年代与和平建设时期取得了一次又一次的胜利。随着《党纪检查条例》《党纪处分条例》《监督执纪工作规则》等一系列用于约束党员行为与规范党内生活的党纪党规相继出台，逐渐形成了成体系的党内法规系统，虽然依然存在诸多不足之处，但是通过党纪党规的不断完善与强有力的执行，对于党员队伍形成了强有力的规则约束，有力推动了党内监督的制度化建设，同时还与司法机关反腐肃贪形成了彼此协调配合的局面，执纪工作与执法工作联合监督为保证党员队伍整体的清正廉洁提供了有力保障。在《中华人民共和国监察法》出台以前，纪法协同强化党内监督的实施条件尚不具备，执纪与执法工

作的配合主要体现为对于违纪违法的腐败案件的调查侦破，在纪委通过相关执纪调查工作掌握党员干部违纪事实、发现违法的证据之后，将相关证据材料、案件卷宗移交给司法部门进行进一步的司法审查。可以看出，以往执纪与执法工作的协同程度仅仅体现在移送证据材料方面，时常由于取证材料不符合法律规范而不能被认定为合法证据，因此纪法协同发力的程度相当有限。然而即使是有限程度的纪法协同，对于单是依靠司法力量在开展执法反腐的工作中可能遇到力有不逮的情况时，执纪反腐的有力配合也在一定程度上加大了对于腐败现象的综合整治力度。经过长期历史实践与有益经验的总结，有力证明了纪法协同强化党内监督可以提升腐败治理成效的确实性，并且随着纪法协同模式法治化进阶的持续推进，必将在更大程度上促进依规治党与依法治国的有机统一，从而不断完善具有中国特色的权力监督体系。

2. 通过不断改革创新形成的历史发展特性

中国共产党勇于自我革命的精神是推动中国共产党以求真务实、与时俱进的姿态不断对党纪党规进行调整以适应变化的不竭动力。尤其是面对腐败形态愈加隐蔽、复杂的情况，在党中央的统一领导下会根据现实情况，从顶层设计的角度在腐败治理思路、反腐工作布局、执纪监督体制等方面做出适时性的调整变更，通过不断的改革创新探寻反腐败的新方法、新模式以适应反腐形势的新变化。随着反腐败打击力度的逐渐加大以及制度体制的愈加完善，腐败也在不断进化从而变得愈加难以被查纠，法治反腐手段由于其自身特性难以更早发现腐败、及时干预腐败发展，同时对于微量腐败的现象也无法做到完全惩治。所以在目前法治反腐的制度建设尚不健全之时，仅仅依靠司法手段难以提高对于腐败治理的实际成效，无法形成对于腐败的强有力遏制，从而也就难以维持反腐败高压态势。党纪党规不同于法律法规，党纪党规能够进一步介入党员干部的工作生活，可以规范与引导党员干部的言行举止与思想意识，并在程序执行上以更加灵活的方式推动反腐工作的有效展开。对于依靠法律手段难以尽早介入、及时惩治的腐败现象，党纪党规可以先于法律法规从更为严格的处罚标准上对于腐败目标实施严厉的制裁，而后通过与司法手段的程序贯通形成执纪工作与执法工作的有效衔接，从而克服司法手段的应对不足问题，由此稳步推动法治反腐的发展建设。由于党纪党规具有根据实际情况不断调整与完善的历史发展特征，因而能够很好地与监察体制改革相适应，在实现党纪自我改革的同时协调推动监察法规制度的发展、执法反腐效能的增强，从而促进纪法协同强化党内监督的运行机制建设。

（二）在党风廉政建设与反腐败斗争方面开展党政协作的现实需要

党的十八届三中全会提出国家治理体系与治理能力现代化，大力推进国家制度和制度执行能力的完善与发展，注重在党的统一领导下推进治国理政的体制机制建设，提升依法执政、依法施政、依法行政的能力，以此顺应现代化法治国家发展的需要。社会治理的合法性在很大程度上根源于文化认同与政治认同的状况，二者让社会治理变得更加顺畅，并尽可能地趋近善治目标。① 作为法治化国家建设事业领导核心的中国共产党，肩负着实施依法治国方略的神圣使命。可以说，要想全面推进依法治国就必须时刻强调在党的领导下加强党政协作，从而将政治与法治进行有机融合，这也符合自中华人民共和国成立以来我国一贯的治国理政传统，因此在党风廉政建设与反腐败斗争领域必须坚持党政协作的治理模式，通过党政两大系统在廉政治理方面的协同配合加强反腐败力度、提升反腐败成效。作为国家建设事业领导核心的中国共产党不仅表明全面依法治国、全面从严治党的巨大决心，而且在治国理政的实

① 杨华锋．协同治理：社会治理现代化的历史进路［M］．北京：经济科学出版社，2017：1.

际行动中积极践行国家法治建设的承诺，因此纪法协同体现出依靠法治推进反腐败工作的内在逻辑。在《中华人民共和国监察法》中就明确提出由中国共产党来统一领导监察执法工作，这意味着中国共产党肩负着领导监委统筹开展法治反腐事业的具体职责，因此通过“三不”一体推进的战略实施将权力关进制度的笼子，全力建设具有中国特色的权力监督体系，是对于实现依法治国战略目标的最好回应。因此为了顺利兑现依法治国的政治承诺，必须在积极探索具有中国特色的反腐败道路的过程中，以更为主动的方式大力推进法治化反腐，在实现法治化目标的前提下寻求党规建设与法律建设的相互支持与彼此协作、纪委执纪工作与监委执法工作的有机配合与协同发力，由此不仅可以增强执法监督效果而且能为执纪监督提供可靠的法律保障，从而确保全面依法治国与全面从严治党的相互促进。

在十九届中央委员会第三次全体会议上提出，“以国家治理体系和治理能力现代化为导向，以推进党和国家机构职能优化协同高效为着力点，改革机构设置，优化职能配置”①，组建中央全面依法治国委员会，强调其主要职责就是统筹协同全面依法治国工作。可以看出协同治理的思路贯穿其中，为此需要改变以往工作中固有的管理者模式，提倡从“工业化”管理走向“现代化”治理，强调单向度管理转化为双向度治理，明确以多主体协同参与治理取代单一主体唯一化管理，以此适应现代社会对于治理模式转型发展的需要，这也是以纪委与监委合署办公模式推进党政协作的内在逻辑。不同于以往纪律检查委员会与行政监察机关的合署办公，在这次监察体制改革中中央纪律检查委员会与国家监察委员会的合署办公，更加强调纪委执纪职责与监委执法职责在同一机构内以不同的工作机制加以推进落实，纪委工作人员与监委工作人员在职

① 中共十九届三中全会在京举行习近平作重要讲话［EB/OL］. 人民网，2018-03-01.

位序列上并不重合，分别履行各自职能。这种职责清晰、协同分工的有机融合的工作模式，可以通过职权重合的便利条件发挥协同发力的功效进而提升监察执法的工作成效，因此可以说纪法协同强化党内监督是对于我党履行全面依法治国与全面从严治党的法治承诺与政治承诺的重要体现。

（三）从制度溯源来看纪委与监委工作依据来源相同

《中华人民共和国监察法》是在参照《党纪处分条例》《监督执纪工作规则》《中国共产党纪律检查机关案件检查工作条例》等相关党纪党规的基础上，经由转化吸收而制定出来的，尤其是关于监察部门的机构设置、工作程序的监督管理、调查质询的措施规定、监察人员的自我约束等方面的内容描述无不显示出《中华人民共和国监察法》与相关党内法规之间具有紧密的关联性。可以说，将党纪党规加以法制化的形式转化从而形成了《中华人民共和国监察法》，通过制度溯源可以发现两者之间拥有相同的制度根基，因此党纪党规与监察法具备协同配合的内在基础。

1. 纪委与监委工作人员廉洁自律准则皆属于纪律性约束

根据《中华人民共和国监察法》相关规定，监察委员会设置内部监督部门，其主要职责就是建设廉洁奉公、敬业守则的监察工作队伍，监督监委工作人员的行为举止有无违法违纪，尤其通过设置严格的廉洁自律规则有力推动了对于监委工作人员的有效监督。如监委内部人员如果出现干预办案、询问案情等情况，相关的办案人员要及时向监委内部监督部门进行汇报，并将相关问题详细记录在案。在没有得到批准的情况下参与案件审查的监委工作人员不得私自接触调查对象或是与调查对象有密切关系的人员。当监委工作人员获知被调查对象与办案人员存在特定关系或者有交往史的，应当及时主动向部门汇报，所有相关情况都要记录在案。类似情况通过与检察院、法院对于工作人员不正当干预、无故过问、汇报备案等情况的相关处理规定比较而言，监委的相关规定则显得更为严格且更具威慑力。从更为微小、细致的层面对于监委工作人员的言行举止加以精细化地规范制约，更加体现出其作为纪律性约束的一面，从来源性质方面来分析，可以说这与党纪党规更为接近。比如，《中华人民共和国监察法》在关于监察工作保密制度、利益冲突回避制度、离职离岗解密制度等方面的规定，就与《监督执纪工作规则》中相关条例说明有着较高的一致性，尤其是在关于回避制度的内容方面，无论是从文字表述还是从行文顺序来看，两者都属于纪律性行为约束，可以说两者源自相同的制度规范。

2. 监委自我监督机制源于纪委自我约束模式

根据《中华人民共和国监察法》相关规定，监察调查工作必须经会议研究决定后方能实施，调查目标、注意事项、搜证范围要在会议制定的调查方案中明确说明，在具体执行过程中不能擅自改变；在调查工作开展中发现突发情况，必须召开会议讨论后及时向上级汇报；在监委领导班子组织集体会议决定且得到上级批复后方能使用留置手段，同时留置时间的延长也需要得到上级批复后才能执行；在监委召开集体会议决定且得到上级批复后，关于主动交代问题、坦白违法犯罪事实的宽大处理才能执行。以上在监委职能履行过程中对于工作程序与工作方式的自我监督模式，与司法机关在执法过程中的独立行使完全不同，实际上这主要源自纪委机关在工作中特别强调的集体负责制度与上级权衡制度。在《监督执纪工作规则》中就规定了纪委向上级汇报的相关事项，在纪委工作中遇到重大问题与突发情况，必须向同级党委与上级纪委汇报说明，或者在召开集体会议讨论决定后向负责人汇报；在集体会上决定通过的行动计划必须不折不扣地加以执行，调查目标、注意事项、搜证范围都不能擅自变更。在《中国共产党纪律处分条例》中同样规定关于党员的党纪处分应秉持民主集中制原则，任何人或者少数人不得在没有经过党组织民主会议依据程序讨论决定后擅自处理。

3. 以留置取代双规推进调查机制的法治化建设

“用留置取代‘两规’措施”是党的十九大报告中醒目的法治反腐宣示，留置亦被认为是“两规”的法治化进阶，是国家监察体制改革过程中实现党纪和国法有效衔接的重要举措。① 通过制度溯源可以发现，调查机制的形成源自纪委机关的执纪工作，纪委机关经过长期实践与经验积累构建了一整套较为成熟、成效显著且成体系的制度模式与机制措施，包括质询、叙述、阐明过程等措施。以上这些措施同样也被用于监委调查工作中，可以说监委的执法调查机制是在纪委的执纪调查模式的基础上转化而来的。留置措施作为监委执法调查工作的主要手段，在制度设计方面为配套措施的及时跟进与补充完善创造了较大的制度供给的可能性。在《党纪检查条例》中对于双规的解释是，在规定时间、规定地点就被调查的相关问题说明情况，而在《中华人民共和国监察法》中关于留置调查机制的条款说明，更加注重法规法条之间能否对接，提出更多配套性机制条款来增加规则储备空间。通过这种整体设计构建了机制运行总系统，摆脱了单一机制的孤立运行模式，推动了在不同法规机制之间互联互通的关系构建进而结合产生全新的司法效果，从而可以为调查机制赋予更多法律属性，所以说留置虽然源于双规却是双规的法治化发展的高阶形态。

① 刘艳红．程序自然法作为规则自洽的必要条件：《监察法》留置权运作的法治化路径［J］．华东政法大学学报，2018（3）：6-17.

第八章

纪法协同强化党内监督的路径

新形势下国内外形势变幻莫测，中国共产党作为执政党面临的执政环境和执政条件发生了很大变化，“四大考验”更加严峻，“四种危险”更加凸显，中国共产党面临着巨大的压力和挑战。纪法协同强化党内监督的体制机制，就是要增强党在长期执政条件下“四自”能力，把“纪律挺在法律前面”，保证党的组织充分发挥核心作用，保证党的领导干部忠诚干净担当，最终实现营造清明的党内政治生态的根本目标。

第一节　全景协同，建立各级党委全面监督

坚持党的规章与法律双向衔接，既要严格执纪，又要程序合法。现阶段，纪委和监委合署办公，它们既承担着监察、纪检的行政职能，又担负着执法执纪的重担；既要维护国家宪法和法律的权威性和公平性，也要维护习近平总书记在全党和党中央的核心地位，以保证党的纪律与国家法律的高效协同。深化国家监察体制改革以反腐败、全面监督为根本目的推动党纪与宪法法律的全景式协同，实质上就是保证党纪与宪法法律的内在一致，并且把两者统一到全面从严治党和全面依法治国的实践上来。

一、建立各级党委全面监督的理论与实践渊源

（一）中国特色社会主义法治文化的体现

在我国律法发展史上，法、律与人情伦理相融相辅，曾为维护大一统的中央集权制度、儒法理论文化传统和民族延续，保障推动封建经济发展和集权社会稳定发挥了重要的作用。随着生产力的发展，社会的不断进步，法理人情相融的理念逐渐成为阻碍社会发展的因素，不利于个体群体权益和自由的解放，有碍法律权威的树立和司法公正性。我国著名的法学家谢觉哉同志在延安时期就指出："革命不排斥友情、亲情、传宗接代等人情，'理'是经过了洗练的'情'，对肃清教条主义、宗派主义的影响，作用巨大；强调司法的内容是'说情说理'及判决要'合情合理'，这对理解司法本质和司法精神颇有助益；确认'法律是根据人情制定的'，'合情合理，即是好法'，对立法和法制建设具有重要指导作用；从正义高度将公平、公正、安定等价值植入'情理'之中，使得革命的、新型的'情理法'超越了旧式的'情理法'，新价值统驭旧传统、旧语言反映新思维，实现了对于传统的创造性转化。"① "审判机关的工作不是以惩罚为目的，应与教育工作相辅而行。"② 1946年11月诞生了《陕甘宁边区宪法草案》，这是中国革命史上首部全新的革命的宪法草案。1949年后，中国共产党延续了革命时期的法治理念，结合新中国的社会发展实践，坚持与时俱进的鲜明品格，开创了以人民权益为基础，以中国国情为依据的具有中国特色社会主义的法治道路。一方面，这条法治道路并没有完全抛弃中国古代传统法律中法与情

① 霍存福．"合情合理，即是好法"：谢觉哉"情理法"观研究［J］．社会科学战线，2008（11）：178-197.

② 中共中央文献研究室．建国以来重要文献选编：第10册［M］．北京：中央文献出版社，1994：146-147.

相融的辩证观念，尊重并创造性地继承了中华传统法律与伦理思想，最大限度协调情理法三者的平衡关系。另一方面，充分借鉴当代法律理论和世界优秀文明的法治成果，确立了“依法治国与以德治国相结合”的法治道路和发展原则。融会贯通了现代法治理论、中华优秀的法律理念以及马克思主义法治思想。坚持以党的领导为前提，人民当家作主为底色，依法治国为准则，实现了三者的有机统一，形成了具有中国特色的社会主义法治理论和法治道路。中国特色的社会主义法治理论和法治道路能够代表最广大人民的根本利益和基本权益，能够行之有效地调节社会矛盾、实现社会公平最大化，体现中国特色社会主义道路的公平、平等与自由。

（二）执法执纪主体的统一性与独立性

建立覆盖各级的党委全面监督，必须要明确区分执法主体与执纪主体之间的区别与联系。

当党纪和宪法法律具有不可动摇的内在统一性时，执纪主体和执法主体这两个联系紧密又彼此区别的主体才能在党的领导下统一于相互协同、相辅相成的治理与发展。就纪法协同的实践层面来讲，执纪的主体主要是各级纪委、监察委等监察机关，而执法的主体包括了检察院、法院等法律相关部门。不论是执纪部门还是执法部门，都要在党的领导下展开各自工作，完成自身职责。因此，从执行主体的角度来说，党纪与国法具有内在协同性，在宏观的方向和目标上具有高度一致性。

中国共产党向来重视党内纪律规范的建设和完善。毛泽东在领导中国革命军队扎根延安时就强调：“闹独立性、不服从决议、没有纪律的现象，必须整顿。”① 他认为中国共产党应该始终保持对周围环境的清

① 中共中央文献研究室．毛泽东文集：第 2 卷［M］．北京：人民出版社，1993：374.

晰认识、对近代中国史的深刻理解、对在职干部教育的高度重视，同时也强调要对干部学校的教育高度重视。这是中国共产党保持学习态度，保持先进性的重要保证和传统，一直延续至今。1949 年，七届二中全会上，毛泽东又提出了“两个务必”，要求全党在胜利面前要保持清醒头脑，在夺取全国政权后要经受住执政的考验，同时强调“禁止给党的领导者祝寿，禁止用党的领导者的名字作地名、街名和企业的名字，保持艰苦奋斗作风，制止歌功颂德现象”①。1987 年以来，我们党始终把党的制度和纪律建设摆在重要位置。党的十八大以来，以习近平同志为核心的党中央提出全面从严治党、全面依法治国的重要战略举措。尤其 2013 年 5 月 27 日颁布了《中国共产党党内法规制定条例》和《中国共产党党内法规和规范性文件备案规定》，这是党内正式的规范立法定纪的开始，保障了党的纪律建立与完善的制度性和科学性。任何纪律的建设规划都需要长远的眼光和坚定的计划，不论是立法的设计、制定程序的规范、内容的制定修改等都需要有具体而严格的规定，从而保证整个党内纪律的内在协调统一性，避免党纪党规的制定与修订相较于时代进步和党的建设实践需要的滞后性，保证党纪不脱离实际问题和可操作性。另一方面，依法治国是我党一直坚持的治国理政的基本方略。党的十一届三中全会以后，我党充分吸取历史的教训和经验，开始发展社会主义民主和法制。党的十八届四中全会，做出了全面推进依法治国的决定，只有在党的领导下全面推行依法治国，才能充分实现人民当家作主，才能保证国家和社会的法治化生活有序推进。近年来，中国共产党以“八项规定”为抓手，大力贯彻执行党内规章制度的践行，严惩贪污腐败，打击各地黑恶势力和“保护伞”。党纪和国家宪法与法律协同构成全面从严治党、构建党风廉政建设的制度体系，成为我党在反腐败

① 毛泽东．毛泽东选集：第 4 卷［M］．北京：人民出版社，1991：1443.

斗争中的有力武器。

（三）纪法组织在实践上的配合协同

执纪与执法机关之间的协作配合是纪法协同在具体的组织实践上的重要方面。在案件处理的人员统一领导和协调上，执纪与执法机关人员在组织配合上也要实现党纪与国法的协同，应该“坚持以党内执纪为先导，以国家司法为保障，实行党内执纪与国家司法的有机衔接和协同作战”①。具体来说，党纪与国法之间避免混淆和界限模糊，这是执纪和执法主体以及执纪和执法机关人员必须明确的。不论是执纪主体还是执法主体都于其位之上各履其职，显然，他们在明确自己的职责的同时，也需要相互了解和明确纪法界限所在。与此同时，在党纪与国法界限明确的基础上加强纪法协同。“注重党内法规同国家法律的衔接和协调，提高党内法规执行力，运用党内法规把党要管党、从严治党落到实处，促进党员、干部带头遵守国家法律法规。”② 在《中国共产党纪律处分条例》中规定“党组织在纪律审查中发现党员严重违纪涉嫌违法犯罪的，原则上先作出党纪处分决定，并按照规定给予政务处分后，再移送有关国家机关依法处理”。“党员依法受到刑事责任追究的，党组织应当根据司法机关的生效判决、裁定、决定及其认定的事实、性质和情节，依照本条例规定给予党纪处分，是公职人员的由监察机关给予相应政务处分。”③ 这一系列条例规定，充分彰显了纪法在具体实践上的协同原则。

另外，党纪之于国法，党员之于普通民众，更是具备了严格和以身作则的应有之义。全景式的纪法协同也保证了违法乱纪行为可以受到更

---

① 吴建雄．论党纪反腐与司法反腐［J］．中共中央党校学报，2015（2）：20-24.

② 中共中央关于全面推进依法治国若干重大问题的决定［EB/OL］．人民网，2014-10-29.

③ 中国共产党纪律处分条例［M］．北京：人民出版社，2018.

加严厉的惩处。事实上，从实际案例来隐蔽看，违纪的行为往往比违法行为更加细小而不易被发现，从基层向上细查，上下一致地全景式的执法与执纪有利于从细节发现漏洞，从小处发现错误，避免将小错育化成大错，把原本的违纪行为因忽略变成违法行为，从而失去了及时纠正错误的良机。从宏观来说，反腐倡廉的机制体制还需要从上而下全面深化改革。党的执纪机关落实“两个责任”“一岗双责”等新的规定，为党的建设和管理带来新气象。同时执法机关和司法机关也需要相应地协调与执纪机关的对接工作、办案方式。两者只有相互配合才能在党的治国理政和依法治国工作中密切配合、相互协同，进一步健全行政执法与严格司法执法之间衔接机制，提高党纪国法的协同效率。

二、建立全景协同的措施

深化国家监察体制改革是党中央做出的重大决策部署，是深化政治体制改革的重要方面。建立起各级党委从上到下的全覆盖监督，施行全景协同，对纪法协同强化党内监督具有重大意义。全景协同是基于纪法协同理念的一种更为动态灵活、系统完整的各级党委全面监督。全景协同之“全”体现在全面监督职责范围、体制机制、方式方法、各个环节等要素中，从而克服监督中常见的零散化、片断化问题。

（一）强化全面监督的职责范围

我国监察法规定了行使国家监察职能的专责机关是各级监察委员会。以监察委员会为代表的监察机关的职责范围包括监督、调查和处理。其中，监督是监察机关履责的前提和基础。各级纪委和监察委都应该将监督放在工作的首要位置，实现对所有公权行使人员的全方位监督，确保每个级别的公职人员都能正确、恰当地行使公权力时，在各级公权力机关中都要杜绝错用、滥用权力。在实践中，全景式的纪法协同要求各级监察机关把更多的精力投入到监督上来，将纪与法衔接好、协调好，加强整体规划和协调指导的教育工作，为强化日常性的全面监督提供制度保障。

（二）完善全面监督的体制机制

习近平总书记提出，我们要坚持以法治的理念、法治的体制、法治的程序开展监督工作。落实全面监督，意味着监督范围的扩大和监督权限的拓展，也意味着监督的职责与责任愈加严谨。各级纪检监察机关都必须有崇高的法治精神和严谨的法治思维，树立严密的程序观念以保证应有的程序正义，使得监督职权的行使更具准确性、及时性、程序性、高效性。完善全面监督的工作程序，健全监督规则，保证权限明确到每一级、责任明确到每个人、标准细化到每类事、程序严谨到每件案，从而建立起一套从决策到执行再到自查的完备的全面监督机制。

（三）创新全面监督的方式方法

对权力行使监督的有效性是党纪国法协同的基本前提，要尽可能提高权力行使人员抗拒各种诱惑的觉悟和应对风险的能力。党内各级监督的全景式协同，并不是一个浮于表面的口号，而是需要落向实处、落到细节的重大课题。如今，我国的反腐败斗争取得了阶段性的胜利，在各级机关单位内肃清了一些或大或小的问题。然而，未来的斗争形势依然复杂，一些腐败问题长期存在于各级机关单位中。这些不正之风和腐败问题严重影响党内关系，不利于我党的长期执政。因此，全景式的全面监督是必要的。新时代下监督工作也需要新方法，创新全面监督的方式方法，从权力行使机制的关键环节和薄弱环节切入，从预防、调查和处理等方面全方位入手，提高全面监督的准确性和高效性。

（四）健全全面监督的各个环节

2018 年通过的《监察法》第十五条规定了监察机关的六大类监察

对象。从中央地方各级党委到乡镇党委，从事业单位管理人员到基层群众性自治组织的管理人员。在人员范围上做到了全面、系统的囊括和梳理。从以往的实践经验来看，农村基层群众性自治组织向来是监督环节中的薄弱部分，也是最为贴近广大农民群众生活、关系广大农民群众切身利益的重要部分，直接影响着人民群众的生活和发展。在农村基层开展普法宣传教育，有利于基层干部开展常态化的纪律整顿和纪法学习，建立和完善基层干部纪律监督机制，有利于增强监督环节中的薄弱部分，完善全景协同、全面监督的各个环节。在从中央到地方到基层全面地保证纪检监察与法律规范相互配合、相互衔接，全方位扫清监督死角。

第二节　常长协同，建立党内监督长效机制

党内监督是对广大党员的违纪行为进行的内部监督。这种监督需要长期、常态化地存在。建立党内监督长效机制，不仅仅是纪法常长协同发展的重要方面，还是落实全面从严治党的战略要求。党内监督，既要保证时效性，又要保证长效性，既不能麻痹放松监督责任，也不能为了监督而监督，模糊了工作重心。

一、纪法常长协同建立党内监督的重要意义

（一）进一步推进国家治理体系现代化

进入新时代，我国进一步推进全面深化改革，不断完善和发展中国特色社会主义制度、推进国家治理体系和治理能力现代化。在中国特色社会主义进入新时代的伟大进程中，实现国家治理体系的现代化是中华

民族伟大复兴的重要制度保障。国家治理包括党的自身治理和党的建设制度化。党的纪律和国家法律都是国家治理的有机构成部分，是相互协同的制度保障。要加强党纪和国法的协同，加强党内监督长效机制，建立起系统性、长效性、实用性三效合一的常态化治理机制，从而进一步推进国家治理体系现代化。

为了党的制度化建设，在2016年10月27日，中国共产党第十八届中央委员会第六次全体会议审议通过了《中国共产党党内监督条例》。该条例坚持以党章为本，深刻总结党在过去建设和发展中的经验和教训，面对我党治理中党内监督方面存在的问题，从党的纪律规范上对党内监督工作做出制度化、系统性的规定，保障党内法规法纪的落实，在宪法和法律范围内增强了党的权力执行。《中国共产党党内监督条例》以国法党纪为根据，将民主集中制坚持到底，处理好集体领导和个人分工负责之间的辩证统一关系，从制定到运行，从决策到执行各个环节健全党的各项制度，实现党内外的民主，从制度上加强对权力的内在监督，不断提升党的执政能力和执政水平，这是推进国家治理体系现代化建设的重要过程。

（二）有利于促进党内监督制度化，全面推进从严治党

全面推进从严治党需要有战略性、全局性、根本性的执政能力和制度化的假设与治理。如果党纪与国法无法常长协同，就无法实现以制度化的监督体系为保障的治理体系和以制度为载体的党内监督。监督的缺位、松散的管理将会阻碍党内监督的制度化建设，不利于深化全面从严治党。因此，坚持纪法常长协同，强化党内监督制度化、长效化建设，确保党的纪律规范能够切实推动党的建设和治理，是保障各级党组织尽责履职和党员领导干部先锋示范性的重要基础。

2012年以来，全面从严治党的制度建设和党纪党规完善工作有了

长足进展。修订并颁布了《中国共产党巡视工作条例》《党政机关厉行节约反对浪费条例》《中国共产党廉洁自律准则》《党政领导干部选拔任用工作条例》《中国共产党纪律处分条例》《中国共产党问责条例》等一系列党内法规制度。党纪的制度化建设无论从数量还是质量上都有了明显的提升，与国家宪法和法律的协同性也更加全面丰富。这也使得在处理一些同时涉及违纪和违法的案件时，党纪有法可依，法律面前有纪律可协同。在日常的监督工作实践中，还有一些党纪与国法无法完全衔接协同的部分，导致党内监督不完善。只有营造“没有例外、没有禁区”的党内监督环境，才能树立起党纪党规的权威性，切实减少党员领导干部的错误问题，树立严格按章办事、依法行权的制度理念和行使规则，自觉维护党纪和宪法法律的威严，培养法治精神和法治思维。

（三）有利于增强党员干部反腐倡廉的意识，提高拒绝腐败诱惑的能力

防止权力滥用和腐败是一项长期的斗争。强调纪法的常长协同和党内监督的长效机制就是为了解决长期权力运行中的腐败遏制和监督问题。使我们党的权力运行始终保持与人民的利益相一致。改革开放以来，我党的反腐力度明显增加，尤其是党的十八大以来，反腐败斗争取得了压倒性胜利并全面巩固。从历史来看，权力腐败问题是一个长期的全人类共同面临的问题。自古以来，权力腐败所带来的本质问题一定程度上是有关社会公平的问题，不断影响社会的稳定和发展。建立行之有效的党内监督长效机制，保证党纪国法的常长协同，是避免行政权力滥用、管理缺失、责任失位的重要手段。

习近平总书记曾多次在重要场合强调，权力都要受制约和监督，否则就会被滥用。不受制约的权力必然会导致腐败。党的执政地位决定了党内监督是党和国家各种监督中的基础和首要工作，如果党内监督不到位，其他的职责便很难到位。第一，党内监督具有事先预防犯错的职

责，有问题及时发现，有错误及时纠正，规则逐渐修订完善，在深化从严治党和依法治国的路线上严防党员干部走向错误的方向。第二，党内监督同样肩负着在错误问题发生后的纠察作用，对于党内发生的组织或干部违反党纪甚至违反法律的行为，党内监督有及时查处和纠正的作用，保证党的权力正常、正确、高效地运行，避免对个人、国家财产和权威造成更大的危害。第三，常态化长效化的党内监督机制对于党员干部是一种威慑和警示，提醒党员干部时刻保持自身的纯洁性，提高党员干部遵纪守法的自觉。事实上，党纪与国法保持常长协同，党内监督长效性机制的贯彻落实，有利于党内权力运行的“制度笼子”编织紧密，党员干部的责任更加明确，对于权力运行的各个环节的监督更加规范有效。

二、建立常长协同的党内监督长效机制

（一）建立党内监督的合理化衡量体系，推进党内监督日常化

纪法协同的党内监督容易出现时效性不足的状况，一方面是因为在认知和理解上，常常模糊了党纪和国法的界限；另一方面是因为在实践上，各级党委和党组织主动监督的权责意识不够明确。因此，党内监督必须建立起合理化的衡量与评估标准，这是提高纪法常长协同的重要手段。这种合理化的评估标准体系首先是衡量各级党委从严格党纪法规和协同纪法两方面对于党内监督的要求和指导。在监督工作中需要明确党纪和国法之间内在统一性和界限，并在此标准下完成有效常态的监督。其次，党员干部的廉政和纪法教育也应该长效化进行，帮助党员干部树立正确的常长监督和协同意识。

推进党内监督的合理化衡量评估体系的建立至关重要，更重要的是需要通过以纪法常长协同为重点的党内监督的日常化建设来解决只有时

效而没有长效的监督工作。例如，日常化的党性教育和党纪法规教育、经常性开展党纪和国法之间协同衔接的培训和教育工作，以及全方位的各级党委、纪委监督的机制化，这些都是作为党内监督必须长期坚持并且不断完善和日常化的重要工作。

（二）建立常态化纪法教育机制，促进惩治与预防监督协同发展

在纪法协同层面讨论党内监督包括两个重要的方向，一是惩治，二是预防，二者分担着不同的监督功能。前者是在错误已经犯下，损失已经产生后对涉案党员的追责和惩罚。后者则是在自我监督的前提下通过相关培训和教育预防错误发生或是及时纠正错误。这是我们党自我净化、自我完善、自我革新、自我提高的重要方向。

就目前党内监督的实践经验来看，党内监督更多是事后根据纪法进行惩治监督和处理。而进行惩治监督时，往往大错已经铸成，党员干部的违纪违法行为已经成为既定事实，对党组织的伤害和损失也已经造成。因此，能够及时发现犯错苗头，扼制小错发展成大错，对权力运行过程进行常长监督，才能避免发生不可挽回的大错，阻止一些领导干部走向错误的深渊。从这种意义上来说，常态化的纪法教育，必须实现党内监督惩治和预防两手抓。只有建立常态化纪法教育机制，促进惩治与预防监督协同发展，惩治和预防两手抓起来，才能减轻国家财产和人才损失，国家和人民利益才能得到保障，党的形象和威信才能够得到维护，保证社会的长治久安，从而保证中国特色社会主义发展道路。

因此，党内监督的常态化的重要方面就是要做好纪法协同的常长教育机制，重视监督和预防，从小问题、小苗头入手，及时纠正、及时处理一般性的细节性的党内违纪问题，以防出现更大的违法犯罪问题。党内监督常态化的重点是做好对党员干部的党纪国法的教育，建立并完善常态化的党纪国法教育机制。每一次党纪国法的更新完善，每一条纪法

的内容和解释，都需要党员干部了解并熟悉。不论是人事还是财产，只要是有权力运行的地方，就应该有与之相应的监督，将权力关进笼子里，才能提高我党的执政能力和执政水平。

（三）建立以人民为中心的监督常态长效机制

以人民为中心不断夯实干部监督常态长效的基石积极迅速回应人民关切。“回应性是责任政府的一项重要属性。”① 随着时代的发展和国民素质的不断提高，老百姓对于自身的社会权益和政治权益的监督意识逐渐提高，对政治生活的参与度和质量要求也越来越高，同时也考验政府回应民众政治参与的能力和意识。面对社会的发展和人民的监督，如何保持与人民监督的一致性，充分发挥监督能动性，建立常态的长效的监督机制，是现阶段迫切需要解决的问题。习近平总书记指出：“江山就是人民、人民就是江山，打江山、守江山，守的是人民的心。”② 纪法协同的常态监督机制，其基础是人民，其原则是坚持人民至上，其目的是满足人民群众对政治监督的要求和美好生活的向往。新时代是信息爆炸的时代，人民群众通过媒介新形式参与政治生活，同时也是民众监督的新形式。面对这样的新发展趋势，我党在常态化和长效性监督机制体制上也要做出相应的变化，及时关注和回应社会舆论和人民监督，避免监督的缺失或迟到。习近平总书记在十九届中央纪委五次全会上一针见血地指出了“等党中央有批示了才动一动，没批示就不作为”③ 的问题。一些党员干部对于履职尽责，不主动不负责，不能切实为群众解决问题。常长协同，既要在各级党委建立起完善的长效性的监督机制，也要保持对人民群众所反映、所监督的问题和意见建议的全面的高度重

---

① 陈国权，陈杰．论责任政府的回应性［J］．浙江社会科学，2008（11）：36.

② 习近平．在庆祝中国共产党成立100周年大会上的讲话［J］．求是，2021（14）.

③ 中共中央党史和文献研究院．习近平关于全面从严治党论述摘编［M］．北京：中央文献出版社，2021：153.

视。监督回应人民群众最为关注的热点，不仅是关乎人民群众切身利益的问题，还是关系党的生命力和权威的重要问题。此外，还要加大对失责失职干部的问题、损害群众利益的问题的问责追责力度。

中国共产党应建立以人民为中心的监督常态长效机制，坚守“全心全意为人民服务”“从群众中来，到群众中去”的初心和担当。把人民群众的建议和问题放在心上，以人民为中心，形成常态化、长效性的监督机制，实现真正为群众办好事办实事的常长纪法协同良好生态。

第三节 敬畏协同，保持党内巡视常态化

中国特色社会主义进入新时代，习近平总书记创造性地提出“五位一体”总体布局和“四个全面”战略部署，以更好地谋划党和国家发展大局。新时代的深化改革并不是局限在经济改革、生态文明等领域，而是拓展到社会的方方面面，在总结经验、吸取教训的基础上，不断提出新思路、出台新政策、采取新举措。相应的，新时代以来全面从严治党的战略地位不断提升，强调要面向全部党组织和所有党员，坚持真管、敢管和长管，旨在将权力关进制度的笼子。这一系列改革举措在党的十九大上被进一步重视，就是要不断推进国家治理体系和治理能力的现代化。在这样的时代背景下，党内巡视制度也不断顺应时代发展的诉求实现创新，在新时代全面深化改革、全面从严治党的进程中不断完善。正如恩格斯所说：“一切划时代的体系的真正的内容都是由于产生这些体系的那个时代的需要而形成起来的。”① 党内巡视的政治站位较之过去有了明显的提高，立足于中国共产党治国理政的高度强调从严治

① 中共中央马克思恩格斯列宁斯大林著作编译局．马克思恩格斯全集：第3卷［M］．北京：人民出版社，1960：544.

党，一方面以“四个意识”为政治标杆，另一方面强调贯彻“五位一体”总体布局和“四个全面”战略布局的政治要求，始终维护党的领导。

一、党内巡视的职责

党内巡视的职责定位随着阶段不同而相应发生着变化。从二十世纪九十年代初期全面开展监督，到党的十七大党内巡视工作作为正式制度被写入党章之中，党内巡视地位得到了明显的提升。到了2013年，中央政治局常委首次会议中更加明确了党内巡视的职能和地位，将反腐败斗争和党风廉政建设聚焦为工作重心。2015年，《中国共产党纪律处分条例》和《中国共产党巡视工作条例》的出台为党内巡视工作开展提供了重要的遵循，指明了党内开展巡视工作要坚持纪严于法、纪在法前的原则。继而在党的十八大之后，我党明确地提出了“政治巡视”的概念，明确巡视的性质是政治而非业务，从坚持党的领导、加强党的建设以及全面从严治党三大方面有针对性地开展巡视监督。正如王岐山同志在2015年曾提出，巡视是具有政治属性的，而不仅仅只是业务的巡视。经过不同阶段的发展，党内巡视工作在新形势下进一步明晰工作指向、精准职责定位，党内巡视发挥的作用也得以彰显。

党内巡视具有鲜明的政治属性，其目的在于对党组织及其成员开展政治体检，推动自觉自发的自我约束和净化，以及加强党的全面领导。习近平同志也曾指出巡视工作要坚持党的领导等，可以看出，对于党内巡视来说，无论是理论的建设还是实践工作的落实，都必须围绕党的建设总体布局和全面从严治党的战略要求，在党的全面领导下进行。因为只有在党的领导下，巡视工作才能始终保持正确的方向将制度优势转化为治理中真实高效的运行。总体看来，党内巡视工作的覆盖面逐步扩大，自党的十八大以来巡视巡察力度进一步加强，并以制度形式被逐步纳入党的治理体系之中，而党的十九大报告中更是基于巡视实践与党的建设目标明确指出要“深化政治巡视”。事实上，党内巡视衍生于我国悠久的历史进程中，又在革命、建设、改革及新时代的治国理政实践中不断丰富其概念与内涵，使之逐渐呈现出三大功能优势，即政治领导、政治监督和政治保障。

习近平总书记指出：“巡视是党章赋予的重要职责，是加强党的建设的重要举措，是从严治党、维护党纪的重要手段，是加强党内监督的重要形式。”① 巡视制度不仅具有理论上、工具上和实践上的价值，而且在诸如严肃党纪党规、规范权力运行等多方面具有成效。坚持党的领导也要求深化党内巡视，一方面通过全面审视党组织的工作情况，对形式主义、官僚主义等极易造成政治问题的内容进行重点监督；另一方面督促党员领导干部在实际工作中要以党的政治建设为中心，坚决维护党和国家、人民的利益。党内政治巡视是一次重塑党内政治生活的契机，以巡视过程的开展发现问题、反映问题并加以整改。具体来说，党内巡视至少包含了三个步骤，首先是利用各种有效渠道进行问题线索的搜集，进而精准发现问题；其次是及时向党组织及相关部门反映问题；最后是向巡视部门进行情况通报，对巡视发现的问题进行整改。在整个党内监督体系中，党内巡视制度在发现问题、反映问题、解决问题的过程中，所发挥的上情下达的作用不断凸显。当下的党内巡视工作建设基于中国共产党百年发展的历程，通过不断地科学总结党史经验教训，从理论上和实践上加以完善，实现了经验总结学习与创新性实践相统一、基本理论与中国国情相统一、目标导向与问题导向相统一、构建体系与科学性态度相统一。

① 中共中央纪律检查委员会，中共中央文献研究室．习近平关于党风廉政建设和反腐败斗争论述摘编［M］．北京：中央文献出版社、中国方正出版社，2015：107.

二、实现党内巡视常态化

（一）赋予党内巡视工作相应的法制保障

巡视工作要在各个环节和阶段上遵守法制要求，这是党内巡视开展的明确规定，同时也是巡视工作的应有之义。党内巡视法制化的实现离不开法治理念的引导，对党内巡视而言，一方面要求以党纪国法作为准绳约束被巡视对象，另一方面也要求巡视工作人员做到遵纪守法，在巡视过程中不僭越职权，保证巡视工作能够顺利开展。

党内巡视常态化的制度保障之一来源于其制度自身的科学性。一方面，党内巡视的法制支撑离不开党章、巡视条例以及各种配套的制度体系。因为只有党内巡视工作的制度化水平达到一定高度，才能既遵循制度建设的一般性规律，又符合巡视制度的特殊性需求，从而确保形成制度合力。与此同时，党内巡视的工作流程、巡视材料整理、不同部门协调、保密等各方面的内容都需要有可遵循的制度提供操作性指导。随着巡视工作制度化水平的提高，监督的规范化程度也会在具体的日常生活中得到很大的提升，实现巡视工作有章可循、有规可依。

另一方面，精细化组织架构的保障也是推动党内巡视常规化不可或缺的条件。具体来说，一套精细化的组织架构包含了两个维度上的设置，其一是确保横向上环环相扣，其二是实现纵向上层层畅通。党的十八大以来，党内巡视工作经过不断探索与改进，逐步建立起党委牵头的三位一体横向结构和中央领导的分级负责纵向体系，实现了组织架构上的改进。这一改进为科学、高效巡视工作的开展提供了组织保证。根据党内巡视的相关规定，每一次任务的执行都会进行组长授权，副组长根据任务需要协助组长。组长在党内巡视的开展过程中起着主导作用，只有确保其在巡视组内拥有足够的权威和影响，才能保证巡视工作有效推进。从实践来看，在党内开展巡视工作中党员干部是执行的主体，但出于巡视效果的考虑，巡视工作的执行离不开党外人士的参与。这样，一方面有利于利害关系的回避，另一方面还可以扩大巡视工作的社会参与度。

（二）落实和执行具体巡视工作机制

巡视制度的建设不仅要着眼于制度自身的完善和改进，还需要紧抓巡视工作的落实与执行。在具体的巡视工作中，一方面需要建立党内巡视问责制度，另一方面需要完善党内巡视激励机制。巡视人员在巡视过程中占据主导地位，因而伴随的显性权力和隐性权力会比较大，自然会受到各方面的关注。而且在实际生活中巡视人员违纪违法的情况时有发生，究其原因是因为他们作为巡视者在巡视过程中面临的诱惑更多。近年来，有关巡视工作人员在工作过程中违纪违法的报告频频见诸报端，引发了对巡视者需要加强约束的讨论。例如，少数的巡视干部在巡视过程中向被巡视对象泄漏工作机密，从中获取个人利益，破坏了巡视工作中最基本的要求即遵守保密纪律。党内巡视的工作人员如果出现了失职渎职的问题，在巡视中对本该发现的问题有意避开、对已发现的问题故意不报告，这种不担当、不作为会造成巡视工作的成效难以发挥。巡视组及其成员作为巡视工作的主体，担负着党组织和人民群众的信任与期盼，若是出现上述行为则会造成对党内巡视制度的恶劣影响。

全面从严治党的要义在于有责必履、失责必究、问责必严。通过巡视工作的开展及时发现存在的问题是党内巡视的基本任务，对于党的自我净化是大有裨益的。但巡视工作中的问责尚存在不足之处，一些巡视人员在工作过程中出现了“只巡不视、只视不查、只查不报”等状况，他们既不遵守工作纪律，又破坏了巡视成效，因此需要对这部分巡视人员进行严肃问责。对于这类行为进行强有力的问责，通过倒逼确保党内巡视工作能够落实到人。同时还增加了会追究巡视人员责任的具体情形，包括未能引起足够注意和重视的重要问题、未能真实汇报巡视工作情况、越权进行巡视工作。为保证巡视工作的责任能够落实到人，在相关条例中进一步强化了开展巡视工作的党组织的责任主体责任的规定。针对巡视队伍的领导人员，如出现不重视巡视工作有失领导责任，而造成严重后果的，则需按相关的规定对领导人员进行处罚。

激励与问责是相辅相成的。党内巡视制度中对巡视组和其成员需要追究责任的违纪行为有非常明确的规定，然而对于在巡视中表现突出的工作者还需要不断完善激励机制。对于在巡视工作中严守纪律、扎实工作的巡视组及其成员要适度予以奖励，例如，授予相应的荣誉。一些地方的巡视组及其成员在工作中甚至还存在缺少保障的情况，这会造成巡视工作人员缺乏动力，从而影响巡视结果。只有设置的奖罚机制合理，才能确保巡视工作落到实处。巡视组及其成员的素质参差不齐和巡视工作的高标准之间的矛盾，可以通过提拔晋升、授予荣誉等方式激发能者上、庸者下的内生动力，也可以通过创新培养和管理模式，强化巡视工作中的人才储备力量，为巡视队伍的建设提供长远的支撑。

（三）完善党内巡视程序与监督体系

王岐山同志强调巡视是给党的肌体做体检，我们不仅要善于发现党肌体的问题，更要善于推动问题的解决。这经过多年来的调整和优化，最终在《巡视工作条例》中以法规制度的形式进一步明确。党内巡视工作从流程上可以分为六个步骤，一般包括了巡视准备、巡视了解、巡视报告、巡视反馈、巡视移交和巡视整改，这些步骤之间相互连接、相互联系，构成了完整的监督规范化程序。巡视工作开展的不同环节，相应的要求也有所差异，如巡视准备环节要注重多搜集问题、在巡视了解过程中要注意寻找突破口、在巡视汇报中则强调反映问题、巡视反馈环节要针对具体问题、巡视移交环节要保持持续跟进、巡视整改环节要关注问题解决情况。

通过巡视工作发现问题只是党内巡视的一个环节，其后如何解决问题才是关键。通过巡视发现问题但却不加以解决，巡视的效果就会大打折扣。因此，对于在巡视中发现的问题要有针对性地进行整改。首先，查深查实巡视工作中的每一个问题，通过“把脉问诊”以寻找其产生的原因并分析；其次，要针对发生的问题举一反三，对重难点问题进行改正，督促整改落实落细。此外，为了更好推动巡视成果转化，可以设置相应的运行机制或在操作细则上进行规范，接受人民群众和社会的公开监督，通过巡视成果的公开，推动巡视成果运用的基本程序、评价体系进一步完善。

党内巡视虽然是针对党组织及党员干部的监督方式，但近年的巡视结果表明，其关联了党内监督与民主监督，是从严治党的重要抓手。党内巡视工作的开展离不开民主监督，通过群众反映问题、提供线索对需要自查、督促、交代的事项加以调查，从而形成件件有着落、事事有回音。在执行巡视过程中并不局限于上级对下级的监督，还有效整合了纪律监督、舆论监督等多种监督力量，并形成合力，营造了党和社会全面加强监督的氛围。巡视制度从设计理念上就着力于监督，尤其是监督双方即监督者和被监督者的关系长期以来都是巡视程序改进中的重要关注点。从当前实践来看，党内巡视主要是监督他人，而针对监督者自身的监督尚缺乏有针对性的要求。也就是所谓的“灯下黑”问题。因此，要建立健全多方面、全方位的民主监督机制，使监督者和被监督者接受多方监督确保巡视工作能够客观、公正地开展。党内巡视过程中经常采用对巡视对象周围的人员进行访谈的方式了解情况，但因为涉及利害关系，被访谈者时常会有所保留或刻意回避某些问题。因此巡视人员还需要拓展了解情况的途径，利用多种方式尽可能多地收集有效信息。人民群众是中国共产党的立党之本，对于党员同志的表现最具发言权，可以客观、公正地对党员干部进行评判。而且，人民群众因与党员干部之间不存在利害关系，加之对于贪污腐败、失职渎职等问题的敏感，能更好地反映党员干部存在的问题。在巡视过程中，巡视组及其成员要深入基层中去了解人民群众需要解决的问题，把群众的意见和诉求作为开展工作的重要依据。

（四）推进巡视巡察方式的创新

不断创新巡视巡察方式，为党内巡视常态化提供方法支持。对党内监督来说，长期以来一直存在着监督责任主体落实不到位以及责任缺位的通病。巡查队伍的建设可以为党内巡视常态化提供规范的组织保障。党内巡视的工作人员首先要能够不断提升自己的素养，做到政治站位高、思想觉悟高、党性观念高，能够严守政治纪律。党的十九大报告强调“打铁必须自身硬”，更是凸显了要加强党员干部队伍建设的重要性。此外，提高党内巡视组成员的工作能力，组织定期的、针对性的业务能力培训方能确保巡视人员具备专业的素养，提高其履职的能力。组织建设的必要性体现在业务精湛、结构优化的巡视工作队伍，有助于完成复杂的巡视任务。巡视过程中可能会涉及方方面面的业务，例如，法律、财税、人事、纪检、审计等不同领域，因此需要巡视工作的队伍中能够有不同领域的专业人才，这样才能在巡视过程中有针对性地解决问题。

虽然规范化、制度化的巡视方式可以提高巡视工作的效率，但也极易造成巡视方式的僵化。反之，在巡视方式上突出一定程度的机动性更有利于提高巡视的成效。如果巡视工作能够根据具体情况随时变动巡视方式，以灵活、多样的方式和方法出其不意地开展工作，那么巡视工作也能取得意想不到的结果。《巡视工作条例》中提出了多种常规使用的巡视方式，这些方式经过多年的实践探索可以发挥较好的作用。但随着巡视工作面临的状况越发复杂，常规的方式就不一定能行之有效了。因此，需要避开党内巡视工作中的程式化问题，针对存在的疏漏采取灵活、多样的巡视方式。

当下，党内巡视在方式上不仅包括巡视机构或人员所采取的常规巡视，也探索出了个别谈话、走访调研、专题汇报等多种新的方式方法，进一步提高了巡视制度的实效性。专项巡视制度的创新是党的十八大后开始的，具有问题导向、程序简单、耗时较短、效率较高的特点，逐渐成为在巡视工作中经常使用的方式。虽然专项巡视在适用范围和内容上有所限制，主要针对特定领域、事件和人物开展，但其通过具有针对性的巡查提高了巡视工作的实效性，对于常规巡视中难以发现的问题深挖。专项巡视要对所发现的问题进行深层次的剖析，以了解共性问题、探索解决办法。

第四节　惩防协同，保证问责追责零容忍

问责与追责是经常出现在监督执纪过程中的两个概念，但对于这两个概念的解释在使用中出现了简单化的问题。根据《中国共产党纪律处分条例》和《中华人民共和国监察法》的相关规定，“追责”指的是对负有责任者进行责任追究。而相应的，“问责”即依据《中国共产党问责条例》以及党纪党规对不履职或不正当履职的负有领导责任的干部进行责任追究。虽然从概念上进行辨析，追责与问责在对象上、类型上以及面临的具体情形上都有差异，但需要注意的是，追责与问责所讨论的是责任的界定。没有责任，那么所谓的“追”和“问”便没有目

标、方向。“责任”一词的使用场景不胜枚举，但对这样一个概念进行界定或阐释时又难以标准化或规范化，主要因为其涵盖的范围之广、涉及关系之复杂的程度超出了日常情景。不同的责任意味着所对应的权力不同，因此，在本研究中的追责与问责的特定对象是一种特殊的责任类型。这一责任即政治责任，它既不同于道德责任，也不同于法律责任，而是与公权力密切相关的。也就是说，追责问责未必是因为发生了某件伤风败俗的事情，也不一定是违反了某一法律规范，而是与公共政策的制定、公权力的实施或者公共利益的分配相关联。

一、问责追责监督与从严治党

中国共产党自建党起便致力于执政为民、执政兴国，因而它所承担的责任事关人民幸福、国家发展。中国共产党是中国特色社会主义事业最为坚强的领导核心。在新时代社会主要矛盾发生变化的背景下，中国共产党在带领中国人民着力解决发展不平衡不充分问题的同时，也要重视党的执政能力建设。然而要加强党的执政能力建设，最为根本的便是深化全面从严治党，正如党的十九届四中全会《决定》中指出的：“坚持党要管党、全面从严治党，增强忧患意识，不断推进党的自我革命，永葆党的先进性和纯洁性。”① 深层次分析，全面从严治党的重要抓手就是建立健全追责问责机制。通过实施政治问责，针对损害人民利益、国家发展以及党的建设行为及由此产生的后果的行为，对相关的党组织、党员干部进行责任的追究。

从严治党，关键是要抓住领导干部这个关键少数，从严管好各级领导干部。领导干部是从严治党的主要突破口，由此，追责与问责也相应聚焦到领导干部身上。一方面，追责问责可以督促领导干部约束自身，

---

① 习近平．习近平谈治国理政：第3卷［M］．北京：外文出版社，2020：48.

发挥关键少数的带头作用；另一方面，追责问责也可以经由领导干部对下级进行管理，形成自上而下追责问责的压力。在一定程度上，作为关键少数的领导干部是进行追责问责的突破口，“这是由领导干部特别是高级干部执掌重要权力的特殊地位所决定的，也是由领导干部特别是高级干部发挥示范作用的特殊职责所要求的”①。十九届四中全会《决定》也明确指出要“重点加强对高级干部、各级主要高级干部的监督”，这一要求的根本依据是权责一致原则。权责一致原则又被称为相当性原则，即在追责问责过程中要根据责任人的过错大小、行为性质、情节轻重以及造成的危害程度等来综合判断以决定惩罚的强度，保证过罚相当。不管是有过无罚、无过而罚，还是重过轻罚、轻过重罚，都会破坏惩罚合理性，难以达成追责问责的预期效果。

追责问责过程贯穿于从严治党任务的落实之中，除了权责一致原则外，还需要保证程序正义。程序正义被称为“看得见的正义”，因为追责与问责都需要以公开的方式进行，既包括追责问责的事由与方式，也包括追责问责所采取的质询、调查、听证等手段和方式，更包括对调查结果的公开。此外，追责问责还需要坚持平等原则。根据平等性要求，不存在不接受党纪国法约束的党员干部。虽然追责问责针对的是党的领导干部，但他们的地位和身份并不能影响责任的追究。也就是说，不管领导干部由于何种原因造成失职，对人民群众的利益造成损害或者对国家发展产生负面影响，都要有责必追、必问。而且，在追责问责过程中要做到平等地对待同样的情况，不允许有所偏颇。

---

① 中共中央文献研究室．习近平关于全面从严治党论述摘编［M］．北京：中央文献出版社，2016：51.

二、如何保证追责问责零容忍

（一）明确追责问责的主体和对象

在追责问责中经常出现权责倒挂的问题，主要是因为追责问责中权责不一致。因此，进行责任的认定就成为追责问责需要明确的前提。按照责任的分配，下级的任务繁重且考核严格，但实际上在资源能力方面与上级比较相对缺乏，便容易出现上热下冷的局面。上级领导虽然资源调配的能力比较强，但往往肩负多重任务，也容易造成分身乏术的无奈。将责任具体落实到具体的党支部以及责任人身上，可以通过责任划分实现清晰化，倒逼追责问责出成绩。责任清单的方式就是界定责任的举措之一，虽然责任清单的发放在多数情况下是从上而下的，但对清单的梳理有利于将责任内容通过详细列举的方式明确下来，同时还有利于将具体的责任落实到人，实现责任精准化、清晰化。

追责问责的实际成效得以发挥的关键在强化对追责问责的保障。从目前来看，亟须关注的是其内生性困境，即追责与问责内容本身具有模糊性，易引起追责问责中责任认定与划分的困难。长期以来，我国一直存在着问责泛化问题，明确追责问责的事项范围既是难点也是薄弱环节。追责问责的范围应当是问责、追责中首先需要明确的。如果在追责问责的过程中，对需要追究的事项没有精准的界定，那么势必会影响到追责问责的结果和成效。以问责事项为例，新版的《问责条例》中列举了各项应该问责的情形，具体条款比较容易理解，但在具体问责中还是出现了操作上的困难，究其原因在于条款设置存在抽象笼统的缺陷，进而影响了党内问责制度的落实。进行追责与问责的主要动因在于与党纪党规相配合，责任人的行为危害性是判定的主要依据。不同的规定中对于追责和问责的情形以及处分均有相应细则，这便不能很清楚地明确追责和问责事项范围的界定。责任人所承担的责任的模糊性无疑会增加责任界定与划分的难度，进而将追责问责引入困境。这种模糊性同时也影响着合理的追责问责制度设计，在责任人所负责的事项中或具有时间上的先后关系、或具有逻辑上的因果关系，因此如何划定责任就非常困难。

对于某一事项，不管是需要追责还是需要问责都有时效上的问题。时效问题不仅关系着能不能及时了解事项的前因后果，而且有利于从程序规范上把握追责问责的过程。时效制度在当前的刑法、民法以及行政法领域都已建立并落实，这意味着在经过了一定的时间期限后对某种触犯刑法、民法以及行政法的行为不再进行追究。经过理论探讨与实践验证，时效制度的设置具有一定的正当性。而针对党内出现的追责问责，在十八届中央纪委四次全会上，王岐山同志曾指出“党的先锋队性质和先进性要求决定了党规党纪严于国家法律”，也就是通俗理解上的党纪严于国法。此外，在设置追责问责时限上也需要充分考虑到适用之外的情况。以重大决策责任终身追究制度为例，从时效上明确了“终身”的时间长度，也就是说无论是责任人已经被调离岗位，还是退休离岗，依然不可避免地需要承担相应的责任。这在一定意义上表明了对党员领导干部有着更为严格的纪律约束。加之“终身”追责问责意味着只要违反相关规定就无法避免惩罚，突出了从严治党的要求。

（二）不断完善追责问责的运行程序

从表面来看追责与问责是一件流程性事件，但从其程序设计来看是完整的制度设计与实践。程序上的不完善会导致追责、问责的随意性，从而失去权威性。在当前所进行的追责和问责的执行中，质询、调查、处罚等一系列环节虽然可以构成完整的流程，但每一环节还缺乏具有可操作性的细节规定。科学设置追责问责的程序，确保追责和问责的每一个环节和步骤都在相应的程序内运行，才有利于提高执行力，确保追责问责的效果不打折扣。追责问责程序的启动需要经过初步的判定才能进行。追责和问责的事由是否符合责任主体的责任范围，是决定是否应该启动工作的第一步。对党员干部来说，问责与追责都有可能导致对责任主体的惩罚，因而启动追责问责程序是需要谨慎判定的。在许多追责、问责的案例中，不少是因舆论聚焦或者上级领导的关注而启动，具有很强的被动性。立项调查的目的是查清楚事件过程以明确责任的认定。因此，在调查过程中需要搜集尽可能多的材料作为证据，便于对追责问责事项的过程进行梳理、对追责问责的事由进行判定。调查组或者调查成员对于所了解的事项需要根据搜集到的材料进行记录，呈现出具体的事实材料。而且在整个过程中，调查对象的主体与被追责或问责的对象之间还需要遵循回避原则。虽然追责和问责的结果裁定需根据《问责条例》《中国共产党纪律处分条例》等中间的细则进行判定，但对于追责和问责对象的处理仍旧是整个过程中最受关注的。而且，对追责和问责的对象进行惩罚并不是最终的目的，其目的是实现惩罚与防范协同，从根本上提高我党的管理效能，从而巩固其执政地位。因此，在初步完成追责与问责的责任界定之后，还需要对后续的整改情况进行跟踪。从实践的成效来看，有效的追踪有利于追责和问责后整改工作的进行。事实上，依然存在责任人对追责与问责的结果不满的情况。

追责与问责的保障不是一蹴而就的，由于设置时间有限、经验教训不足等因素，追责与问责还是不可避免地会遇到一些难题，这是必须客观、清醒地认识到的问题。追责与问责虽然从惩罚的结果上体现出被动性，但实际仍是一种预防性举措，起到惩前毖后的作用。一方面，惩罚可致力于良好政治环境的净化；另一方面，防范是着力于良好政治生态的营造。惩罚并不是追责与问责的目的，改正错误、解决问题才是其落脚点。如果出现责任不到位、责任不到人、责任不到岗的问题，必然会出现失之于宽、失之于松、失之于软的问题。追责与问责的过程固然是严肃的，但从最终目的来看要着眼于解决根本性的问题，秉持惩前毖后的原则。追责与问责是对在工作中出现问题的党组织和领导干部进行责任追究的正常举措，最终的目的是推动责任人尽责。真追责、严问责，追责与问责能够不断精准回应责任落实的问题，建构起党内监督与党外监督相结合的方式，推动全面从严治党。追责和问责的制度化保障建设尚处在起步阶段，虽然目前就追责问责也有一些规定文件，但在制度体系上还需要尽快完善。尤其是有关问责的党内规定并不欠缺，但是在对党政干部实际进行问责的过程中还是会出现各种各样的问题。而出现这些问题就是因为这些法规适用范围的局限，以致在落实过程中权威性不足。而且现有的一些法规的设定与追责问责的现实诉求不匹配，具有一定的滞后性，对于不合时宜的细节内容需要根据现实情况进行删改。任何一项法律或者规定，只有能够在实施或者落实中得到充分的体现才能发挥实际的效果。尤其是对于党员干部进行追责、问责的事项，往往涉及诸多环节，因此更需要确保法律法规的可操作性，这样才能充分接地气。

过去追责问责多局限在内部监督体系内，缺乏外部监督，这种封闭性质的内部监督往往会导致监督体系功能上的失实失真。从规定设置本身来说，由内部的上下级之间进行监督，既有理论上的科学性，也有现实的便利性。但需要考虑的是这种内部监督中进行追责问责的设置本身就存在着一定的问题。具体到某一事项的追责，由于责任人往往涉及上下级之间的关系，且被追责对象之间对于事项结果需要承担相应的连带责任，这就导致了真正的追责过程中容易出现形式化后果。追责与问责是党内监督的重要抓手，但其真正发挥实效离不开公众的参与。作为社会中最为重要的组成部分，公众具有参与到追责问责中的义务，因此开设的群众问责热线就成为收集追责问责案件相关线索的重要途径。但事实上，公众参与在实践中并没有相应的具体细则，也没有合适的操作方式，因此，公众难以真正参与到追责和问责中来，以致于党外监督最终难以渗透到党内监督中去，追责与问责也就演变为党内单一维度上的监督。党的十九大报告指出，“凡是群众反映强烈的问题都要严肃认真对待，凡是损害群众利益的行为都要坚决纠正”，这一表述充分体现了人民群众的主体地位。这样的主体力量长期以来都是党员干部的管理中不可忽视的，甚至是最为重要的力量。尽管有关追责与问责的相关规定中也涉及了社会监督，也鼓励公众积极参与监督。公众追责问责得以执行的最合适的方式是通过建立健全参与的激励机制，提供公众参与追责问责的渠道。在当前，新闻媒体就是完善公众参与党员干部追责问责的重要一环，不少的追责和问责事项都是通过媒体的公开而启动程序。合理有效地发挥官方媒体的作用，通过网络问政的方式实现对党员干部的监督，引导社会公众客观公正评判相关事实，有利于形成常态化追责问责的社会氛围。

结语

纪法协同强化党内监督推进全面从严治党

中国共产党自成立之时就十分重视从严治党，在理论与实践的结合中探索出诸多宝贵经验及重要成果，这也是中国共产党不断发展、壮大，深入群众并获得集体认同的重要品质，是中国共产党百年历程中取得一个又一个胜利的重要经验。今天的中国正处在民族复兴的关键时刻，要从容应对国内大局和国际变局，就必须要推动全面从严治党向纵深发展，使这个百年大党更加坚强有力。

第一节　推进新时代全面从严治党向纵深发展

一、新时代全面从严治党的整体性逻辑

党的十八大以来，基于对国际复杂形势和国内时代条件的进一步认识，党中央提出要不断提高党的执政能力和领导水平，不断提高党的建设科学化水平，推进全面从严治党，体现了新时代推进全面从严治党的整体性逻辑。

一是坚持以政治建设为根本与全面推进各项建设相协调。习近平总书记在总结党的百年奋斗成就时指出，要从维护党中央权威和坚持党的集中统一领导的百年历程中，汲取并领会加强党的政治建设这个马克思主义政党的历史经验和鲜明特征，凸显出党的政治建设的极端重要性。

而将政治建设居于思想建设、组织建设、作风建设、纪律建设的首位要位，在一定程度上表明政治建设不仅是党的建设的一个重要有机构成部分，更是党的全局建设的总领和旗帜，是无可替代的。新时代推进全面从严治党的关键是将政治建设的“灵魂”注入其中，将政治建设的“内蕴”融入其中，将政治建设的“标准”贯穿其中，捍卫“两个确立”，坚定“两个维护”，突出强调党的政治原则和政治属性，提高政治素养、坚定政治信仰、站稳政治立场、把牢政治方向，锤炼具有鲜明中国特色的政治品格和政治底色，为新时代全面从严治党助推助力。

二是坚持党的思想建设为基础与制度建设为规约相融合。使思想建党与制度治党同心同向发力，发挥并利用两项建设之间的优势与特色，刚柔并济，相得益彰，以便取得管党治党的良好效果。全面推进从严治党建设的坚决与笃定，一部分源自思想和理论的清醒，思想建设是中国共产党的优良传统，是党的基础性建设，是我党在历经挫折困苦而生生不息的精神密码。而另一部分源自制度建设的常态长效和系统规范，抓实制度建设，构建出以党章为根本的党内法规制度体系，在真正实现有章可依、有规可用的同时，要牢牢扎紧制度的“笼子”，让制度成为一种硬性的约束，成为一触即危的“高压线”。新时代建设好伟大工程，确需依规治党与以德治党同频共振、同轴运转、同步规划，将思想建党和制度治党的动能转化为推动新时代改革发展的强大效能。

三是坚持全面抓“关键少数”和重点管“绝大多数”相统一。全面从严治党作为综合性和系统性的统筹规划与部署，应充分利用辩证法之中“两点论”的全面思维与“重点论”的关键思维。一方面，“全面抓”是在主体人员全覆盖，面向全体领导干部和党员以及各级各层党组织，坚持“老虎苍蝇”一起抓一起打的勇气与决心。在客体内容上的全领域，涉及党的政治建设、思想建设、作风建设、纪律建设、反腐败斗争的各个方面和各个层次，确保统一推进，不偏不倚。以及在从严治党过程之中贯穿全链条全过程，形成常态化、长效化的科学机制。另一方面，重点管是指管领导干部这一“关键少数”，在面向“绝大多数”党员全体性的管理要求之上，领导干部应该对自己有更高的要求，进行更严的管理和预防、更重的监督和惩治。领导干部需率先讲党性、立原则、树标准，应做到手中握有权力，而心中装着人民，始终秉持着权为民所赋所给、权为民所用的忠诚信念。同时，纪严于法、纪在法前，有权却不能任性，对于一些领导不力、腐化堕落行为造成严重恶劣影响的要予以严肃追究。

四是坚持治党从严与管党从实相结合。新时代全面从严治党要有新的气象，要推动新时代党的建设的伟大工程，治党管党，需“严”字当头、“实”字为先，充分认清我党正面临的“四大考验”和“四种危险”的严峻形势，认清弱化党、影响党、冲击党的纯洁性和先进性的复杂性因素，若管而不严、治而不力，则会失去从严治党原有的初心与本色。因而，不仅要集中力量解决我党在管党治党过程中产生的突出矛盾和短板问题，在面临苗头性、露头性问题时，也要敢抓敢管，真抓真管，层层抓落实，一级抓一级，紧抓紧管不放松，常抓长治不懈怠，时刻紧绷治党管党之弦，摒弃杜绝“歇歇脚，松松劲”的思想和行为。增强全面从严治党的忧患意识，常怀如履薄冰严谨之心，提高危机寻机、危机化机、危机转机的能力。同时强化责任担当意识，深入整治形式主义和官僚主义，将治党管党的“严”和“实”贯彻到各个领域、各个环节，将全面从严治党向更高水平推进。

二、新时代全面从严治党的基本要求

党的十八大以来，以习近平同志为核心的党中央根据世情、国情、党情、社情的变化，将全面从严治党纳入“四个全面”的战略布局，在治党管党这一重大问题上形成科学有效的制度体系，把“严”的要求落实到全过程、全方面、全领域，形成思想从严、治党从严、执纪从严、治吏从严、作风从严、反腐从严等各方面，层层压实“严”字要求，履行管党治党责任，以空前力度推进全面从严治党，以党的自我革命引领伟大社会革命。

一是抓思想从严。有着坚定的理想信念始终是每个共产党员安身立命的根基，无悔的初心使命始终是共产党员披荆斩棘之方向。思想建党、思想强党、思想兴党是对党百年实践发展和伟大成就的经验总结。抓好思想从严，筑牢思想防线更是推进全面从严治党的重中之重。共产党人不仅要在形式上入党，更要在思想上入党，始终如一地相信党的决定，相信党的领导，相信党的初心，跟随党的脚步，向党看齐。自觉将马克思主义理论作为指路明灯，形成坚定的马克思主义信仰，并且将马克思主义中国化时代化的理论成果内化于心，外化于行，把握并解决好世界观、人生观、价值观这个“总开关”的问题，同时树立并奉行正确的权力观、政绩观、人民观、事业观。

二是抓纪律从严。纪律是“铁”，纪律是“纲”，纪律是不可触碰的“红线”，纪律严明历来是我党的独特优势和鲜明品格。抓牢抓实纪律从严工作，推进全面从严治党，把纪律立前面，严明严肃党的纪律和规矩，使纪律真正成为管党治党的“高压线”。党的十八大以来，关于党内政治生活准则、党内监督条例、处分条例，以及监察机关监督执纪规则的制定和颁布，足够表明党中央对纪律问题的高度重视以及违规必惩、违规必罚的决心，同时也进一步明确并规范作为党员的职责与使命，即有何可为，有何不可为，事事落实，时时监管，不因小事而放任，不因旧事而忽略。以此通过正向引导和反向监督相配合的方法来教育培养党员干部自觉树立制度意识和纪律意识，坚决维护制度和纪律的权威，使全面从严治党向“严、实、硬”发展。

三是抓治吏从严。中国共产党始终秉持以马克思主义人才观来指导中国实践，并结合时代特点创新人才思想，重视人才、善用人才、培养人才、挖掘人才，鼓励并引领人才为党和国家事业建功立业，不断健全和完善具有中国特色的人才思想体系。在推进全面从严治党的组织问题上，习近平总书记十分重视全面从严治党过程中的队伍建设。共产党需要的是政治纪律严明、理想信念坚定、德行品格高尚、敢于担当负责、心中常怀人民、作风行为廉洁、德才兼备的人才。而领导干部的重要性更是不言而喻，领导干部作为9800多万党员中的"关键少数"，作为党员和群众的领头羊和风向标，要在思想、工作、学习、生活、纪律等各方面发挥好先锋模范作用和先进表率作用。因而，在新形势下，强调要抓好选人用人这个导向，优化选人用人环境，挖掘出一批批党和国家事业需要的人才，培养出一代代能干事、会干事、干成事的干部。

四是抓作风从严。党的作风是党的性质和宗旨的外化，是党为人民服务之心的表达。中国共产党历来重视作风建设，但作风建设并不能一蹴而就，一劳永逸，官僚主义、形式主义、享乐主义顽固性和反复性的特征，立足于当下新形势，以某种虚假隐形的范式出现，成为党内滋生腐败，阻碍党前进发展的劲敌，作风建设没有完成时，只有进行时。在推进党的作风建设问题上，同样需防止出现"停一停、歇一歇"的想法。铲除一切腐蚀和威胁党内发展的毒瘤。严格执行八项规定精神，紧盯不正不雅之风，真抓真管，真管真严，警惕"一阵风""一场雨"，既要覆盖全体，又要聚焦"关键少数"，定时定期开展批评与自我批评，让"红红脸""出出汗"常态常新。此外，响应党的号召，开展与之相关的教育活动，激扬党组织和党员的角色意识和政治担当精气神，调动其积极的正能量，营造风清气正的政治生态。

三、新时代全面从严治党的鲜明特征

"坚持全面从严治党"是新时代中国特色社会主义基本方略"十四

个坚持”中压轴的一条，说明我党将全面从严治党上升到了治国理政的战略高度，这一决策体现了治党与治国的有机融合，反映了我党对管党治党规律认识的深化，具有鲜明的时代特征。

一是以实践为导向。进入新时代我党肩负着民族复兴的重要历史使命，党的建设也面临着新的形势和任务，根据国内外形势的深刻复杂变化，党的十八大以来党中央做出了全面从严治党的战略部署。长期执政条件下，党面临的“四大考验”“四种危险”始终存在，一些党员干部理想信念不坚定，精神上的“钙”有所欠缺，一定程度上还未彻底完全地扭转党内政治生活存在的一些“亚健康”的状况，党员干部不能回避尚且存在的这些矛盾和问题。新时代我们必须深入总结党在加强自身建设方面的经验和教训，尤其要结合十八大以来党在推进全面从严治党方面的生动实践，严明政治纪律和政治规矩，针对管党治党存在的突出问题加强制度建设，对时代形势的发展变化和人民群众对美好生活的新要求新期盼做出积极回应，为更好地开展党的建设，推动新时期全面从严治党深入发展，提供基本遵循和行动指南。

二是以人民为中心。为中国人民谋幸福，为中华民族谋复兴，是中国共产党的初心和使命。在党的百年奋斗历程中我党始终坚持以人民为中心，因为人民才是历史的真正创造者，是真正的英雄。坚持人民立场是党的根本政治立场，把人民放在心中最高的位置，让群众满意，是我们党做好一切工作的根本标准和价值取向。“以人民为中心”是一种发展思想，也是中国共产党的执政施政理念。中国共产党坚持执政为民、人民至上，坚持全心全意为人民服务的根本宗旨，坚持始终与人民心心相印、与人民同甘共苦、做人民的“贴心人”，彰显了全面从严治党的根本价值追求和评价标准，有利于加强新时代党的领导和党的建设。管党治党从严，正风肃纪、反腐惩贪，对腐败采取零容忍的态度，是为了赢得党心民心。新时代以人民为中心深入推进全面从严治党向纵深发展，正是为了解决那些人民群众迫切需要解决的、威胁党的执政基础的最突出的问题。时代是出卷人，中国共产党是答卷人，人民是阅卷人，中国共产党要始终保持同人民群众的血肉联系，把人民满意作为全面从严治党的评判标准，不断厚植党执政的政治基础。

三是落实全面、严、实。习近平总书记强调，“全面从严治党，核心是加强党的领导，基础在全面，关键在严，要害在治”①。在新时代中国特色社会主义建设“四个全面”的战略布局和基本方略中，全面从严治党既是战略举措，也是根本保证，是中国共产党治国理政的鲜明特色。“全面”即管全党、治全党，这不仅意味着管党治党覆盖每个领域及层级，也意味着9800多万党员在纪律面前一律平等，没有任何自己的特殊利益，遵守纪律没有特权，执行纪律没有例外。“严”就是要用更高标准管党治党，具体体现在：要求严，把严的要求贯彻到管党治党的全过程；查处严，坚持老虎苍蝇一起打，以零容忍的态度对待腐败和不正之风；制度严，以更加严格的措施纪律将管党、治党一抓到底，将对违纪违法和失职失责行为的处分落到实处，先后出台《中国共产党纪律处分条例》《中国共产党党内监督条例》及《中国共产党问责条例》等党内法规，对处分标准做出了明确规定。

第二节　纪法协同强化党内监督发挥全面从严治党引领保障作用

党的十八大以来，随着党的建设伟大工程的进一步深入推进，在实践中也面临着许多新挑战。面对这些新情况，以习近平同志为核心的党

① 中共中央文献研究室．习近平关于全面从严治党论述摘编［M］．北京：中央文献出版社，2016：11.

中央，极具战略思维，创新管党治党机制，提出“坚持全面从严治党、依规治党，深入推进党风廉政建设和反腐败斗争”① 的任务，逐步确立了党规党纪严于国法、把纪律挺在前面等管党治党的基本方针。新时代进一步贯通党纪国法，强化党内监督，需要充分激发全面从严治党的引领保障效能。

一、发挥在坚定政治方向、坚守政治理想上的引领保障作用

纪法协同强化党内监督首先就要坚定正确的政治方向，坚守政治理想，知纪明纪，知法守法，以党内监督自上而下层层震慑，以纪法协同保障从严治党的全面性。全面从严治党既是组织形式上的一种保障，更是政治高度上的正确引领。党的十九届六中全会审议通过《中共中央关于党的百年奋斗重大成就和历史经验的决议》，进一步明晰了全面从严治党的举措方针②，凸显了全面从严治党的战略地位。

一是要将政治纪律放在首位，增强“从政治上看”的思想自觉。党的政治纪律是最根本和最基础的纪律，纪法协同首先就要求全体党员干部树立高度自觉的政治意识，坚持党的集中统一领导，站稳政治立场，把握政治方向，坚守政治理想。政治方向指对政党的理论、政策及其具体部署中的导向引领；而政治理想作为一种政治活动中的重要精神托寄，又深刻影响了参与成员的政治动机及其行为。我们所坚守的政治理想，既是对中国特色社会主义共同理想的深入诠释与认同，又是为实现共产主义远大理想的不懈奋斗，是否坚守正确的政治方向与政治理想，深刻影响着一个政党的前途命运。习近平总书记指出，“对马克思

---

① 中国共产党第十八届中央委员会第五次全体会议公报［J］. 求是，2015（21）：3-7.

② 中共中央关于党的百年奋斗重大成就和历史经验的决议［M］. 北京：人民出版社，2021.

主义的信仰，对社会主义和共产主义的信念，是共产党人的政治灵魂，是共产党人经受住任何考验的精神支柱”①。党的十八大以来，以习近平同志为核心的党中央面对复杂严峻的国内外形势，主动站在政治高度审时度势，从“讲政治”的视角出发，不断提升政治判断力，以人民利益为根本，坚持全面从严管党治党，从容应对风险挑战；不断提高政治领悟力，深入学习贯彻党中央精神，从理论的层面把握事物发展的客观规律；不断提升政治执行力，重视政治自觉，将其贯穿于反腐败斗争中，取得压倒性胜利并不断巩固，尤其突出党内法规法纪的完善与执行，从战略引领高度发挥其作用，将党中央的决策部署一以贯之，及时跟进监督检查，凝聚党心军心民心，赢得政治主动权。

二是敢于直面风险挑战，保持“永远在路上”的清醒认知。持之以恒深入推进党风廉政建设和反腐败斗争，保持“永远在路上”的标准与态度，是全面从严治党的重要要求，也是纪法协同一体推进党内监督工作的必要举措。党的十八大以来，党中央从问题视角出发，公开表明直面风险挑战的态度，以重要举措把握客观规律同其进行坚决斗争，充分发挥牢守党纪、严遵国法这一基本准则在纪法协同贯通中发挥的对全面从严治党的引领保障作用，推动党风廉政和反腐败斗争领域不断取得新成就与历史性突破。但我们必须清醒地认识到，腐败的存量问题仍然存在，影响中国共产党长期执政的最大风险依旧存在，并且掺杂着更多政治和经济要素，形势依旧复杂，不能有任何停歇的念头，必须一鼓作气再出发。因此，要继续从顶层设计“将权力关进制度的笼子”中的创新举措，继续推进纪委监委的联合办公，依纪依法设定权力使用范围、规范权力运行方式、制约权力边界、监督权力具体操作，衔接贯通好执纪执法的各级程序，推动党的自我净化、自我完善、自我革新、自

① 习近平．紧紧围绕坚持和发展中国特色社会主义学习宣传贯彻党的十八大精神［N］．人民日报，2012-11-19（1）．

我提高能力不断得到提升。

三是深刻领会思想内涵，把握“向纵深发展”的时代要求。纪法协同强化党内监督必须树立正确的马克思主义意识形态观，深刻学习领悟习近平新时代中国特色社会主义思想的新内涵、新部署与新要求，站在思想理论的高度推进党纪国法落到实处，牢固树立依宪反腐和依法反腐的法治思维，构建廉洁生态，遵循全面从严治党的总要求。全面从严治党的核心是加强党的领导，要在党的坚强领导中，以全面从严治党的姿态夺取新的胜利，完成党长期执政的历史使命，驾驭全局，推动发展；基础在“全面”，即要全方位、全覆盖、全过程进行党的治理，既彰显整体，又抓住部分，既有制度约束，又有教育引导，既有党内监督，又有党外监督等；关键在“严”，要以严的标准作为做好一切工作的重要保障，强调思想教育完善干部管理，从党内政治生活到作风纪律建设等都彰显严的要求；要害在“治”，即要深入落实管党治党的主体责任与监督责任，同向发力，标本兼治，尤其放大纪法协同中的党内监督效能，勇于执纪问责，使管党治党的宽、松、软状态彻底扭转为严、紧、硬。

二、发挥在涵养政治生态、严明政治纪律上的引领保障作用

政治生活是政党参与各项政治活动的统称，党内政治生态的好坏与党的兴衰存亡紧密相连，更是该政党整体运转情况的“晴雨表”。习近平总书记指出：“政治生态是检验我们管党治党是否有力的重要标尺。”① 2019年党中央颁布了《中共中央关于加强党的政治建设的意见》，对党内政治生态建设的净化提出了五项具体落实任务。强调要以严肃透明的党内政治纪律，推动健康党内政治生活持续良性发展。发挥

① 程德智．坚定不移全面从严治党营造风清气正政治生态［EB/OL］．人民网，2017-11-01.

全面从严治党的引领保障作用，要从涵养政治生态、严明政治纪律以及强化党内监督上发力。

一是严肃党内政治生活，集中解决突出问题。政治生态作为政治生活运行状况的具体“反映”，严肃认真且具有规则是催发党员优良作风的源泉动力，也是使党永葆生机活力、坚定初心信仰、完成历史使命的可靠保障。在实现党的伟大事业进程中，面对具有许多新的历史特点的伟大斗争，牢牢握紧党内政治生活这一重点，集中解决党内政治生态中的突出问题，对于党规党纪的进一步推进有着重要意义。这就需要针对政治生活中存在的一些具体问题，追根溯源，把这些问题放在政治高度谨慎严肃地思考，尤其要在《关于新形势下党内政治生活若干准则》的指导下，严查一些党员干部乱纪违法等行为，如贪污腐败、搞权力寻租、团团伙伙、破坏选人用人客观规则、无视党章党纪等，一以贯之严肃依法依规处理。因此，必须严格遵循准则要求，牢记以党章具体条例为根本，把党章统领下的其他党内法规也作为学习必修，从知识到行动，一以贯之。同时要落实好维护好中国特色社会主义的引领方向，走好政治、思想、组织和群众等路线，从党内政治生活“四性”的提升，在全面从严治党的过程中及时对党纪权法关系做出科学有力的回复。

二是严明党内政治纪律，保证党的团结统一。良好政治生态的营造有赖于党的肌体健康，任何一个政党，如果失去了政治纪律的约束，允许成员我行我素，就会思想上离心离德，失去凝聚力与战斗力。因此，全面从严治党发挥引领保障作用，必须严明党内政治纪律，以保证党的团结统一。党内政治纪律指的是对规矩进行的成文的一种刚性约束，是不得逾越的规矩。党的十八大以来，习近平总书记多次强调要继承党的优良传统，突出党的政治纪律与规矩的同向推进。分析近年来查处的许多典型案件可以看到，一些党内干部在政治上产生的问题与偏差，大多数都源于破了政治纪律和规矩的“戒”，违背了党纪国法。中国共产党正是从立规矩，定纪律，讲规则，守原则着手，构建起全面完善的党内法规体系，通过依规治党的优良传统，对权力进行制约监督以及坚决反对腐败与特权，肃清了党内政治生态，严明了政治纪律，保证了党的坚强有力，赢得了人民的尊重认同，使全党更加团结统一。

三是打造高素质干部队伍，匡正选人用人导向。使党拥有大批革命化、知识化、年轻化、专业化的高素质党员，涌现出一批又一批对党忠诚不负人民的优秀人才，才能不断激发全面从严治党的主体动力。按照新时代好干部的标准，打造党员队伍，更加突出党员忠诚干净担当的品质，五湖四海、任人唯贤、选贤举能，将好干部的标准制度化，创制出科学明确可参照的标准，尤其严格审核政治标准，坚决在“党管人才”的根本原则下，进一步健全完善好干部培养工作的五大体系。习近平总书记在管党治党的过程中明确强调，坚定党员干部的理想信念，其首要工作就是对党员干部进行马克思主义思想教育和引导，不断加强全体党员干部对马克思主义理论的学习。党要求各级领导干部都要认识到并解决好“总开关”的重要问题，不断从世界观、人生观、价值观上锤炼自我修养。在思想上形成“不想腐”的高度自觉，懂得珍惜来之不易的权力，谨慎合法用权，自觉在监督中阳光用权，以此匡正选人用人正确导向，聚天下优才而用之。

三、发挥在完善监督体系、提升治理效能上的引领保障作用

在我国现行的权力监督体系中，突出政党引领功能是必要的，而党内监督则是其中的主导要素。党的十八大以来，党中央不断完善健全国家监督体系，出台《中国共产党党内监督条例》等，为了迎接未来国家治理中的新挑战新问题，需要用好监督执纪“四种形态”，进一步强化党内监督，重在日常，贵在有恒。坚持党纪严于国法，纪在法前，纪法协同，全面深化纪律检查体制改革，切实提升治理效能。

一是切实加强党内监督，营造良好政治氛围。在纪法贯通中全面加强党内监督，保证全面从严治党的决策落实，需要党员干部时时处处进行自我的审视。“坚持开展批评和自我批评，坚持惩前毖后、治病救人，运用监督执纪‘四种形态’，抓早抓小、防微杜渐。”① “四种形态”是中国共产党在管党治党的具体实践中的创造性举措，更是批评与自我批评这一锐利的思想武器在新时代党内监督中的创新运用，为纪法协同和全面从严治党提供了方法保障。批评、教育和自我批评作为“四种形态”中的“第一种形态”，会在一些党员干部出现进一步犯更大错误的苗头时拉响警戒，以“红红脸、出出汗，洗洗澡、治治病”的方式将其扼杀于摇篮之中。在纪法协同强化党内监督的同时，也要注重与党外监督的结合，着眼于自我监督能力的提升。如可以通过国家监察体制改革的深入推进，国家监察法的制定与出台，依法赋权，设定权限，规定调查手段，在党的集中统一领导、高效全面覆盖以及权威规范的监督体系中，联合国家机关、各民主党派、司法、群众以及舆论等多方党外监督力量，不断汇聚监督合力。还要不断健全制度监督检查机制，在党委的统一领导下，充分激发各监督主体的职责，实现各自之间的贯通与协同联动。健全制度执行的监督检查能力提升机制，以常态化学习机制、健全的考核评价机制来推动纪检干部能力的提升，通过多形式、多渠道进行党内制度学习宣传。健全制度执行的监督内容与结果机制，从制度监督检查的主题选择、信息收集、考核问责以及制度衔接等方面实现制度监督检查的效率与威慑力。

二是严密组织保障，深入贯彻民主集中制。党的民主集中制不仅是党内的根本组织原则，还是组织中必须遵守的纪律，更是党在百年历程中不断修正自我实现自我超越的制度保障。如果一个政党没有完善严密

① 习近平．决胜全面建成小康社会夺取新时代中国特色社会主义伟大胜利：在中国共产党第十九次全国代表大会上的报告［M］．北京：人民出版社，2017：66.

的党内民主机制，就无法集中统一意见吸引并凝聚带领群众，更无法确定正确的政治路线，也无法真正落实党规党纪，无法通过党内监督实现管党治党从严。而且，“如果没有充分的民主生活，没有真正实行民主集中制，就不可能实行批评和自我批评这种方法”①。在全面从严治党，纪法协同推进的过程中，习近平总书记一直关注该制度的落实推进问题，认为民主集中制可以保障党的创造力、凝聚力与战斗力，必须从具体制度着手，一以贯之认真贯彻执行，“促使全党同志按照民主集中制办事，促使各级领导干部特别是主要领导干部带头执行民主集中制”②。反复要求要健全和认真落实民主集中制的各项具体制度，包括民主生活会制度、民主监督制度和请示报告制度等，以此促使党的领导决策能够沿着科学、民主和法治的轨道运行。此外，坚决做到“两个维护”的要求，是新的历史条件下党中央对民主集中制的创造性运用，更是贯彻民主集中制的重要表现，二者辩证统一，相辅相成、相互促进。

三是坚持纪法协同，保证制度的有效执行。纪法协同是监察体制改革的核心环节，也是依托监察体制这一法治平台实现依法全面从严治党的重要保障。党坚持依规治党，秉承纪严于法的原则，贯通执纪执法各个环节，严格制度执行，推动全面从严治党引领保障下的党内监督更加科学化、制度化与规范化。既充分发挥了纪法协同的法治效应，又通过法治思维与各种方法推动了反腐倡廉以及党内法规的进一步建设，加强了对权力运行的制约和监督。此外，习近平总书记在众多场合强调执行党规党纪必须从严，制度的制定很关键，保证制度坚决有力执行更为重要。制度的生命在于执行，是否拥有强大的制度执行力，已经成为衡量

① 中共中央文献研究室．毛泽东文集：第 8 卷［M］．北京：人民出版社，1999：293.

② 中共中央文献研究室．十八大以来重要文献选编：上［M］．北京：中央文献出版社，2014：352.

一个政党是否具有强大执政能力的重要标准之一。这就需要将党内法规制度的宣传教育扩大化，尤其抓住“关键少数”，切实提高他们对制度的理解、重视与执行。在制度的发布、宣传、学习、督查、备案、评估、清理等各方面，都要体现执行的重要性与必要性。还要培育执行文化，充分发挥文以育人的潜移默化作用，尤其充分发挥领导干部的带头示范力，在正确方式方法的运用中切实提高制度执行的效能。

四、发挥在深入反腐倡廉、实现自我革命上的引领保障作用

中国共产党区别于世界上其他政党的一个重要标志，就在于我们党敢于、善于刀刃向内，进行自我革命。勇于自我革命既是我党的一大特点也是一大优点，其特征鲜明，品质独特。“自我革命精神是党永葆青春活力的强大支撑。先进的马克思主义政党不是天生的，而是在不断自我革命中淬炼而成的。”① 党的十八大以来，党中央谋划自我革命的顶层设计，通过全面从严治党，赋予党的自我革命以时代新意蕴，二者相互促进，并以纪法协同，通过纪检监察机关的合署办公全方位高压反腐，进一步增强党内法规制度的执行力，持续推进反腐败斗争法治化。

一是进行自我革命，确保党的先进性和纯洁性。“坚持自我革命”是党的百年奋斗中重要的历史经验之一，党的十八大以来，面对深刻变革，党中央加强战略部署，在坚持党的全面领导中，谋划自我革命的顶层设计，通过全面从严治党，赋予党的自我革命以时代新意蕴，以纪法协同为中国共产党深化自我革命、保证党的先进纯洁提供重要保证；以站稳人民立场，坚守初心使命为价值遵循；以严肃党内政治生活为党进行自我革命提供有力保障和实践起点。在此过程中，更加突出反腐败无禁区、零容忍和全覆盖的鲜明态度，从细处落实经常性和集中性教育，

---

① 中共中央关于党的百年奋斗重大成就和历史经验的决议［M］．北京：人民出版社，2021：70.

突出法治意识的培训，健全和完善反腐败的基础性立法和党内法规体系的建设，促使广大党员干部始终自觉以党规党纪为准绳，将党章国法牢记于心，时刻保持优良干部形象。同时还要在自我革命的进程中，保障巡视工作的有序有效进行，以行百里者半九十的清醒不断推进中华民族伟大复兴，以党的自我革命推进新时代伟大社会革命。

二是深入反腐倡廉，推进反腐败斗争法治化。党风廉政建设和反腐败斗争是纪法协同推进党内监督的重点，更是核心指向。习近平总书记在十九届中央纪委六次全会上深入总结了新时代党在推进自我革命，全面从严治党过程中的突出成绩，尤其在反腐倡廉领域扭转了风气，解决了许多痼疾顽瘴。但在推进反腐败斗争法治化进程中，仍需要健全完善许多方面，尤其要注重培育广大党员干部的法治思维，使他们能灵活运用法治手段，依法惩治腐败。要“推进反腐败国家立法，建设覆盖纪检监察系统的检举举报平台”①。既要建立和完善党内规章制度和法律法规，让党内监督有法可依，使反腐败国家立法工作实现根本性体制改革。又要遵守我们党既定的法律法规，将反腐败斗争全方位、全领域、零容忍地推进下去，同时加大力度整治群众身边的各种腐败问题，从文化（culture）、制度（system）和组织（organization）三个维度建构起CSO立体反腐败体系②，确保党不变质、不变色、不变味③，不断实现其先锋战士的作用。同时要注重发挥廉政文化浸润思想的作用，紧扣廉洁文化建设的核心内涵，体现为民、务实、清廉的具体要求，培育廉政文化建设的现代化理念，加强公民主体理念的培养，让人民群众在信息

① 习近平．决胜全面建成小康社会夺取新时代中国特色社会主义伟大胜利：在中国共产党第十九次全国代表大会上的报告［M］．北京：人民出版社，2017：67.

② 陈志宏，徐玉生．博弈论视角下立体式反腐体系探析［J］．江淮论坛，2018（6）：117.

③ 习近平．在庆祝中国共产党成立100周年大会上的讲话［M］．北京：人民出版社，2021：19-20.

化时代主动参与到廉政文化建设中来；构建廉政文化科学规范的教育机制与执行机制，不断完善基本原则、创新方式方法，健全保障监督机制。

三是牢牢依靠人民，彰显全面从严治党的使命担当。在幅员辽阔的中国大地上持之以恒正风肃纪，深入开展反腐败斗争，离不开广大人民群众的助力与支持。人民的立场与向往始终是我们党的奋斗动力与方向，落实纪法协同工作，进行党内监督，需要充分尊重人民，牢牢依靠并信任群众的力量。在贯通党纪国法全面一体推进反腐败斗争的过程中，人民群众既是受益人群，又是提供强有力党外监督的主力军。党的十八大以来，我们党的反腐倡廉工作取得的一个又一个巨大成功与历史性成就，离不开人民群众的推动作用。也正是因为党在反腐败斗争中采取了一系列坚强有力的举措，所以才取得了巨大成效，振奋了人心，重塑了政党形象，也为动员群众监督提供了有力武器，集中彰显了依靠人民的强大力量与核心理念。

在宪法和法律规定的范围内有序开展各类工作，天然隐性地内含了党内的政治规矩纪律准则等都要与建设现代化法治国家的要求相协调相融合。党的十八大以来，新时代全面从严治党不断取得开创性成就，理念思路逐步趋向成熟，具体实践举措显著，机制体制日臻完善。不断健全全面从严治党体系，充分发挥全面从严治党在推进纪法协同强化党内监督中的政治保障与政治引领作用，需要共同运作，相互协调，一体化推进。长期坚持严的主基调，一体推进纪法协同强化党内监督的功能效用，既要遵循客观规律，把握要点，又要厘清二者顺序介入的优先位，即党纪前于国法，这对党内全体党员干部及组织具有约束力和规范性，尤其在反腐败领域，对违纪违法的干部而言，党纪先于国法介入，纪在法前，纪严于法。同时纪法协同强化党内监督又要制定更高标准更加完善的党纪党规，提高党纪党规的底线，还要使党纪党规在法律的规定中合理有序运行，以此推动新时代党的建设新的伟大工程更上一层楼。

参考文献

一、著作

［1］中共中央马克思恩格斯列宁斯大林著作编译局．马克思恩格斯全集：第 3 卷［M］．北京：人民出版社，2012.

［2］中共中央马克思恩格斯列宁斯大林著作编译局．马克思恩格斯全集：第 28 卷［M］．北京：人民出版社，2018.

［3］中共中央马克思恩格斯列宁斯大林著作编译局．马克思恩格斯文集：第 1—10 卷［M］．北京：人民出版社，2009.

［4］中共中央马克思恩格斯列宁斯大林著作编译局．列宁全集：第 34 卷［M］．北京：人民出版社，2017.

［5］中共中央马克思恩格斯列宁斯大林著作编译局．列宁全集：第 42 卷［M］．北京：人民出版社，2017.

［6］中共中央文献研究室．毛泽东文集：第 6 卷［M］．北京：人民出版社，1999.

［7］中共中央文献研究室．毛泽东文集：第 2 卷［M］．北京：人民出版社，1993.

［8］毛泽东．毛泽东选集：第 1—4 卷［M］．北京：人民出版社，1991.

［9］邓小平．邓小平文选：第 1—3 卷［M］．北京：人民出版社，

1994.

［10］江泽民．江泽民文选：第1—3卷［M］．北京：人民出版社，2006.

［11］胡锦涛．胡锦涛文选：第1—3卷［M］．北京：人民出版社，2016.

［12］习近平．习近平谈治国理政：第1—4卷［M］．北京：外文出版社，2014、2017、2020、2022.

［13］习近平．习近平著作选读：第1—2卷［M］．北京：人民出版社，2023.

［14］中共中央文献研究室，中共中央纪律检查委员会．习近平关于党风廉政建设和反腐败斗争论述摘编［M］．北京：中国方正出版社，2015.

［15］中共中央文献研究室．习近平关于全面从严治党论述摘编［M］．北京：中央文献出版社，2016.

［16］谢觉哉．谢觉哉文集［M］．北京：人民出版社，1989.

［17］李宗楼．马克思主义民主与监督理论若干问题研究［M］．武汉：华中师范大学出版社，2009.

［18］闫德民．中国特色权力制约和监督机制构建研究［M］．北京：人民出版社，2011.

［19］马庆钰．告别西西弗斯：中国政治文化分析与展望［M］．北京：中国社会科学出版社，2002.

［20］王杰，刘振华．较量：中国反贪历程［M］．南昌：江西教育出版社，2002.

［21］李雪勤．中国共产党纪律检查工作60年［M］．北京：中国方正出版社，2009.

［22］高屹．邓小平时代的中国［M］．北京：光明日报出版社，

1996.

[23] 赵绪生，王士龙．健全党和国家监督体系：新时代党内监督九讲［M］．北京：中国方正出版社，2018.

[24] 吴德慧．反腐倡廉重要论述及相关法律法规汇编［M］．北京：光明日报出版社，2013.

[25] 熊继宁．系统法学导论［M］．北京：知识产权出版社，2006.

[26] 杨华锋．协同治理：社会治理现代化的历史进路［M］．北京：经济科学出版社，2017.

[27] 张士义．打铁必须自身硬：改革开放四十年党建史［M］．成都：天地出版社，2018.

[28] 杜伟．全面从严治党的理论与实践［M］．北京：中国方正出版社，2017.

[29] 张印忠，屈万祥．《中国共产党纪律处分条例（试行）》讲话［M］．北京：中国方正出版社，1997.

[30] 中南财经政法大学中共党史研究所．“三个自信”的启示与思考［M］．湘潭：湘潭大学出版社，2014.

[31] 中共中央党史和文献研究院，中央档案馆．建国以来刘少奇文稿：第8册［M］．北京：中央文献出版社，2018.

[32] 中共中央党史和文献研究院．习近平关于全面从严治党论述摘编［M］．北京：中央文献出版社，2021.

二、文件

[1] 中共中央关于坚持和完善中国特色社会主义制度推进国家治理体系和治理能力现代化若干重大问题的决定［M］．北京：人民出版社，2019.

［2］《中国共产党党内监督条例（试行）》解读［M］. 北京：新华出版社，2004.

［3］中共中央文献研究室．建党以来重要文献选编：1921—1949：第1—18册［M］．北京：中央文献出版社，2011.

［4］中共中央党史和文献研究院．十九大以来重要文献选编：上［M］．北京：中央文献出版社，2019.

［5］中共二大史料编纂委员会．中国共产党第二次全国代表大会［M］．北京：中共党史出版社，2006.

［6］中共中央党史研究室，中央档案馆．中国共产党第五次全国代表大会档案文献选编［M］．北京：中共党史出版社，2015.

［7］中共中央党史研究室，中央档案馆．中国共产党第六次全国代表大会档案文献选编：上、下［M］．北京：中共党史出版社，2015.

［8］中共中央组织部，中共中央党史研究室，中央档案馆．中国共产党组织史资料：第8卷：文献选编：上［M］．北京：中共党史出版社，2000.

［9］中央档案馆，中共中央文献研究室．中共中央文件选集：第9册［M］．北京：人民出版社，2013.

［10］中央档案馆．中共中央文件选集：1936—1938：第11册［M］．北京：中共中央党校出版社，1991.

［11］中共中央党史和文献研究院，中共重庆市委．中国共产党关于抗战大后方工作文献选编：一［M］．重庆：重庆出版社，2019.

［12］全国人大常委会办公厅，中共中央文献研究室．人民代表大会制度重要文献选编：一［M］．北京：中国民主法制出版社，2015.

［13］中央纪委纪检监察研究所．中国共产党反腐倡廉文献选编［M］．北京：中央文献出版社，2002.

[14] 新中国六十年党的建设成就［M］. 北京：党建读物出版社，2010.

[15] 中国共产党历次党章汇编：1921—2017［M］. 北京：中国方正出版社，2019.

[16] 中共中央党校党章研究课题组. 中国共产党章程编介：从一大到十八大［M］. 北京：党建读物出版社，2016.

[17] 纪律审查常用法规分类手册［M］. 北京：中国方正出版社，2019.

[18] 中共中央文献研究室. 新时期党的建设文献选编［M］. 北京：人民出版社，1991.

[19] 中共中央文献研究室. 毛泽东、邓小平、江泽民论党的建设［M］. 北京：中央文献出版社、中共中央党校出版社，1998.

[20] 中共中央文献研究室. 十一届三中全会以来党的历次全国代表大会中央全会重要文件选编：下［M］. 北京：中央文献出版社，1997.

[21] 国家税务总局巡视工作办公室. 税务系统巡视工作文件汇编［M］. 北京：中国税务出版社，2007.

[22] 中共中央文献研究室. 改革开放三十年重要文献选编：下册［M］. 北京：中央文献出版社，2008.

[23] 党章·党规·党纪党内重要法规学习导读［M］. 北京：中国方正出版社，2015.

[24] 中共中央组织部组织局. 党的基层组织工作常用文件选编：6［M］. 北京：党建读物出版社，2007.

[25] 中共中央文献研究室. 十六大以来重要文献选编：中［M］. 北京：中央文献出版社，2011.

[26] 全面从严治党常用文件选编：根据党的十九大精神修订

[M]．北京：党建读物出版社，2018.

[27] 学习贯彻中共中央政治局八项规定资料文件汇编 [M]．北京：中国方正出版社，2013.

[28] 党内政治生活必须牢记的50条准则 [M]．北京：中国方正出版社，2017.

[29] 中共中央文献研究室．十八大以来重要文献选编：中 [M]. 北京：中央文献出版社，2016.

[30] 中国共产党纪律处分条例 [M]．北京：中国方正出版社，2015.

[31] 中共中央文献研究室．十八大以来重要文献选编：上 [M]．北京：中央文献出版社，2014.

[32] 习近平．在庆祝中国共产党成立100周年大会上的讲话 [M]. 北京：人民出版社，2021.

[33] 中共中央关于党的百年奋斗重大成就和历史经验的决议 [M]．北京：人民出版社，2021.

[34] 中共中央党史研究室，中央档案馆．中国共产党第七次全国代表大会档案文献选编 [M]．北京：中共党史出版社，2015.

[35] 中共中央党史研究室，中央档案馆．中国共产党第二次全国代表大会档案文献选编 [M]．北京：中共党史出版社，2014.

三、期刊

[1] 习近平．加强党对全面依法治国的领导 [J]．思想政治工作研究，2019 (3).

[2] 习近平．在新的起点上深化国家监察体制改革 [J]．当代党员，2019 (6).

[3] 习近平．在党的十八届六中全会第二次全体会议上的讲话：

节选［J］．先锋队，2017（3）．

［4］习近平．在庆祝中国共产党成立100周年大会上的讲话［J］．求是，2021（14）．

［5］中共中央政治局召开会议审议《中国共产党农村基层组织工作条例》和《中国共产党纪律检查机关监督执纪工作规则》［J］．中国纪检监察，2018（23）．

［6］徐玉生，王方方．纪法协同：全面从严治党背景下管党治党的机制创新［J］．贵州社会科学，2016（4）．

［7］蒋凌申．论监察体制改革中的纪法协同［J］．南京大学学报（哲学·人文科学·社会科学），2020（3）．

［8］韩强．论党内监督体制的改革与完善［J］．理论学刊，2000（6）．

［9］林崇建，刘静萍．权力制约机制与党内监督体制改革［J］．理论与现代化，2001（2）．

［10］田湘波．监察委员会进一步制度化建设研究：基于理性选择制度主义的理论视角［J］．湖湘论坛，2019（6）．

［11］宋伟．集体腐败的破解路径：基于博弈论的模型分析［J］．广州大学学报（社会科学版），2020（6）．

［12］王尘子．"结构-过程"视角下的系统性腐败生成机理研究［J］．中共福建省委党校（福建行政学院）学报，2021（3）．

［13］李永忠．监督的关口如何有效前移：三十多年纪检体制改革的思考［J］．同舟共进，2014（2）．

［14］周淑真．从巡视制度发展看权力监督创新［J］．中国监察，2014（8）．

［15］丁俊萍，廖义军．中国共产党党内监督机构的发展历程及其启示［J］．同济大学学报（社会科学版），2008（6）．

[16] 丁清晔，文洪朝．试论把权力关进制度的笼子：党内监督机制有效运转的路径选择［J］．济南大学学报（社会科学版），2015（1）．

[17] 陈东辉．党政“一把手”监督的难点问题及其破解［J］．中州学刊，2017（11）．

[18] 李忠杰．加强党内监督 推进全面从严治党［J］．中国纪检监察，2016（3）．

[19] 过勇，杨小葵．基于大数据的领导干部廉政监督机制研究［J］．国家行政学院学报，2016（6）．

[20] 刘焕明．坚持纪在法前 推动纪法衔接［J］．红旗文稿，2016（24）．

[21] 任建明．党内监督制度的创新与突破至关重要［J］．人民论坛，2016（S2）．

[22] 马怀德，庄德水，李成言，等．聚焦国家监察体制改革［J］．浙江人大，2016（12）．

[23] 郑永年．中国怎样反腐败才会有效？［J］．中国经济周刊，2014（26）．

[24] 李景平，曹阳．党内监督的演变史及其现实启示：以建设社会主义现代化国家的探索为视角［J］．江西社会科学，2021（4）．

[25] 孙功．党内监督制度的历史考察及其建设路径［J］．安徽理工大学学报（社会科学版），2011（2）．

[26] 王俊华．对“党内法规”提法的再思考［J］．上海党史与党建，2008（7）．

[27] 强世功．中国宪法中的不成文宪法：理解中国宪法的新视角［J］．开放时代，2009（12）．

[28] 姜明安．论中国共产党党内法规的性质与作用［J］．北京大

学学报（哲学社会科学版），2012（3）.

［29］罗豪才，宋功德．认真对待软法：公域软法的一般理论及其中国实践［J］．中国法学，2006（2）.

［30］江国华．正当性、权限与边界：特别权力关系理论与党内法规之证成［J］．法律科学（西北政法大学学报），2019（1）.

［31］夏伟．监察体制改革“纪法衔接”的法理阐释及实现路径［J］．南京师大学报（社会科学版），2020（1）.

［32］王斌林，王文芊．纪委、监察委合署制度下党纪与国法的协同性研究［J］．南方论刊，2021（11）.

［33］郭艳．党纪与国法：国家治理现代化的两个支点［J］．人民论坛，2017（23）.

［34］姜明安．论党内法规在依法治国中的作用［J］．中共中央党校学报，2017（2）.

［35］闫映全．中国共产党党纪严格性的边界研究［J］．理论导刊，2021（3）.

［36］樊崇义，赵培显．我国强制措施制度的进步与发展［J］．人民检察，2012（17）.

［37］张永久．对受到行政处罚的党员进行党纪处分应注意什么［J］．中国纪检监察，2019（6）.

［38］李一成．浅谈党纪与国法的区分和衔接：基于《中国共产党纪律处分条例》和《刑法》的对比分析［J］．法制与社会，2019（4）.

［39］罗开卷．贪污受贿犯罪中从重情节的适用：以《贪污贿赂解释》为切入点［J］．法律适用，2017（1）.

［40］陈瑞华．论国家监察权的性质［J］．比较法研究，2019（1）.

［41］孙轩．不应审查党政联合发文［J］．人民代表报，2013

(3).

[42] 刘艳红.《监察法》与其他规范衔接的基本问题研究 [J].法学论坛，2019 (1).

[43] 中国共产党党内监督条例 [J].党建，2016 (11).

[44] 中华人民共和国监察法 [J].中国纪检监察，2018 (6).

[45] 关于新形势下党内政治生活的若干准则 [J].先锋队，2016 (34).

[46] 中国共产党问责条例 [J].中国纪检监察，2019 (18).

[47] 中国共产党章程 [J].先锋队，2017 (34).

[48] 中华人民共和国宪法 [J].党的生活（黑龙江)，2018 (Z1).

[49] 中办印发《党政领导干部考核工作条例》[J].思想政治工作研究，2019 (5).

[50] 廖基娟.让个人事项报告制度成为“铁规禁令”[J].紫光阁，2016 (3).

[51] 中共中央关于加强对“一把手”和领导班子监督的意见 [J].旗帜，2021 (6).

[52] 习近平.在党的群众路线教育实践活动总结大会上的讲话 [J].中国纪检监察，2014 (20).

[53] 中国共产党支部工作条例：试行 [J].党建研究，2018 (12).

[54] 党委（党组）书记抓基层党建工作述职评议考核办法：试行 [J].党建研究，2020 (1).

[55] 魏昌东.监督职能是国家监察委员会的第一职能：理论逻辑与实现路径：兼论中国特色监察监督系统的规范性创建 [J].法学论坛，2019 (1).

[56] 钱小平．监察委员会监督职能激活及其制度构建：兼评《监察法》的中国特色［J］．华东政法大学学报，2018（3）.

[57] 刘艳红．程序自然法作为规则自洽的必要条件：《监察法》留置权运作的法治化路径［J］．华东政法大学学报，2018（3）.

[58] 霍存福．“合情合理，即是好法”：谢觉哉“情理法”观研究［J］．社会科学战线，2008（11）.

[59] 陈国权，陈杰．论责任政府的回应性［J］．浙江社会科学，2008（11）.

[60] 中国共产党第十八届中央委员会第五次全体会议公报［J］．求是，2015（21）.

[61] 陈志宏，徐玉生．博弈论视角下立体式反腐体系探析［J］．江淮论坛，2018（6）.

[62] 周淑真，袁野．论国家法律与党纪党规关系之协调：以当代德国为例［J］．中共中央党校学报，2015（3）.

三、学术论文

[1] 李天昊．党内执纪方式的法治化探究［D］．北京：中共中央党校，2016.

[2] 杜楠．新时代中国共产党党内监督体制研究［D］．北京：中共中央党校，2018.

四、报纸

[1] 习近平．在庆祝中国共产党成立100周年大会上的讲话［N］．人民日报，2021-07-02（2）.

[2] 习近平．在第十八届中央纪律检查委员会第六次全体会议上的讲话［N］．人民日报，2016-05-03（2）.

[3] 习近平．在中国共产党第十九次全国代表大会上的报告［N］．人民日报，2017-10-28（1）．

[4] 习近平论依法治国［N］．人民日报（海外版），2014-10-17（1）．

[5] 中共中央关于全面推进依法治国若干重大问题的决定［N］．人民日报，2014-10-29（1）．

[6] 习近平．坚持依法治国和以德治国相结合推进国家治理体系和治理能力现代化［N］．人民法院报，2016-12-11（1）．

[7] 习近平．紧紧围绕坚持和发展中国特色社会主义学习宣传贯彻党的十八大精神［N］．人民日报，2012-11-19（1）．

[8] 中国共产党党内监督条例：全文［N］．光明日报，2016-11-03（6）．

[9] 高波．从严治党离不开制度化问责［N］．人民日报，2016-07-01（5）．

[10] 把强化党内监督摆在重要位置［N］．人民日报，2016-01-19（2）．

[11] 马立强．人民军队早期作风纪律建设［N］．中国纪检监察报，2016-08-01（1）．

[12] 领导干部要做尊法学法守法用法的模范带动全党全国共同全面推进依法治国［N］．人民日报，2015-02-03（1）．

[13] 讨论拟提请十八届六中全会审议的文件［N］．人民日报，2016-09-28（1）．

[14] 研究部署学习宣传贯彻党的十九大精神［N］．人民日报，2017-10-28（1）．

[15] 对照贯彻落实党的十八届六中全会精神研究加强党内政治生活和党内监督措施［N］．人民日报，2016-12-28（1）．

［16］中共中央关于全面深化改革若干重大问题的决定［N］．人民日报，2013-11-16（1）．

［17］中共中央政治局召开会议决定召开十九届二中全会研究部署党风廉政建设和反腐败工作［N］．人民日报，2017-12-28（1）．

［18］中国共产党纪律检查机关监督执纪工作规则：试行［N］．人民日报，2017-01-21（3）．

［19］信访工作条例［N］．人民日报，2022-04-08（6）．

［20］中共中央印发《中国共产党农村基层组织工作条例》［N］．人民日报，2019-01-11（1）．

五、网络文献

［1］董德兵，刘靖北．以有力有效监督推进国家治理现代化［EB/OL］．光明网，2020-07-09.

［2］姜洁．王岐山：坚持纪严于法，实现纪法分开，推进全面从严治党制度创新［EB/OL］．人民网，2015-07-11.

［3］中央纪委国家监委通报2021年全国纪检监察机关监督检查审查调查情况［EB/OL］．中央纪委国家监委网站，2022-01-21.

［4］对违法犯罪党员，如何给予党纪处分？［EB/OL］. 中央纪委国家监委网站，2019-10-14.

［5］福建通报4起违反中央八项规定精神问题［EB/OL］．中央纪委国家监委网站，2019-10-18.

［6］程德智．坚定不移全面从严治党营造风清气正政治生态［EB/OL］．人民网，2017-11-01.

［7］中共十九届三中全会在京举行习近平作重要讲话［EB/OL］．人民网，2018-03-01.

六、英文文献

[1] BUCHANAN J. Rent-Seeking and Profit-Secking in Buchanan & Tullock, Toward a Theory of the Rent-Seeking Society [M] . State of Texas: Teas A&M University Press, 1980.

[2] CORNE P H. "Legal Supervision." Foreign Investment in China: The Administrative Legal System [M] . Hong Kong: Hong Kong University Press, 1997.

[3] TULLOCK G. The Welfare Costs of Tariffs, Monopolies, and Theft [J] . Western Economic Journal, 1967 (3).

[4] BHAGWATI J. Directly Unproductive, Profit-Seeking (DUP) Activities [J] . Journal of Political Economy, 1982 (5).

[5] NYE J S. Corruption and Political Development: A Cost-Benefit Analysis [J] . American Political Science Review, 1967 (2).

[6] GUO X Z. Controlling Corruption in the Party: China" s Central Discipline Inspection Commission [J] . The China Quarterly, 2014 (6).

[7] LIEBMAN B. The Media and the Courts: Towards Competitive Supervision? [J] . The China Quarterly, 2011 (208).

[8] YU K Y. Complementing the Local Discipline Inspection Commissions of the CCP: Empowerment of the Central Inspection Groups [J]. Journal of Contemporary China, 2016 (97).

后 记

在全面从严治党的伟大实践中，习近平总书记提出一系列新理念、新思想、新战略。习近平总书记旗帜鲜明地指出，党的领导是中国特色社会主义最本质的特征，全面从严治党的根本目的是坚持和加强党的领导，特别是维护党中央权威和党的集中统一领导；强调党要管党才能管好党、从严治党才能治好党，各级党组织必须肩负起管党治党政治责任，做到抓思想从严、抓管党从严、抓执纪从严、抓治吏从严、抓作风从严、抓反腐从严；要求全面推进党的政治建设、思想建设、组织建设、作风建设、纪律建设，把制度建设贯穿其中，深入推进反腐败斗争，不断增强全面从严治党的系统性、创造性、实效性。

本研究是笔者主持的国家社会科学基金项目“纪法协同强化党内监督的体制机制研究”（17BDJ035）结项报告。从立项到结项中间持续了五年时间，前后也写了五年时间。经过五年的研究，完成了研究任务。现将研究成果情况做一简要总结。

第一，本研究的总体框架是围绕建立健全党内监督的体制机制，立足于新时期全面从严治党的新形势、新任务、新要求以及党纪国法协同管党治党的理论逻辑和运行机理，探究以纪法协同强化党内监督体制机制要实现的目标体系及其主要任务，阐明在纪法协同视域下强化党内监督体制机制的路径。

第二，本研究主要目标是以“党内监督体制机制”为研究对象，厘清党纪国法的区别和联系，并按照“纪法分开、纪严于法、纪在法前、纪法衔接”的纪法协同逻辑，强化党内监督的体制机制，推进党内监督体系改革，最终营造清明的党内政治生态。具体来说：（1）协调纪法协同关系强化党内监督的体制机制，探索一条具有中国特色、中国气派、中国风格的党内监督体系优化之路；（2）建构“本土化”与“国际化”很好地结合起来的具有中国特色的纪法协同党内监督模式，优化和重构政治生态。

第三，本研究具体内容是聚焦“中国共产党纪法协同强化党内监督体制机制”这一论题，通过分析中国共产党纪法协同推进党内监督思想和实践考察分析，把握党内纪法协同监督的现实境遇，提出纪法协同强化党内监督体制和运行机制，有针对性地提出全景协同、常长协同、敬畏协同和惩防协同，在此基础上，提出新时代如何通过纪法协同强化监督推进全面从严治党的对策建议。

第四，本研究价值主要在于，全面梳理总结中国共产党党内监督的历史经验与实践探索，全面考量传统的权力运行监督理论，结合纪法协同强化党内监督体制机制的理论与实践，建构具有中国特色的党内监督理论范式。同时，阐明具有中国特色的纪法协同强化党内全面监督体系的内核，探索适合中国国情的纪法协同的党内全面监督体制、制度和机制，推进全面从严治党理论的完善。加强对纪法协同强化党内监督体制机制的研究，探讨推进惩治和预防腐败体系建设的新举措，对于推进全面从严治党和推进党的自我革命，始终保持党的肌体健康，具有重要理论价值和实践意义。

第五，本研究创新之处主要在于：（1）以纪法协同强化党内监督，是从中国共产党党内监督的历史考察中得出的结论，也是适应当下全面从严治党的新形势、新任务、新要求的当然举措。提出以“正人治权”

的监督新范式重构党内监督机制，破解传统机制不可避免的“控权失灵”缺陷。(2) 党纪国法具有内在的协同逻辑，合力作用于党内监督，实现党内监督的常态化，从而建立起全面从严治党的长效机制。纪法协同强化党内监督，必须运用好“四种形态”，应建立起对各级党委管党治党和经济建设“两手抓”的监督、考评机制。(3) 从研究方法论来看，强化党内监督必须对执政党自身所处时代环境、主要任务和主要危险有自觉而系统的认知，应从历史和现实、理论和实践、现象和本质、特殊和一般的方法论层面，对纪法协同强化党内监督的体制机制提出整体性、系统性的应对战略和策略。

纪法协同强化党内监督推进党的自我革命，必须抓常、抓细、抓长，持续努力、久久为功。要坚决维护党内法规和纪律的制度治党严肃性和权威性，加强对权力运行的制约和监督，注重源头治理，一体推进不敢腐、不能腐、不想腐，建设干部清正、政府清廉、政治清明的政治生态。“形成不敢腐的惩戒机制、不能腐的防范机制、不易腐的保障机制”是习近平总书记2013年在十八届中央纪委二次全会上首次提出的要求，党的十八届四中全会进一步提出了形成“不敢腐、不能腐、不想腐的有效机制”，充分体现了党中央对纪法协同强化党内监督体制机制认识上的深化和勇于创新、开拓进取的精神。第一，健全不敢腐的惩戒机制，即强化外控与内省协同的权力制约和监督机制，加强反腐败法制建设构建外控的惩戒机制，加强廉洁教育构建内省的惩戒机制，健全民主政治体制、完善创新风险监控技术对构建不敢腐的惩戒机制的作用和实现路径。第二，健全不能腐的防范机制，即加强反腐败机构建设、健全国家治理体系、完善创新风险监控技术以构建不能腐的防范机制；健全反腐败法律体系、加强廉政文化建设对构建不能腐的防范机制的作用及实现路径。第三，健全不想腐的保障机制，健全反腐败法律体系、加强廉政文化建设对构建不想腐的保障机制的作用及实现路径，贯彻落实群众路线、完善创新风险监控技术对构建不想腐的保障机制的作用及实现路径。总之，从内容来看，“不敢腐”侧重于惩戒和震慑，“不能腐”侧重于对权力的制约和监督，“不想腐”侧重于思想教育与引导，三者共同统一于全面从严治党和反腐败斗争的具体实践中。一体推进不敢腐、不能腐、不想腐体制机制必须要保持高压反腐不松懈，加大不敢腐的惩治力度；深化权力制约与监督，扎紧不能腐的制度篱笆；加强廉政教育与引导，筑牢不想腐的思想堤坝；协调一体推进“三不”整体性，打通三者内在联系。

纪法协同强化党内监督要推动反腐败制度治党及相关制度体系的完善。纪法协同强化党内监督的直接目标就是建立健全党内全面监督体系，即由党中央统一领导、党委（党组）的监督、纪委的专责监督、党的工作部门职能监督、党的基层组织日常监督和党员民主监督等上下纵横有机结合的体系。综观世界各执政党衰败垮台的深刻教训和政党政治的规律发现，执政党党内失去监督或者监督失效，轻则丧失执政地位、重则亡党亡国。中国共产党一直重视党内监督，考察其历史的经验教训可以看到：党规党纪与国家法律共同发力是管好党、治好党的关键。首先要梳理反腐败相关法律的现状及其缺失，这是完善法律制度以法治腐的关键，只有厘清现有相关法律的总体状况，才能构建系统协调的反腐败法律体系。其次，要构建有效的权力制约和监督运行机制，让权力在阳光下运行，实现“把权力关进制度的笼子”。

本研究提出以“正人控权”为核心建立纪法协同强化党内监督体制机制的新范式。纪法协同强化党内监督机制，首先要剖析当下监督机制存在的“控权失灵”的盲区，即掌权者想方设法抵抗或回避对权力的控制，从而使得种种制约和监督权力的举措失去效用。我们提出的应对措施是建构“正人治权”的新机制。所谓正人，就是贯彻习近平总书记要求的“正心修身、涵养文化，守住为政之本”，把人选好、用好、管好；治权，就要“猛药去疴、重典治乱”，坚持治标不松劲，不断以治标促进治本。“正人治权”机制的核心是把监督的指向从“权”走向“人”“权”并举，通过对“人”的规制实现对“权”的治理，防止权力滥用和利益冲突，进而运用党纪国法合围的“笼子”强化“管权、管事、管人”的有效监督机制。一是从源头上科学有效地防治腐败。因为这是完善法律制度以法治权的关键，只有厘清现有相关法律的总体状况，才能基于“不敢腐、不能腐、不想腐”的目标构建系统协调的法律体系。二是把握和了解与廉政相关的法律法规，形成廉洁高尚和遵纪守法的观念。法治本质上是一种“他律”，规范的是人的行为，但由于立法技术的局限，法制不可能事无巨细、面面俱到。而由于权力行使的复杂性和人的主观能动性，以及转型期特殊的经济社会状况及人情文化影响等，通过纪法协同强化党内监督体制机制。三是发挥廉洁教育对权力制约和监督的作用及其功能，切实提升廉洁教育的实效性，形成“廉荣贪耻”廉洁价值观和道德基础，提高党员干部拒腐防变能力，从源头上预防和减少腐败。

纪法协同强化党内监督还需要发挥人民群众的主体作用。纪法协同强化党内监督具有内在的理论逻辑：一是功能衔接，把纪律挺在法律的前面，法律是管党治党的底线和坚强保证；二是方向一致，执纪主体和执法主体在党的领导下同心协力，作用力方向保持高度一致；三是统一领导，建构全面从严治党综合领导机构，消弭党纪与国法可能存在的衔接断层。习近平总书记指出：“时代是出卷人，我们是答卷人，人民是阅卷人。”中国共产党强调全心全意为人民服务的根本宗旨，坚持人民为中心的发展思想，纪法协同强化党内监督还需要发挥人民群众的主体力量。只有将人民群众监督“无缝对接”党内监督，才能形成反腐败的强大力量。习近平总书记对党内监督意识薄弱的问题有深刻的洞察：“不愿监督、不敢监督、抵制监督等现象不同程度存在，监督下级怕丢

‘选票’，监督同级怕伤‘和气’，监督上级怕穿‘小鞋’。”① 要推动党内监督和人民群众监督的有效衔接，完善监督制度，推动监督机制对接，推进党的自我净化、自我完善、自我革新、自我提升，为全面建设社会主义现代化强国提供政治保证。

党内监督问题是一个复杂且常议常新的话题，由于作者水平有限，研究中还存在理论研究不系统、对策思考不成熟等问题，敬请批评指正。

① 习近平．习近平谈治国理政：第2卷［M］．北京：外文出版社，2017：185.